JN065039

ニューウェーブ昇任試験対策シリーズ

イラストで わかりやすい

擬律判断・刑事訴訟法
〔第2版〕

ニューウェーブ昇任試験対策委員会　著

警部・警部補・巡査部長
記述式試験対策・SA対策・実務参考書

東京法令出版

序　　文

◇　現逮か緊逮か。何を差し押さえるか。どこを捜索するか。立会人はいるのか、いらないのか。令状の提示はいつするのか。必要な処分ができるかどうか。

　警察官は現場で一瞬の判断が求められます。ミスは許されません。失敗すれば厳しく責任が問われます。

◇　的確な判断力は、結論に至る考え方を整理することによって養われます。

　本書は、現場の警察官が直面する事例をピックアップしました。左ページのイラストを見ながら「自分ならどうする」とイメージトレーニングをしてください。実務能力のワンランクアップを約束します。

◇　また、本書は昇任試験対策にも有効です。ＳＡや論文試験に頻出する問題は実務に直結した分野から出されますので、各都道府県の昇任試験でも本書から数多く出題されるはずです。実務能力の向上と昇任試験対策は「車の両輪」です。実務と試験を両立しながら勉強してください。必ず良い結果が出ます。

◇　警察官には「極限の現場」で「究極の擬律判断」が求められます。一瞬で判断し、決断し、実行する。誰に答えを求めることもできない。自分で結論を出し、行動しなければならない。誠に難しいことですが、それができるようになることが、「一人前の警察官になる」ということです。この本は「一人前の警察官になる」ための最初の一歩となります。ぜひ、ご活用ください。

◇　改訂に当たり、近時の判例や質疑を踏まえ、事例や解説を追加しました。旧版同様、本書が皆さんの「即戦力」になれば幸いです。

　　令和５年４月

　　　　　　　　ニューウェーブ昇任試験対策委員会

目　　次

令状による捜索・差押え

1　捜索・差押えの意義……………………………………………… 2

2　令状請求の要件…………………………………………………… 2

  (1)　強制処分の必要性…………………………………………… 2

  (2)　犯罪の嫌疑の疎明…………………………………………… 2

  (3)　法律的要件の具備…………………………………………… 3

3　令状の請求手続…………………………………………………… 4

  (1)　請求権者……………………………………………………… 4

  (2)　請求先………………………………………………………… 4

  (3)　令状請求書の記載要件……………………………………… 4

4　実施手続…………………………………………………………… 6

  (1)　令状の提示…………………………………………………… 6

  (2)　立会人の選定と立会い……………………………………… 8

  (3)　令状の効力が及ぶ範囲………………………………………10

  (4)　夜間執行の制限………………………………………………11

  (5)　差押えの制限…………………………………………………12

  (6)　捜索・差押えに伴う強制処分………………………………12

  (7)　令状に記載された物以外の証拠物等を発見した場合の措置………15

  (8)　捜索証明書、押収品目録交付書の交付……………………15

 <事　例>

  ○「甲方及びその付属建物」に甲方車庫内の「乙所有の自動車」は
    含まれるか………………………………………………………18

  ○自動車に対する令状により運転者の身体を捜索することの可否…………20

  ○住居に対する捜索差押許可状で、その住居の敷地内に駐車中の自
    動車内を捜索することの可否…………………………………………22

○院長不在の病院において、事務員を立会人としてカルテを差し押さえることの可否·······24

○アパート管理人の立会いで捜索中、不在だった住人が帰宅して立会いを要望した場合の措置·······26

○住人が令状を破り捨て、ドアを閉めて鍵をかけた場合の鍵等の破壊の可否·······28

○捜索差押許可状の提示に先立ち、合い鍵で玄関ドアを開け、ドアチェーンを切断することの可否·······30

○公道に駐車中の車両に対する捜索等の可否·······32

○令状のコピー等を求められた場合の措置·······34

○居室内を捜索開始後、ビデオで撮影を始めた場合の措置·······36

○宅配業者にふん装して鍵を開けさせ、令状提示前に令状執行することの可否·······38

○金庫の解錠を拒否された場合、強制的に開けさせることの可否·······40

○多数の電話機が設置されている会社を対象とする場合の措置·······42

○留置施設内に保管されている所持品を差し押さえる場合、立会人は誰か·······44

○身柄拘束中の対象者が立会いを拒否した場合、強制的に立ち会わせることの可否·······46

○未成年の子供を立会人とすることの可否·······48

○立会人の所持品から覚醒剤を発見し現逮した場合の措置·······50

○立会人が途中で立ち去った場合の措置·······52

○成人の女性警察官が女性の身体を捜索する場合、他に成人女子の立会人は必要か·······54

○成年女子の立会いがないまま女性の身体の捜索が可能となる場合とは·······56

○場所に対する令状で立会人の身体を捜索することの可否·······58

○夜間執行許可がない令状による2階建てビル（1階店舗・2階自宅）の捜索の可否·······60

○夜間執行許可がない令状による旅館居室内の捜索の可否·······62

○日没後、夜間執行許可の記載がない捜索差押許可状で強制採尿を実施することの可否·······64

○夜間執行許可がない令状で日没後に捜索を再開することの可否…………66
○夜間執行許可がない令状による会社に対する日没後の捜索の可否………68
○捜索終了後、部屋の封鎖はせずに金庫だけを封印する手続の可否………70
○一通の令状により中止と再開を繰り返すことの可否………………………72
○採尿した尿をまき散らした場合、同一令状による採尿の可否……………74
○令状提示前に任意採尿に応じた場合、任意提出か令状による押収
　か……………………………………………………………………………………76
○採尿をする医師が交代した場合の措置……………………………………78
○任意提出を拒否された証拠物を検証許可状の効力で押収すること
　の可否……………………………………………………………………………80
○目撃者・参考人等を住居者の意思に反して立ち入らせることの可
　否…………………………………………………………………………………82
○道路上に投げ捨てた盗品を居室に対する令状で差し押さえること
　の可否……………………………………………………………………………84
○立会人の意思に反して写真撮影することの可否…………………………86
○別件の盗品を同一場所で発見した場合の措置……………………………88
○令状による捜索・差押え中に禁制品を発見し、立会人をその所持
　犯人として現行犯逮捕した場合における当該捜索・差押えを継続
　するための措置…………………………………………………………………90
○令状の効力により病院に連行することの可否……………………………92
○「机及びキャビネット」と記載された令状により机の脇にあるバッ
　グを捜索することの可否………………………………………………………94
○臀部を強制的に露出させるために必要な令状は何か……………………96
○現逮直後、強制的に袖をまくって傷を確認することの可否……………98
○立会人の身体等を捜索する必要が生じた場合の措置 …………………100
○防犯カメラの動画と同じ動作を強制させる場合に必要な令状は何
　か………………………………………………………………………………102
○強制採血を行う場合に必要な令状は何か …………………………………104
○身体検査令状の効力により病院まで連行することの可否 ………………106
○女子の指紋採取等を行う場合の女子の立会人の要否 ……………………108
○任意同行した被疑者が指紋採取に応じない場合の措置 …………………110

○防犯ビデオに映った者と同じ服装を令状なしで強制することの可
　否 ……………………………………………………………………112

○令状なしで強制的に注射痕を撮影することの可否 …………………114

令状によらない捜索・差押え

1　令状なしに捜索・差押え等ができる場合 …………………………118

2　「令状による捜索・差押え等」と「令状によらない捜索・差押え
　等」の差異 …………………………………………………………118

3　令状なしに捜索・差押え等ができる理由 …………………………119

4　処分権者 ……………………………………………………………119

5　逮捕のための被疑者の捜索 ………………………………………120

　⑴　逮捕のため必要があるとき ……………………………………120

　⑵　被疑者の捜索と逮捕状の提示 …………………………………120

　⑶　被疑者の捜索と立会い …………………………………………121

6　逮捕の現場における捜索・差押え ………………………………122

　⑴　「逮捕する場合」の意義 ………………………………………122

　⑵　「逮捕の現場」の意義 …………………………………………123

　⑶　捜索の範囲及び差押対象物 ……………………………………124

　⑷　逮捕の不成功と差押物の措置 …………………………………125

＜事　例＞

○鍵が破壊されたビルの内部を捜索することの可否 …………………126

○職質対象者がアパートの一室に逃げ込んだ場合の捜索の可否 ……128

○妻が立入りを拒否した場合の捜索の可否 …………………………130

○逮捕状を執行するために第三者宅を捜索することの可否 …………132

○逮捕警察官でない警察官が証拠物件を差し押さえることの可否 ……134

○逮捕現場から10メートル以上離れた倉庫を捜索することの可否 ……136

○住居侵入罪で現逮した被疑者が所持する窃盗罪の証拠物に対する
　措置 …………………………………………………………………138

○逮捕着手後に被疑者が逃走した場合、被疑者宅を捜索することが
　できるか ……………………………………………………………140

○逮捕着手後に被疑者が逃走した場合、捜索時の立会人は必要か ……142

○逃走した被疑者が落とした証拠品を令状なく差押えすることの可否 ……………………………………………………144

○不同意性交等未遂罪を立証するため上着をまくって腹部の爪痕を確認することはできるか ……………………………146

○逮捕に着手したが逮捕をしなかった警察官が証拠品を差し押さえることの可否 …………………………………148

○現逮後、抵抗する被疑者を警察署まで同行して捜索することの可否 …………………………………………………150

○交番で盗難車であることが判明した場合、駐車車両を差し押さえることはできるか ………………………………152

○ひったくり犯人が逃走中に他人の敷地内にバッグを捨てた場合の立会人の要否① ……………………………154

○ひったくり犯人が逃走中に他人の敷地内にバッグを捨てた場合の立会人の要否② ……………………………156

○帰宅した被疑者を玄関で通逮後、室内の捜索をすることの可否 ………158

○ひったくり犯人を路上で逮捕し差押えする場合の立会人の要否 ………160

○交番内で逮捕による捜索を行う場合の警察署長等の立会いの要否 ……162

○郵便ポストに投げ入れられた被害品を差し押さえる場合の郵便局長等の立会いの要否 ……………………164

○区役所の敷地内において立会人なしで捜索する行為の可否 …………166

○他人の敷地内において立会人なしで捜索する行為の可否 …………168

○逮捕状のみで立会人なしに被疑者を捜索する行為の可否 …………170

○逮捕状の提示要求に応じないで被疑者を捜索する行為の可否 …………172

○深夜、公道上で被疑者を現行犯逮捕し、無令状の捜索・差押えをする場合における立会人の要否 …………174

○駐車中の愛人の車両内を捜索する行為の可否 ……………………176

○被害金と所持金が混ざった現金の差押えの範囲 …………………178

○医師の措置により包丁を抜き取ってもらった場合の包丁の措置 ………180

○バッグから侵入用具（軽犯）と窃盗の被害品が出てきた場合の差押えの範囲 ……………………………………182

○私人が現逮し凶器を取り上げた場合の凶器の押収手続 …………184

○私人から引渡しを受けた万引きの現行犯人が証拠品を壊そうとした場合の措置 ……………………………186

　○万引き被疑者の友人の身体を捜索することの可否 ……………………188
　○専門業者の到着待ちによる執行の中止の可否 ………………………190
　○銃刀法被疑事件の捜索中に覚醒剤を発見した場合の措置 …………192

通 常 逮 捕

◇通 常 逮 捕◇

1　通常逮捕の要件 ……………………………………………………………196
2　通常逮捕の実質的要件 …………………………………………………196
　(1)　逮捕の理由 …………………………………………………………197
　(2)　逮捕の必要性 ………………………………………………………198
3　通常逮捕の形式的要件 …………………………………………………200
　(1)　逮捕状の請求権者 …………………………………………………200
　(2)　逮捕状の請求先 ……………………………………………………200
　(3)　逮捕状の様式 ………………………………………………………200
　(4)　具体的疎明資料 ……………………………………………………200
　(5)　被疑者特定の程度 …………………………………………………201
4　通常逮捕の加重的要件 …………………………………………………201
　(1)　住居不定の疎明 ……………………………………………………202
　(2)　正当な理由のない不出頭の疎明 …………………………………202
5　逮捕状の提示 ……………………………………………………………203
　(1)　提示の程度 …………………………………………………………203
　(2)　提示の時期 …………………………………………………………203
6　逮捕状の緊急執行 ………………………………………………………204
　(1)　逮捕状の緊急執行とは ……………………………………………204
　(2)　「急速を要するとき」とは …………………………………………204
　(3)　逮捕の理由の告知 …………………………………………………205
7　再逮捕 ……………………………………………………………………206
　(1)　同一被疑事実による再逮捕 ………………………………………206
　(2)　勾留中の被疑者・被告人に対する再逮捕 ………………………207

◇逮捕後の手続◇

1　逮捕後の手続（全体像）…………………………………………209
2　逮捕後の引致 …………………………………………………209
　(1)　引致とは ……………………………………………………209
　(2)　引致の時期 …………………………………………………210
　(3)　引致者 ………………………………………………………211
　(4)　引致の相手 …………………………………………………211
　(5)　引致場所 ……………………………………………………212
3　司法警察員の手続 ……………………………………………212
　(1)　犯罪事実の要旨の告知 ……………………………………212
　(2)　弁護人選任権の告知 ………………………………………213
　(3)　弁解の機会の付与 …………………………………………214
　(4)　留置要否の判断 ……………………………………………214
　(5)　釈放又は送致手続 …………………………………………216
4　接見交通権と接見指定 ………………………………………217
　(1)　接見交通権 …………………………………………………217
　(2)　接見交通権の制限 …………………………………………217
＜事　例＞
　○4歳児の供述を疎明資料とした通常逮捕状請求の可否 ……………220
　○体格、通称名等による通常逮捕状請求の可否 ……………………222
　○空き巣の被害品が入質された事実のみによる通常逮捕状請求の可
　　否 …………………………………………………………………224
　○2件の常習賭博罪の期間内に別件の常習賭博が判明した場合、再
　　逮捕することができるか …………………………………………226
　○常習賭博罪で起訴後に、新たに行った常習賭博を再逮捕できるか ………228
　○不起訴処分後に有力な新証拠を発見した場合、再逮捕することが
　　できるか …………………………………………………………230
　○傷害致死罪で実刑判決が確定した後に殺人罪で再逮捕することが
　　できるか …………………………………………………………232
　○犯行場所を特定しないで通常逮捕状を請求することの可否 ………234
　○10回以上の出頭要請にも応じない場合の通常逮捕の可否 …………236

○別警察署で勾留中の被疑者に対する逮捕状の請求方法 ……………………238

○窃盗罪で通逮後、盗品等処分あっせん罪であることが判明した場
　合の措置 ………………………………………………………………………240

○抵抗する被疑者に逮捕状を提示せずに逮捕した場合の措置 …………242

○逮捕行為を妨害しようとした友人を一時的に拘束する行為の可否 ……244

○逮捕・同行中の車両から逃走した被疑者を発見した場合の措置 …………246

○逃走した逮捕被疑者を追跡して取り押さえた場合の措置 ………………248

○逮捕直後に犯罪事実の要旨を告知する行為の可否 ……………………250

○逮捕状のコピーを提示して逮捕することの可否 ………………………252

○遠隔地で被疑者を警察署へ任意同行し、所属警察署で請求して発
　付された逮捕状の緊急執行を行うことの可否 ……………………………254

○緊急執行による逮捕後、逮捕状の原本が紛失していることが判明
　した場合の措置 ………………………………………………………………256

○釈放後に再逮捕する場合の逮捕方法 ……………………………………258

緊 急 逮 捕

1　緊急逮捕の意義と合憲性 ………………………………………………262

2　緊急逮捕の実質的要件 …………………………………………………263

　(1)　逮捕の充分な理由 …………………………………………………263

　(2)　「充分な理由」の意義 ……………………………………………265

　(3)　逮捕の緊急性・必要性 ……………………………………………266

3　緊急逮捕の形式的要件 …………………………………………………268

　(1)　緊急逮捕の手続 ……………………………………………………268

　(2)　逮捕状の請求権者 …………………………………………………269

　(3)　「直ちに」とは ……………………………………………………270

　(4)　逮捕状請求の疎明資料 ……………………………………………271

　(5)　緊急逮捕後、被疑者を釈放した場合（被疑者に逃走された場合）
　　　の逮捕状の請求 ……………………………………………………273

　(6)　逮捕状の請求を却下された場合の措置 …………………………274

＜事　例＞

○窃盗罪で緊逮する場合の判断と留意点 …………………………………278

○ 死体の発見がない殺人事件で緊逮することができるか ……………280

○ 被害者が不在で被害事実を確認できない場合の緊逮の可否 …………282

○ 犯意の立証が被疑者の供述だけの場合、罪名は強盗傷人罪か傷害
　罪か ………………………………………………………………………284

○ まだ告訴がされていない器物損壊罪の被疑者を緊逮することの可
　否 …………………………………………………………………………286

○ 被疑者の自供を端緒として犯罪が確認された場合の逮捕種別 …………288

○ 被害者が一旦自宅に戻った場合の逮捕種別① ………………………290

○ 被害者が一旦自宅に戻った場合の逮捕種別② ………………………292

○ アパート管理人から連絡を得て緊逮する捜査の可否 …………………294

○ 被害者による面通しが不可能な場合、被疑者の自供により緊逮す
　ることの可否 ……………………………………………………………296

○ 緊急逮捕時における「理由」の告知の具体的内容 …………………298

○ 被疑者が「逮捕状を見せてくれ」と要求してきた場合の措置 ………300

○ 引致途中に被疑者が逃走した場合の措置 ……………………………302

○ 任意で取調べ中の被疑者を緊逮することができるか …………………304

○ 傷害事件の凶器を護身用に携帯していた場合、緊逮の罪名は何か ……306

○ 傷害で緊逮後、殺人未遂罪と判明した場合の罪種 ……………………308

○ 送致前釈放した場合の逮捕状請求の要否 ……………………………310

○ 本署連行中に逃走され1時間後に同罪で緊逮した場合、2通の逮
　捕状が必要か ……………………………………………………………312

○ 発生署の隣接署で隣接署員が緊逮した場合、逮捕状の請求はどの
　署が行うか ………………………………………………………………314

○ 他県で緊逮した場合の措置 ……………………………………………316

現行犯逮捕

◇現行犯逮捕◇

1　現行犯人の意義 ………………………………………………………320

2　犯罪と犯人の明白性の判断 …………………………………………320

3　犯罪の現行犯性又は時間的接着性の判断 …………………………322

4 現に罪を行っている者 ……………………………………………323

5 現に罪を行い終わった者 …………………………………………323

  (1) 時間的限界 ……………………………………………………323

  (2) 場所的限界 ……………………………………………………324

  (3) 現行犯性の認定 ………………………………………………324

6 「逮捕の必要性」の必要性 ………………………………………325

◇現行犯逮捕の手続◇

1 軽微事件と現行犯逮捕 ……………………………………………327

  (1) 「犯人の住居若しくは氏名が明らかでない場合」とは ………327

  (2) 「犯人が逃亡するおそれがある場合」とは …………………328

  (3) 現行犯逮捕した後、(1)・(2)が解消した場合 …………………328

2 私人による現行犯逮捕 ……………………………………………328

3 警察官による管轄外の現行犯逮捕 ………………………………329

4 逮捕時の手続 ………………………………………………………330

  (1) 逮捕行為 ………………………………………………………330

  (2) 実力行使の程度 ………………………………………………332

  (3) 告訴意思が不明な場合の現行犯逮捕 ………………………332

5 逮捕後の手続 ………………………………………………………333

  (1) 現行犯人の引致を受けた司法警察員の措置 ………………333

  (2) 現行犯の要件を欠く被疑者の引致を受けた場合の措置 ……333

  (3) 私人から軽微事件の現行犯人の引渡しを受けた場合の措置 …………333

<事　例>

  ○現行犯人を一般人が見張り中、通報により臨場した警察官が現逮
　することの可否 ………………………………………………………336

  ○所有者等に告訴の意思を確認せずに現逮することの可否 …………338

  ○犯行後10分後に臨場し、被疑者の自供等に基づき現逮することの
　可否 ……………………………………………………………………340

  ○身代わり出頭した者を犯人隠避罪の教唆犯として現逮することの
　可否 ……………………………………………………………………342

  ○覚醒剤を捨てて逃走した者を、予試験を実施して30分後に現逮す
　ることの可否 …………………………………………………………344

○質入れ物件から覚醒剤を発見した場合、覚醒剤所持罪の現行犯人
　として逮捕することの可否 ………………………………………………346
○建造物侵入の容疑者を、住人の指示によって現逮することの可否 ………348
○警察官が列車内で傷害罪を現認した場合、次の駅で10分後に現逮
　することの可否 ……………………………………………………………350
○自殺を図ろうとした者を、3時間に及ぶ説得後に現逮することの
　可否 …………………………………………………………………………352
○傷害事件を現逮後、暴力常習者であることが判明した場合の措置 ………354
○万引きを現認したが監視を続け、店外に出たところで現逮するこ
　との可否 ……………………………………………………………………356
○防犯カメラで窃盗犯人を特定し、犯行から20分後に現逮すること
　はできるか …………………………………………………………………358
○強盗未遂の被疑者を、発生から10分後、2キロ地点で現逮するこ
　との可否 ……………………………………………………………………360
○職質により判明した自転車盗の被疑者を、被害確認を得てから現
　逮することの可否 …………………………………………………………362
○詐欺罪の被害者が入金した翌日に被疑者を現逮することの可否 …………364
○恐喝の現金の受渡し場所に張り込み、現れた被疑者を現逮するこ
　との可否 ……………………………………………………………………366

準現行犯逮捕

1　準現行犯の意義 ……………………………………………………………370
2　準現行犯の一般的要件 ……………………………………………………371
　(1)　時間的接着性 ……………………………………………………………371
　(2)　犯罪と犯人の明白性、時間的接着性の明白性 …………………………372
3　準現行犯の個別的要件 ……………………………………………………373
　(1)　犯人として追呼されているとき（1号）………………………………373
　(2)　ぞう物又は明らかに犯罪の用に供したと思われる兇器その他の
　　物を所持しているとき（2号）…………………………………………375
　(3)　身体又は被服に犯罪の顕著な証跡があるとき（3号）………………376
　(4)　誰何されて逃走しようとするとき（4号）……………………………377

<＜事　例＞

○犯行後１時間半運転手と歩き回ったタクシーの無賃乗車犯人を、
　現逮することの可否 ……………………………………………………378

○屋外で張り込み、犯行２時間後に出てきた被疑者を現逮すること
　の可否 …………………………………………………………………380

○犯行後、一旦自宅に戻った被疑者を、約１時間後、約３キロ離れ
　た場所で現逮することの可否 ………………………………………382

○約700メートル離れた交番で約40分後に現逮することの可否……………384

○約１時間後、約２キロの地点で、ひき逃げ犯人を現逮することの
　可否 ……………………………………………………………………386

○約２時間後、約200メートルの地点で、入れ墨を証跡として現逮
　することの可否 ………………………………………………………388

○約２時間後、約200メートルの地点で、衣服等を証跡として現逮
　することの可否 ………………………………………………………390

○約60分後、約１キロの地点で、抵抗時の傷を証跡として現逮する
　ことの可否 ……………………………………………………………392

○約60分後、約１キロの地点で、呼気検査等の結果を証跡として現
　逮することの可否 ……………………………………………………394

○約60分後、約１キロの地点で職質した際、逃走した被疑者を追跡
　し現逮することの可否 ………………………………………………396

○約15分後、約150メートルの地点で、犯行が明確な被疑者を逮捕
　する場合の逮捕の種別 ………………………………………………398

関 係 法 令

1　刑事訴訟法〔抄〕 ………………………………………………………402
2　刑事訴訟規則〔抄〕 ……………………………………………………409
3　犯罪捜査規範〔抄〕 ……………………………………………………410

令状による捜索・差押え

令状による捜索・差押え

1 捜索・差押えの意義

「捜索」とは、証拠物又は没収すべき物あるいは被疑者などを発見するために、被疑者又は被疑者以外の第三者の身体、物又は住居その他の場所について強制力を用いて捜す処分をいう。

「差押え」とは、証拠物又は没収すべき物について、その所有者、所持者又は保管者から強制力を用いて占有を取得する処分をいう。差押えと領置とを併せて「押収」という。差押えと領置は、占有の方法が強制か任意かという点で違うだけであり、占有取得後の効果は両者とも全く同じである。

捜索・差押えには、裁判官の発する令状による場合（刑訴218条1項）と、逮捕の現場において令状なく行う場合（刑訴220条1項・3項）とに分かれる。

2 令状請求の要件

刑事訴訟法第218条第1項前段には、「検察官、検察事務官又は司法警察職員は、犯罪の捜査をするについて必要があるときは、裁判官の発する令状により、差押え、記録命令付差押え、捜索又は検証をすることができる」と規定されている。

これは、憲法第35条を受け、捜査上の対物強制処分としての捜索・差押え等についての令状主義を具体化したものである。

その趣旨は、刑事手続における住居及び財産の安全を保障することにある。

(1) 強制処分の必要性

捜索・差押えをすることができるのは、犯罪の捜査を行うために強制処分の必要があるときでなければならない。任意捜査によって目的を達することができるときは、強制処分としての捜索・差押えを行うことはできない。

(2) 犯罪の嫌疑の疎明

令状の請求に際しては、被疑者が罪を犯したと思料されるべき資料を提供しなければならない（刑訴規156条1項）。ここにいう嫌疑性は、通常逮捕状の発付を請求する場合に必要とされる「被疑者が罪を犯したことを疑うに足りる相当な理由」（刑訴199条1項）よりも低い嫌疑でよい。

その理由は、捜索・差押えは物や場所に対する処分であり、人の身体の自由を拘束する逮捕よりも侵害の程度が小さいからである。

⑶　**法律的要件の具備**

　　○　通信事務を取り扱う者等が保管し所持する郵便物等を差し押さえる場合

　　○　被疑者以外の者の住居等を捜索する場合

については、「犯罪の嫌疑」と「強制処分の必要性」のほかに、特別な法的要件が必要となる。

ア　通信事務を取り扱う者等が保管し所持する郵便物等を差し押さえる場合

　　郵便物等については、憲法上「通信の秘密」が保障されている（憲21条2項）から、郵便物、信書便物又は電信に関する書類で、通信事務を取り扱う者が保管し、又は所持するものについて、被疑者から発し、又は被疑者に対して発したものは、それだけの理由で差押えができるが、その他の郵便物等については、当該被疑事件に関係があると認めるに足りる状況がなければ差し押さえることはできない（刑訴100条・222条1項）。

イ　被疑者以外の者の住居等を捜索する場合

　　被疑者の住居等については、一般的に犯罪事実に関する証拠物等の存在が推定されるから、特に押収すべき物の存在を認めるに足りる状況があることは要求されていない。

　　これに対し、被疑者以外の者の住居等については、一般的に証拠物等の存在を推定することが困難であるから、被疑者以外の者の住居等を捜索するための令状を請求するときには、差し押さえるべき物の存在を認めるに足りる状況があることを疎明しなければならない（刑訴102条・222条1項、刑訴規156条3項）。

 注目!!

　実務上、被疑者以外の者の住居等を捜索する必要があることが多い。
　暴力団事件を例にとれば、A組の幹部甲がB組の事務所に出入りしているということが判明していれば、甲を被疑者として捜査する必要がある場合には、B組の事務所も甲の事件に関して捜索の対象とすることができる。
　このように、捜査の過程において得た資料を有効に活用することによって多くの捜索・差押えを実施することが可能となり、より多くの証拠を収集することが可能となる。

3　令状の請求手続

⑴　請求権者

　　令状を請求することができる者は、検察官・検察事務官又は司法警察員である（刑訴218条4項）。司法警察員については、通常逮捕状の請求の場合と異なり、公安委員会の指定を受けた警部以上の階級にある警察官（刑訴199条2項）に限られない。

　　しかし、令状の請求については、より慎重を期するため、やむを得ない場合のほかは指定司法警察員が行うことになっている（犯捜規137条1項）。

⑵　請求先

　　逮捕状請求の場合と同様、原則として、請求者が所属する官公署の所在地を管轄する地方裁判所又は簡易裁判所の裁判官に請求する。

　　しかし、他の都道府県へ出張して捜査を行っている場合などで、やむを得ない事情があるときは、最寄りの下級裁判所の裁判官に対しても請求することができる。

　　また、少年事件については、請求者の所属官公署の所在地を管轄する家庭裁判所の裁判官に請求することができる（刑訴規299条）。

⑶　令状請求書の記載要件

ア　被疑者の氏名

　　原則として戸籍上の氏名を記載しなければならないが、ペンネーム・通称等であっても、被疑者の特定が可能なものであればよい。

　　氏名が分からない場合は、人相、体格その他被疑者を特定するに足りる事項を記載する（刑訴64条2項・219条3項）。

　　被疑者が法人の場合は、「○○株式会社」等と名称で特定する。

　　また、捜索・差押えは、証拠の収集保全を目的とする強制処分であるから、必ずしも被疑者が判明している必要はない。この場合には、「被疑者不詳」と記載する。

イ　罪　名

　　刑法犯については、「窃盗」「詐欺」「強盗」などと単に罪名を記載すればよい。

　　特別法犯については、一般には「暴力行為等処罰に関する法律違反」「盗犯等の防止及処分に関する法律違反」などと被疑事実の対象となった

法律名に「違反」という語句を付加して記載する。

注目‼

　この点、最高裁は、単に「地方公務員法違反」と記載された令状について、「憲法35条は、捜索、押収については、その令状に、捜索する場所および押収すべき物を明示することを要求しているにとどまり、その令状が、正当な理由に基いて発せられたことを明示することまでは要求していないから、捜索差押許可状に被疑事件の罪名を、適用法条を示して記載することは憲法の要求するところではない」（最大決昭33.7.29）旨判示している。

ウ　捜索すべき場所

　捜索すべき場所の明示は、差し押さえるべき物の特定とともに、憲法第35条の要請である。捜索すべき場所の明示の趣旨は、捜索を受ける者の居住権・管理権を保護することにある。

　したがって、捜索すべき場所を記載するに当たっては、

　　「○○県○○市○○町○丁目○番○号○○アパート3階2号室被疑者○○○○の居室及び付属する物置」

というように具体的に記載する必要がある。特に、アパート等のように多数の世帯が居住する建物や、ホテル等のように多数の宿泊客が宿泊する建物を捜索する場合には、捜索すべき場所を他の場所と区別しなければならない。

注目‼

〔例外的な記載例〕

○　被疑者が客室を転々と変えている。

　　「○○ホテル内の被疑者○○が宿泊している客室」

○　自動車のように所在が一定しないような場合

　　「被疑者の所有する普通乗用自動車仙台33き○○○○号の車内」

　なお、自動車に対する捜索・差押えをする場合には、対象車両が不特定多数の者が通常立ち入ることができないような状態の場所にあり、当該場所の管理者等の承諾が得られない場合には、自動車に対する捜索差押許可状とともに、その所在場所に立ち入るための当該場所に対する捜索許可状を請求することが適当である。

　　また、自動車内にある物を差し押さえるためには、自動車本体に対する差押えと、同車両内に対する捜索・差押えを併せた捜索差押許可状が必要である。

　　他方、捜査対象の自動車を走行中に発見した場合には、刑訴法第222条第1項によって準用される同法第111条第1項の「必要な処分」により、必要最小限度の強制力を用いてこれを停止させることができる。

エ　差し押さえるべき物

　　差し押さえるべき物を明示する趣旨は、捜査機関が対象外の物を差し押さえることを防止し、被処分者の財産権を保護するためである。

　　したがって、具体的に特定することが望ましい。しかし、捜索・差押えは、捜索をして初めて対象物が特定できる場合もあるから、ある程度の概括的・抽象的な記載であってもやむを得ないと解されている。

　　例えば、凶器を捜索する場合「本件犯行に用いられた凶器その他本件の証拠となる物件」というような包括的記載も許される。

　　しかし、常にこのような記載が許されるものではない。実務上、差し押さえるべき物の特定に当たっては、可能な限り捜査を尽くし、個々具体的に特定するという配慮が必要である。

4　実施手続

(1)　令状の提示

ア　令状提示の意義

　　捜索・差押えは、処分を受ける者に令状を提示しなければならない（刑訴110条・222条1項）。

　　ここにいう処分を受ける者とは、差し押さえるべき物又は捜索すべき場所の直接の支配者をいう。

　　公務所内の捜索・差押えの場合、一般的に刑訴法第114条第1項に定める「その長又はこれに代わるべき者」をいい、その他の場合には、同条第2項に定める「住居主若しくは看守者又はこれらの者に代わるべき者」と一致することが多い。

　　この規定は、憲法の直接の要請ではない。捜査手続の正当性を相手方に知らせるとともに、処分を受ける者の権利を保護するために刑訴法に定められた手続である。

　　被処分者は、令状の提示を受けることによって、令状に記載された場所以外の捜索、差し押さえるべき物以外の差押えに対し、異議を述べ、あるいは裁判所に準抗告（刑訴430条）をして違法な差押え処分の取消しを請求をすることができる。

　　したがって、令状は処分を受ける者に執行の着手前に提示するのが原則である。

 注目!!

　相手方が令状の閲読を拒絶した場合は、そのまま令状の執行に着手して差し支えない（東京地判昭50.5.29）。

イ　立会人に対する令状の提示

　　捜索・差押えは、処分を受ける者に令状を提示することが原則である。

　　しかし、例えば、捜索・差押えを行う際、被処分者がいない場合がある。

　　この場合、処分を受ける者に必ず令状を提示しなければ捜索に着手することができないとすれば、被処分者が捜索を受けるのを嫌がって逃げている限り、捜索等を行うことができないということになる。

　　そこで、実務上、被処分者に令状を提示することができない場合には、隣人等の立会人に令状を提示して処分に着手している。この点については、判例も、「令状の提示は必ずしも執行の要件ではなく、何らかの理由によって処分を受けるべき者が立会うことのできない場合には、立会人に令状を提示して執行がなされるのを実務の通例とする」（東京地昭38.6.15）と判示している。

ウ　令状の再提示の要否

　　立会人に令状を提示して捜索・差押えの執行に着手した後、その執行の現場に処分を受ける者が来ても、処分が適法に開始されたものである以上、改めて被処分者に令状を提示する必要はないが、実務上、法の趣旨を徹底するために、改めて被処分者に令状を提示するのが妥当である。

エ　複写要求等の対応

　　令状の提示に際し、被処分者から犯罪事実の告知を求められたり、令状のコピーや写真撮影等を要求されることがある。この場合、捜査の秘密性という観点から犯罪事実の告知に応ずる必要はなく、また、令状のコピー・写真撮影等を拒否しても何ら違法ではない。

判例も「令状の執行の方式を規定した刑訴法第110条の規定からすれば、令状は処分を受ける者に示すを以て足り、それ以上にその内容の筆写、撮影の機会までも与えねばならないと解することはできない」(東京地決昭34.5.22)旨判示している。

オ　着手後の提示

捜索等に着手する前に令状を提示すると、その間に証拠隠滅が行われると認められる場合、捜索・差押えに着手した後に令状を提示することも許される。

⑵　立会人の選定と立会い

公務所、人の住居等で捜索・差押えを行う場合には、処分を行う場所の責任者等を立ち会わせなければならない(刑訴114条・222条1項)。

この立会人制度の趣旨は、強制処分が令状に記載された以外の場所・物に及ぶことを防止し、執行を受ける者の権利を保護することを目的としたものである。

ア　公務所内で捜索・差押えを行う場合

公務所内で捜索・差押えを行う場合には、その長又はこれに代わるべき者に通知して、その処分に立ち会わせなければならない(刑訴114条1項・222条1項)。

公務所内で処分を行う場合の立会人を限定的に定めているのは、公務所は国民のための事務を遂行している所であるから、事務の支障を最小限度にする必要があるとともに、公務上の秘密を保護するための押収拒絶権の適切な行使を可能にするためである。

○　「公務所」とは、

刑法第7条にいう公務所と異なり、公務員(公務員とみなされる者を含む。)が本来の職務を執行する施設を意味し、建物だけでなく、その構内(その長の管理権の及ぶ範囲)も含む。

○　「その長」とは、

その施設を直接管理する最上級者をいう。

○　「これに代わるべき者」とは、

長に代わるべき立場にある者をいう。具体的には次長・部(課)長等の地位にある者がこれに当たる。

しかし、必ずしも長又はこれに代わるべき者が直接立ち会う必要はなく、

立ち会うべき職員を指定して立ち会わせることもできる。

　公務所の立会人は、その長等に代わって職務を行うことができる地位にある者であればよいことから、一職員が立会人となったとしても、それが長等の権限に基づいて立会人に指定された者であれば、立会人となることができる。

 注目!!

　公務所内で捜索を行う際に、当該公務所の長等が立会いを拒否する場合が考えられる。この場合、刑訴法第114条第1項の解釈では、公務所以外の人の住居等を捜索する場合のように、隣人又は地方公共団体の職員を立ち会わせて行うことができるという同条第2項のような補充規定がない。そのため、長等の立会いが得られない限り、もはや捜索を行うことは許されないのではないかとも考えられる。

　公務所内における捜索・差押え等に際し、その長等が立会いを拒否するという事態に対処するため、警察庁、法務省及び最高検察庁が協議した結果、「公務所の長等が正当な理由なくして立会いを拒否した場合は、およそ、捜索等の手続の公正を担保する措置が講ぜられている以上、その捜索等は適法である。」との見解を出すに至り、実務上、この見解に基づいた運用が行われている。

　この場合、当該公務所の職員、監督官公庁の職員又は地方公共団体の職員等を立ち会わせ、手続の公正性を担保する措置を講じておかなければならない。

　なお、上記の措置は、他に手段・方法がない場合に例外的に許されるものであることを理解しておく必要がある。

イ　公務所以外の人の住居等で捜索・差押えを行う場合

　人の住居又は人の看守する邸宅、建造物若しくは船舶内で捜索・差押えを行うときは、住居主若しくは看守者又はこれらの者に代わるべき者をこれに立ち会わせなければならない。これらの者を立ち会わせることができないときは、隣人又は地方公共団体の職員を立ち会わせなければならない（刑訴114条2項・222条1項）。

　したがって、捜索の相手方が不在であったり、立会いを拒否したような場合でも、隣人又は地方公共団体の職員を立ち会わせることによって処分を行うことができる。

　人の住居等の捜索に際し、捜索の相手方が立会いを拒否するおそれがあ

るときは、あらかじめ地方公共団体の職員に依頼し、同職員を同道しておく必要がある。

　この場合、「地方公共団体の職員」には警察官も含まれるが、手続の公正性の担保という観点から警察官を立会人に置くことは望ましくないと解されている。

　なお、一般的に、刑訴法第114条第2項にいう「地方公共団体の職員」とは、捜索・差押えを実施する場所を管轄する都道府県・市（区）町村の一般職員をいうものと解されている。

 注目!!

　捜索・差押えに際し、多数の者が立会いを要求することがあるが、法の趣旨が生かされている限り、一つの捜索について立会人は1名でよい。

　しかし、多数の警察官が同時に捜索をするような場合には、捜索場所の面積等に応じ、立会いの目的を達成できるだけの立会人を置かなければならない。

　判例を見ると、建坪22坪の平家住宅の捜索において、夫婦2名を立ち会わせ、14人の警察官が一斉に捜索を行ったという事案について、2名の立会人では全部の捜査を見ることができないから、当該捜索は不当であるとしたものがある（東京地決昭40.7.23）。

　よって、実務上、多数の警察官で捜索・差押えを行うときは、立会人の数や配置についても十分配慮しなければならない。

ウ　公務所及び人の住居等以外の場所で捜索・差押えを行う場合

　　刑訴法第114条に規定されている場所以外の場所（人の看守していない空地、山林、道路、公園内等）で捜索等を行う場合の立会人については、刑訴法は何も規定していない。しかし、適正な捜査手続であることを担保するため、犯罪捜査規範第145条は、道路等で捜索等を行う場合にも、可能な限り第三者の立会いを得て行うこととし、もし、第三者の立会いが得られないときは、他の警察官の立会いを得て行うものとすると規定している。

エ　女子の身体捜索の場合

　　女子の身体について捜索をする際には、急速を要する場合以外は、18歳以上の女子を立ち会わせなければならない（刑訴222条1項・115条）。

⑶　令状の効力が及ぶ範囲

　　被疑者の住居に対する令状によって捜索等を行う場合に、その令状の効力

がその場所に居合わせた被疑者や第三者の身体についても及ぶかどうかという点については、「刑訴法第102条（同法222条1項によって捜査機関の行う処分に準用）が捜索の対象を身体、物、住居その他の場所の3種に区別していることから見れば、場所に対する令状の効力がその場所内にいる人の身体に当然に及ぶと解することはできない」と解されている。

したがって、被疑者の住居について捜索等を行う場合に、被疑者の身体についても捜索等を行う必要がある場合には、その必要性を疎明した上で被疑者の身体に対する令状をあらかじめ得ておかなければならない。

 注目 !!

実務上、住居に対する令状に基づき捜索等を開始したところ、その場所にいる被疑者等が、差し押さえるべき物を自己の着衣・身体内に隠匿したことが明らかに認められる場合がある。このような場合には、その場所に対する令状の効力で社会通念上必要かつ妥当と認められる範囲内において、その着衣・身体についても捜索等を行うことができると解されている（東京高判平6.5.11）。

他方、捜索場所に存在する「物」は、原則として「場所」の概念に含まれるため、場所に対する捜索差押許可状によって、そこに同居する者がその場で携帯していたボストンバッグの中を捜索することができる（最決平6.9.8）。

⑷　夜間執行の制限

日の出前・日没後に、人の住居又は人の看守する邸宅、建造物若しくは船舶内に入って捜索等を行うには、令状に夜間でも執行することができる旨の記載がなければならない（刑訴116条1項・222条3項）。

夜間執行の制限の趣旨は、夜間における私生活の平穏を保護することを目的としたものであるから、私生活に関係のない場所、すなわち、賭博、富くじ又は風俗を害する行為に常用されるものと認められる場所若しくは旅館、飲食店その他夜間でも公衆が出入りすることのできる場所の公開された時間内における処分については、このような時間的な制限はない（刑訴117条・222条3項）。

そして、公務所も私生活と関係がないところであることから、夜間執行の制限はないと解されている。

なお、日没前に執行に着手したときは、日没後でもその処分を継続することができる（刑訴116条2項・222条3項）。

注目！！

　「夜間執行の制限のない場所」と「人の住居等」（飲食店の店舗と経営者等の住居が併存している等）が同一管理権者の管理下にあれば、1通の令状によって捜索等の処分を行うことができる。

　しかし、この場合、住居に使用している部分については夜間執行の制限があるため、両者を1通の令状によって同時に捜索等の処分を行う必要がある場合は、夜間執行の許可を得ておく必要がある。

(5)　**差押えの制限**

　　捜索・差押えに際し、押収拒絶権を有する者から押収拒絶対象物件の押収を拒絶された場合、それが重大な証拠であっても、刑訴法に定める除外理由がない限り、差押えはできない。

　　ただし、押収拒絶権を有する者であっても、押収拒絶対象物以外の物については押収を拒絶することはできない。したがって、押収拒絶権を有する者の住居等について捜索・差押えを行った際に押収を拒絶された場合、果たしてその物が押収拒絶物件に該当するかどうかを確認し、証拠の収集に誤りのないように注意しなければならない。

注目！！

　刑訴法第105条の押収拒絶の対象物は、業務上委託を受けて保管又は所持する物に限らず、事務の委託の結果として作成した物も含む。

　例えば、医師が作成したカルテは、業務上委託を受けて保管する物ではないが、事務の委託の結果として作成したものであるから、押収拒絶物件に該当する。

　したがって、医療過誤（業務上過失致死傷）事件が発生しても、医師から押収を拒絶された場合は、本人（秘密の主体、この場合は患者）が承諾する等、刑訴法第105条に定める要件がなければ、カルテを差し押さえることはできない。

(6)　**捜索・差押えに伴う強制処分**

　ア　捜索・差押えと必要な処分

　　捜索・差押えに際して、差押対象物を発見するためにはある程度の強制力を行使しなければならない場合があるため、刑訴法は、「捜索・差押えを行うについては、錠を外し、封を開き、その他必要な処分をすることができる」旨規定している（刑訴法111条1項・222条1項）。したがって、

　施錠された金庫やロッカー等の中に差押対象物があると認められる場合には、合い鍵で錠を開けることはもちろん、場合によっては、錠を破壊することもできる。

　ただし、必要な限度を超えて物を破壊すれば、その手続が違法となるだけではなく、損害賠償責任を負うことになるので十分注意しなければならない。

 注目!//

　捜索・差押えの執行に当たり、施錠された物件があった場合には、まず鍵の提供を受けてこれを開錠するなど、執行を受ける者の最も損害の少ない方法によってこれをすべきである。鍵の保管者がこの提供を拒否し、又は鍵の提供を待っていては執行の目的を達し得ないような緊急の事情がある場合は格別、このような合理的な理由が認められない限り、これを破壊して執行することは許されないものと解すべきである（東京地判昭44.12.16）。

　必要な処分は、押収物についても行うことができる（刑訴111条2項・222条1項）。これは、押収物が果たして証拠物であるかどうかを確認するために行うものである。

　例えば、差し押さえた郵便物や領置したごみ袋を開封するとか、未現像のフィルムを現像するなどの処分がこれに当たる。

　実務上、本条の必要な処分としては、次のようなものが考えられる。

○　マスターキーでドアを解錠すること。

○　押収物が覚醒剤であるかどうかを確認するため、微量を使用して予試験をすること。

○　捜索対象である自動車を発見した場合に停止させること。

○　電磁的記録媒体を選別するためにコンピュータを使用すること。

○　民事手続によって差押えを受けている物の封印を開披すること。

イ　捜索・差押えに伴う写真撮影

　捜索・差押えの執行に当たって、

○　手続の適法性を担保するために、その執行状況を撮影すること

○　証拠物の証拠価値を保存するために、その発見された場所、発見された状態を撮影すること

は、捜索・差押えに付随するものとしてできる（東京地決平元.3.1）。

ウ　執行中の出入禁止

　　捜索・差押えを迅速的確に行うためには、第三者によって捜索等が妨害されてはならない。そのために刑訴法は、「捜索・差押えの執行中は、何人に対しても、許可を得ないでその場所に出入りすることを禁止することができること、あるいは、その禁止に従わない者を退去させ、更に、看守者を付けて捜索等に対する妨害を防止することができる」旨規定している（刑訴112条・222条１項）。

　　出入禁止処分ができる範囲は、捜索差押許可状に記載されている「捜索すべき場所」に限らず、近接の場所も含まれる。したがって、建物内の捜索・差押えをする場合、必要があれば建物の囲繞地への出入りを禁止することもできる。

注目!!

　刑訴法第112条第１項の規定に基づいて出入禁止をなし得る場所は、原則として同令状記載の場所をいうが、捜索や差押場所への出入禁止の目的達成のためには、甚だしく他の利益を損傷しない範囲内において、直近の一定区域についても必要な措置をとるを妨げない（東京高昭31.2.10）。

　　なお、令状提示前に出入禁止の処分を行わなければ、捜索・差押えの実施が困難な場合には、令状提示前であっても出入禁止処分等の措置を行うことができる。

注目!!

　捜索・差押え執行中に外部との連絡を認めれば捜索・差押えに支障をきたす場合は、加入電話及び携帯電話の使用禁止処分が認められる（刑訴法112条を根拠とする裁判例と111条を根拠とする裁判例がある。）。

注目!!

　印刷工場において捜索・差押えを実施するに当たり、警察官約300名をもって同工場を包囲し、同工場より200〜300メートルの範囲にわたり、午前７時頃から同８時30分頃まで同工場への交通を遮断した後、午前７時10分から１時間にわたって捜索・差押えを実施したことについては、出入禁止区域の範囲、禁止した時期及び時間について、著しく妥当性を欠くものとはいえない（東京地判昭31.3.7）。

エ　執行の中止と必要な処分

　　捜索・差押えに着手したが、長時間を要するなどの理由があれば、捜索・差押えを一時中止し、後刻再開することができる。また、必要があるときは、執行が終わるまで閉鎖し、看守者を置くこともできる（刑訴118条・222条1項）。

　　なお、処分を中止したとしても一時的に中断しただけで、捜索・差押えは執行中であるから、処分を再開するときに新たな令状を必要としない。

　　また、日没前に着手し、中断後、日没後に手続を再開をしても、夜間執行（刑訴法116条1項）の制限を受けない。

⑺　**令状に記載された物以外の証拠物等を発見した場合の措置**

　　令状による捜索・差押えの実施中に、令状に記載されているもの以外の証拠物等を発見することがある。

　　この場合、仮に、その物が令状発付の犯罪事実に関する証拠物等であっても、令状に「差し押さえるべき物」として記載されていない以上、その令状によって差し押さえることはできない。

　　この場合、

　①　任意提出を受けての領置（刑訴221条）
　②　令状の発付を得ての差押え（犯捜規154条）
　③　現行犯逮捕の現場における令状によらない差押え（刑訴220条1項2号・220条3項）

のいずれかの方法により証拠物を押収することになる。

⑻　**捜索証明書、押収品目録交付書の交付**

ア　**捜索証明書**

　　捜索をした結果、差押物がなかった場合には、捜索を受けた者の請求により、捜索証明書を交付しなければならない（刑訴119条・222条1項）。

　　捜索証明書は、捜索の終了直後に被処分者の請求に基づいて交付される。

　　被処分者が捜索の終了直後には捜索証明書の交付を請求せず、後日になって交付を請求してきた場合であっても、特別な理由がある場合のほかは、交付することが妥当である。

イ　**押収品目録交付書**

　　差押物があった場合、請求の有無にかかわらず、処分を受けた者に押収品目録交付書を交付しなければならない（刑訴120条・222条1項）。

　　押収品目録交付書を交付する趣旨は、被処分者等の所有権等の権利を保護するとともに、手続の公正性を担保するためである。したがって、押収品目録交付書は、被処分者又はこれに代わるべき者（例えば、親族等）に交付すべきものであり、地方公共団体の職員等の第三者を立ち会わせて処分を行った場合は、立会人に交付する法的義務はない。

 注目!!

　　被処分者等が現場にいるにもかかわらず立会いを拒否した場合については、被処分者又はこれに代わるべき者（例えば、親族等）に押収品目録交付書を交付する。

　　被処分者等が現場にいないとか、あるいは現場付近にいてもその受領を拒否したときは、いつでも押収品目録交付書を被処分者等に交付できるようにしておく必要がある。また、押収品目録交付書を被処分者等に交付できない場合、手続の公正性を担保するという観点から、その写しを立会人（地方公共団体の職員等）に交付しておく必要がある。

「甲方及びその付属建物」に甲方車庫内の「乙所有の自動車」は含まれるか

「○○県○○町3丁目3番3号所在甲方及びその付属建物」と記載された捜索差押許可状により、甲方の車庫内にある「乙所有の自動車」の中を捜索することができるか。

乙の車は、継続的に甲宅に保管され、甲が鍵も預かっていつでも運転できる状態にある

1　結　論
　　できる。

2　関係法令
　○　刑訴法第218条（令状による差押え・記録命令付差押え・捜索・検証）
　○　刑訴法第102条（捜索）
　○　刑訴法第222条（押収・捜索・検証に関する準用規定等）

3　関係判例
　　捜索・差押えが、令状記載の場所において、差押えの目的物に対して行われた以上、押収品が第三者の所有物であったとしても、それだけで違法となるものではない（最判昭31.4.24）。

4　事例検討
　○　刑訴法第102条第1項の「物又は住居その他の場所」とは、捜索・差押えの処分を受ける者が現実に所持・保管・支配・管理している物・建物・場所をいう。
　○　他人の所有物であっても、捜索・差押えの処分を受ける者が現実に所持・保管・支配・管理している物・建物・場所であれば含まれる。
　○　逆に、捜索・差押えの処分を受ける者の所有にかかるものであっても、現に他人に賃貸している物・建物・場所は捜索の対象から除かれる。
　○　例えば、甲宅を警察官が捜索中、乙がたまたま乙車に乗ってきて一時的に甲宅の車庫に入れたものであれば、乙の車内に差押対象物があるとは認められないから、捜索はできない。
　○　しかし、事例の乙の車は、継続的に甲宅に保管され、甲が鍵も預かっていつでも運転できる状態にあるものであるから、乙の車は甲の現実の支配下にあるといえる。
　○　よって、「○○県○○町3丁目3番3号所在甲方及びその付属建物」と記載された捜索差押許可状により、甲方の車庫内にある乙の車を捜索することができる。

自動車に対する令状により運転者の身体を捜索することの可否

「被疑者甲の所有にかかる普通乗用自動車、車両番号○○55た4321、平成21年式、トヨタクラウン、青色」と記載された捜索差押許可状により、運転していた乙の身体を捜索することができるか。

1　結　論
　　できる。

2　関係法令
　○　刑訴法第218条（令状による差押え・記録命令付差押え・捜索・検証）
　○　刑訴法第102条（捜索）
　○　刑訴法第222条（押収・捜索・検証に関する準用規定等）

3　関係判例
　　その場に居合わせた者が、差し押さえるべき物を自己の身体に隠匿していると認められる場合、あるいは疑うに足りる合理的、客観的な理由がある場合には、その者の身体の捜索を行うことができる（東京地決昭44.6.6）。

4　事例検討
　○　刑訴法第102条第2項にあるとおり、被告人以外の者の身体、物又は住居その他の場所について捜索する場合には「押収すべき物の存在を認めるに足りる状況」がなければならない。
　○　事例の場合、乙が捜索場所である自動車内にいること、被処分者甲の仲間であること、差押対象物を隠匿した不審な挙動があること、警察官の提示要求に応じないことなど、押収すべき物の存在を認めるに足りる客観的な状況があれば、「被疑者甲の所有にかかる普通乗用自動車、車両番号○○55た4321、平成21年式、トヨタクラウン、青色」と記載された捜索差押許可状により、運転していた乙の身体を捜索することができる。

住居に対する捜索差押許可状で、その住居の敷地内に駐車中の自動車内を捜索することの可否

窃盗事件の被疑者甲が、一戸建て自宅の敷地内に甲名義の自動車を保有していることが判明した。そこで、甲の家屋と車両に対する捜索を先行した後に逮捕状を執行する捜査方針を立て、逮捕状のほかに甲の家屋に対する捜索差押許可状の発付を得た。この場合、甲の家屋に対する捜索差押許可状で、甲の敷地内に駐車中の甲の車を捜索することができるか。

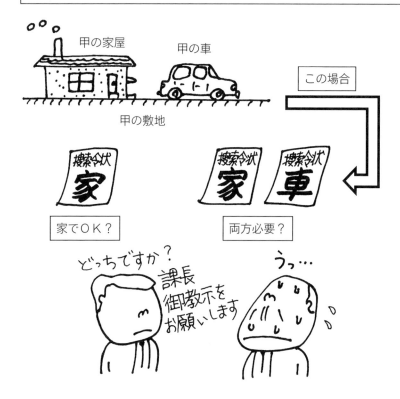

1　結　論

　できる。ただし、甲の家屋に対する捜索差押許可状とは別に、自動車に対する捜索差押許可状の発付も得て、同車内の捜索をすべきである。

2　関係法令

○　刑訴法第218条（令状による差押え・記録命令付差押え・捜索・検証）

○　刑訴法第102条（捜索）

○　刑訴法第222条（押収・捜索・検証に関する準用規定等）

3　事例検討

○　上記の規定により、単一の管理権が及ぶ範囲内の場所については、1通の捜索差押許可状で足りるが、管理権が異なる場合には、それぞれ管理権ごとに対応した令状を要する。

○　よって、事例の場合、甲の家屋に対する令状によって、甲の敷地内にある同人名義の自動車を捜索することができる。

○　しかし、①自動車は移動するものであり、所有者（使用者）の住居内にあるとは限らないこと、②内部に一定の空間を有しており、私人がこれを合法的・排他的に占有し得るという意味で1個の独立した管理権が存在することから、他の動産とは別に考え、なるべく自動車自体に対する別個の令状を用意しておくべきである。

○　したがって、実務上、自動車の存在を事前に把握している場合には、家屋に対する令状とは別に、自動車に対する令状の発付も得た上で、当該自動車内の捜索をすべきである。

○　なお、家屋とその敷地内に存在する自動車の管理者が異なる場合には、住居に対する令状のほかに、自動車を捜索場所とする令状がなければ、当該自動車を捜索することはできない。

院長不在の病院において、事務員を立会人としてカルテを差し押さえることの可否

> 甲は、被害者Aを殴って傷害を負わせたが、その際、自分の拳を骨折してZ病院で治療した。そこで、甲の犯行を裏付けるために、甲の診療カルテを差押目的物とする捜索差押許可状の発付を得て同病院に行った。しかし、たまたま院長が不在で事務員しかいなかった。この場合、事務員を立会人としてカルテを差押えできるか。

1　結　論

　　できない。

2　関係法令

　　○　刑訴法第218条（令状による差押え・記録命令付差押え・捜索・検証）

　　○　刑訴法第114条（責任者の立会い）

　　○　刑訴法第105条（業務上秘密と押収）

　　○　刑訴法第222条（押収・捜索・検証に関する準用規定等）

3　事例検討

　　○　捜索・差押えを病院で行う際に、押収拒絶権者である院長を立ち会わせなければならないという規定はない。このため、医師を立会人とせず、事務員を立会人として捜索・差押えを実施しても違法ではない。

　　○　しかし、カルテを押収する場合、カルテは押収拒絶対象物に当たり、院長はカルテの押収を拒絶することができる。したがって、院長がカルテの押収を拒否すれば、捜査機関はカルテを押収できない。

　　○　事例の場合のように、押収拒絶権者が外出し、事実上、押収拒絶権の行使ができない状況で捜索・差押えが許されるのであれば、刑訴法に定める押収拒絶権は意味がなくなる。

　　○　よって、長期不在等の特別の事情がない限り、院長を立ち会わせ、押収拒絶権を行使する意思がないことを確認したうえで、捜索・差押えを行うべきである。

アパート管理人の立会いで捜索中、不在だった住人が帰宅して立会いを要望した場合の措置

> 被疑者甲による窃盗事件の捜査のため、甲のアパート居室に対する捜索差押許可状の発付を得て捜索・差押えを行った。ところが、甲が不在だったため、同アパートの管理人Aの立会いを得て捜索・差押えを開始し、証拠品を差し押さえた。その後、捜索を実施中、30〜40分後に甲が外出から戻り、令状の提示を求めた上、「自分が立会人になる」と要望した。この場合、甲を立会人としなければならないか。

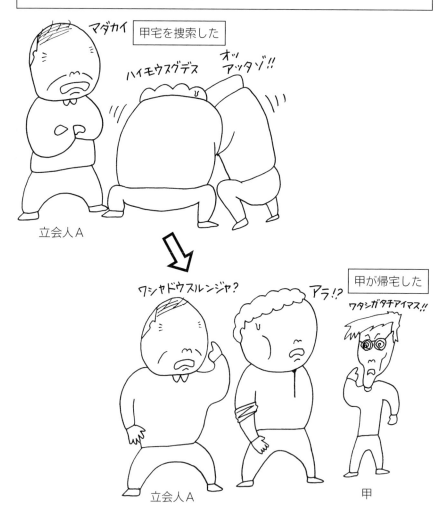

1　結　論

甲の要求に応じなくても違法ではない。

2　関係法令

○　刑訴法第218条（令状による差押え・記録命令付差押え・捜索・検証）

○　刑訴法第110条（執行の方式）

○　刑訴法第114条（責任者の立会い）

○　刑訴法第222条（押収・捜索・検証に関する準用規定等）

3　関係判例

○　令状の提示は必ずしも執行の要件ではなく、何らかの理由によって処分を受けるべき者が立ち会うことができない場合には、実務上、立会人に令状を提示して執行を行う（東京地昭38.6.15）。

○　一旦適法に開始された捜索の手続の途中で、被告人が帰宅した場合、被告人に前記許可状を示さなければ不適法となるものではない（名古屋高判昭.26.9.10）。

4　事例検討

○　帰宅した甲に対し、令状を提示しなくても違法とはならない。

しかし、令状を提示することによって、捜索の執行を妨害されるなどの特別な事情がない限り、実務上、被処分者である甲に対し、令状を提示するのが妥当である。

○　帰宅した甲が「立会人になる」旨の要求をした場合、これに応じなくても違法とはならないと解される（通説）。しかし、実務上、被処分者の利益保護のため、特別の支障がない限り、甲を立会人とすることが妥当である。

住人が令状を破り捨て、ドアを閉めて鍵をかけた場合の鍵等の破壊の可否

被疑者甲による窃盗事件の捜査のため、甲のアパート居室に対する捜索差押許可状の発付を得て、甲の部屋の前で令状を提示したところ、甲が令状を破り捨て、ドアを閉めて鍵をかけてしまった。この場合、捜索・差押えは執行できるか。また、部屋に入るためにドアの鍵を破壊することはできるか。

1　結　論

　　執行できる。ドアの鍵を破壊することもできる。

2　関係法令
　○　刑訴法第218条（令状による差押え・記録命令付差押え・捜索・検証）
　○　刑訴法第110条（執行の方式）
　○　刑訴法第111条（押収・捜索と必要な処分）
　○　刑訴法第222条（押収・捜索・検証に関する準用規定等）

3　関係判例

　　捜索・差押えに際し、管理者が執行に応じず、入口の鍵を入手できなかった以上、その鍵を破壊した行為は、やむを得ない措置として適法な行為である（東京地決昭45.3.9）。

4　事例検討
　○　令状の提示は執行開始の要件であって、継続の要件ではない。よって、適法に捜索・差押えが開始された以上、その後に令状が破棄されたとしても再交付は必要なく、そのまま執行を継続することができる（通説）。
　○　甲の部屋の前で令状を提示したところ、令状を破り捨て、ドアを閉めて鍵をかけてしまった場合、上記関係判例及び通説から、鍵を破壊して部屋に入ることができる。
　○　ただし、刑訴法第111条に定める必要な処分は、社会通念上、必要かつ最小限度の処分にとどめなければならないことから、専門の業者を呼んで解錠したり、他の入口から室内に入るなどの措置がとれる場合には、破壊に至らない方法をもって執行の手続をとらなければならない。

捜索差押許可状の提示に先立ち、合い鍵で玄関ドアを開け、ドアチェーンを切断することの可否

> 特殊詐欺事件につき、被疑者甲が住む賃貸マンションの一室を捜索することにした。甲は、過去の捜索で携帯電話等を風呂に水没させるなどの証拠隠滅を図ったため、「ドアチェーンを切断することもある」旨を説明した上で、マンションの所有者から合い鍵を借りた。この場合、甲が在室していると認められる状況下で、捜索差押許可状を提示する前に合い鍵を使用して玄関を開け、さらに工具を使ってドアチェーンを切断して甲宅に入ることができるか。

1　結　論

　捜索差押許可状の提示に先立ち、合い鍵を使用し、ドアチェーンを切断して甲宅に入ることができる。

2　関係法令

　○　刑訴法第218条（令状による差押え・記録命令付差押え・捜索・検証）
　○　刑訴法第110条（執行の方式）
　○　刑訴法第111条（押収・捜索と必要な処分）
　○　刑訴法第222条（押収・捜索・検証に関する準用規定等）
　○　犯罪捜査規範第141条（令状の提示）

3　関連判例

　証拠隠滅が行われたり、強力な抵抗が行われる可能性が高い場合には、令状に基づく捜索・差押えの実効性を確保するための緊急やむを得ない行為として、執行着手時に次のような措置を執ることが許される場合がある。
　○　宅配便の配達等を装ってドアを開けさせる（大阪高判平6.4.20）
　○　マスターキーでドアを解錠する（最決平14.10.4）
　○　ドアチェーンを切断する（大阪高判平5.10.7）

4　事例検討

　○　刑訴法は、捜索を受ける者が受忍的協力的態度を取らず、許可状を提示することができない場合、社会通念上相当な手段・方法で、「許可状を提示することができる状況」を作り出すことを認めている（第111条第1項、222条1項）。ただし、その内容・方法は、あくまでも執行の目的を達するため必要最小限度の方法で行うべきである。
　○　必要な処分を行う時期については、必要により、捜索許可状の執行着手前に行うこともできる。
　○　事例の場合、甲が過去に捜索を受けた際に、証拠隠滅を図ったことなどから、今回も同様の事態が考えられるため、合い鍵を使用し、また、必要によりドアチェーンを切断することは、必要かつ妥当な処分といえる。
　○　なお、甲宅に入った後は、証拠隠滅防止の措置後、直ちに許可状を提示しなければならない。

公道に駐車中の車両に対する捜索等の可否

被疑者甲による覚醒剤事件の捜査のため、甲が所有する車両に対する捜索差押許可状の発付を得て捜査を行っていたところ、公道に駐車中の甲の車両を発見した。このとき、甲がいない場合、甲に令状を示すことなく車内を捜索することができるか。また、車両に施錠がされている場合、鍵を開けて車内を捜索することができるか。

1　結　論
　　捜索することができる。ドアの鍵を開けることもできる。

2　関係法令
　　○　刑訴法第218条（令状による差押え・記録命令付差押え・捜索・検証）
　　○　刑訴法第110条（執行の方式）
　　○　刑訴法第111条（押収・捜索と必要な処分）
　　○　刑訴法第222条（押収・捜索・検証に関する準用規定等）
　　○　犯罪捜査規範第141条（令状の提示）

3　関係判例
　　被処分者が不在であるために令状を提示することができない場合については、令状を被処分者に示さないで執行を開始しても違法ではない（東京高判昭40.10.29）。

4　事例検討
　　○　上記判例のとおり、被処分者が不在であるために令状を提示することができない場合については、令状を示さないで執行を開始しても違法ではない。ただし、犯罪捜査規範第141条にあるとおり、実務上は、他の立会人を求め、その立会人に対し、令状を示すことが適切である。
　　○　解錠について
　　　刑訴法第111条の必要な処分として車両の鍵を解錠して車両内を捜索することができる。ただし、窓ガラスを割ったり、鍵を破壊するなどの方法は可能な限り避け、業者に解錠させたり、合い鍵を入手するなど、物理的破壊を伴わない方法をとらなければならない。

令状のコピー等を求められた場合の措置

被疑者甲による窃盗事件の捜査のため、甲のアパート居室に対する捜索差押許可状の発付を得て、甲の部屋の前で令状を提示したところ、甲が「令状のコピーをくれないと捜索に応じない」旨を申し述べた。この場合、令状のコピーや筆記、あるいは写真撮影などに応ずる義務があるか。

1　結　論
応ずる義務はない。

2　関係法令
○　刑訴法第218条（令状による差押え・記録命令付差押え・捜索・検証）
○　刑訴法第110条（執行の方式）
○　刑訴法第222条（押収・捜索・検証に関する準用規定等）

3　関係判例
○　令状の執行に際し、当該令状の筆記、複写、写真撮影、ビデオ撮影等の申出があったとしても、これに応ずる義務はない。よって、被処分者等からの申出を断って捜索等の処分を行ったとしても、当該処分は適法である（金沢地決昭48.6.30）。
○　令状は、処分を受ける者に示すことをもって足り、それ以上にその内容の筆写、撮影の機会までも与えねばならないものと解することはできない（東京地決昭34.5.22）。

4　事例検討
○　捜索差押許可状に基づく捜索・差押え処分の実施に際しては、原則として、同処分の開始前に、被処分者の要求の有無にかかわらず、同許可状を同人に提示しなければならない（通説）。
○　しかし、上記判例のとおり、被処分者等からの令状のコピーや写真撮影等の要求までも応ずる義務はない。

居室内を捜索開始後、ビデオで撮影を始めた場合の措置

被疑者甲による窃盗事件の捜査のため、甲のアパート居室に対する捜索差押許可状の発付を得て、被処分者である甲に対し令状を提示し、捜索を開始したところ、甲がビデオを持ち出して撮影を始めた。この場合、どのような措置をとるべきか。

令状を提示した

コッカノイヌメ

ケイサッダ

甲のアパート居室

甲

シャカイノブタメ

プロ用ビデオ本

甲

捜索を開始した

ビデオを撮り始めた

1　結　論
　　甲の撮影行為をやめさせる。
　　甲がやめない場合には、必要最小限度の有形力を行使して退去させる。

2　関係法令
　　○　刑訴法第218条（令状による差押え・記録命令付差押え・捜索・検証）
　　○　刑訴法第112条（執行中の出入禁止）
　　○　刑訴法第114条（責任者の立会い）
　　○　刑訴法第222条（押収・捜索・検証に関する準用規定等）

3　事例検討
　　○　甲が撮影することにより、捜査上の秘密が捜査対象者に漏れるおそれがあり、それによって今後の捜査に重大な影響が及ぶおそれがある。よって、甲の撮影行為は捜査妨害に当たる。したがって、甲が撮影を始めた段階で撮影をやめるよう説得・警告を行わなければならない。
　　○　刑訴法第112条による「出入禁止の措置」の対象者は、その場所に出入りできる正当な権限の有無を問わないから、被処分者である立会人甲に対しても、必要があれば出入禁止の措置をとることができる。
　　○　この場合、甲が警察官の指示に従わない場合には、必要最小限度の有形力を行使して撮影をやめさせ、それでも捜査を妨害する場合には、甲を部屋の外に出すことも可能である。
　　○　甲を部屋から出したことにより立会人がいなくなった場合には、一旦捜索を中止し、新たに別の立会人を求めなければならない。

宅配業者にふん装して鍵を開けさせ、令状提示前に令状執行することの可否

被疑者甲による覚醒剤事件の捜査のため、甲のアパート居室に対する捜索差押許可状の発付を得たが、甲の前科や罪種、日頃の言動から証拠隠滅をする可能性が極めて高い状況であった。そのため、警察官が宅配業者にふん装して甲に一旦ドアの鍵を開けさせ、令状提示をしないで中に踏み込み、証拠隠滅防止の措置を講じた後に甲に令状を提示して捜索を実施した。この警察官の手続は、適法か。

警察官が宅配業者にふん装して訪問した

令状提示前に踏み込み、その後に令状を提示した

1　結　論
　適法である。

2　関係法令
　○　刑訴法第218条（令状による差押え・記録命令付差押え・捜索・検証）
　○　刑訴法第110条（執行の方式）
　○　刑訴法第111条（押収・捜索と必要な処分）
　○　刑訴法第222条（押収・捜索・検証に関する準用規定等）

3　関係判例
　○　被処分者が証拠隠滅等の捜査妨害をするおそれがある場合には、捜査員が室内に入るやいなや、相手に対し動いたり物に触れないよう命ずる警察官の行為は、令状提示前における捜索・差押えの準備行為として認められるべきものであり、適法である（東京地決昭44.6.6）。
　○　令状提示前に合い鍵でドアを開けたり、鎖錠を切断する行為は、緊急やむを得ない行為として是認できる（大阪高判平5.10.7）。
　○　宅配業者を装い、玄関を開けさせるとともに、令状提示前に捜索の準備ないし現場保存措置をとることは、相手方に財産的損害を与えるものではなく、手段、方法において社会通念上相当性を欠くものではない（大阪高判平6.4.20）。

4　事例検討
　○　上記判例のとおり、事例における警察官の行為は適法である。
　○　しかしながら、令状の提示は執行前に行うのが原則であるから、事例のような手続がいつでもできると解すべきではない。
　○　被疑者の前科、罪種、捜索場所の特殊性等を総合的に考慮し、真にやむを得ない場合にのみ行うべきである。

金庫の解錠を拒否された場合、強制的に開けさせることの可否

被疑者甲の自宅に対する捜索差押許可状の発付を得て捜索・差押えを実施中、目的物が入っている大型金庫を開けようとしたが施錠されていた。被処分者の甲に解錠を依頼したがこれを断った。この場合、金庫の破壊を避けるために、強制的に甲に金庫を開けさせることができるか。

1　結　論
　　できない。

2　関係法令
　　○　刑訴法第218条（令状による差押え・記録命令付差押え・捜索・検証）
　　○　刑訴法第111条（押収・捜索と必要な処分）
　　○　刑訴法第222条（押収・捜索・検証に関する準用規定等）
　　○　犯罪捜査規範第140条（実施上の一般的注意）

3　事例検討
　　○　刑訴法第111条に定める必要な処分の意義
　　①　執行の目的を達成するために必要かつ妥当なものであること。
　　②　必要な処分を行う場合には、客観的、合理的な判断に基づくこと。
　　③　被処分者は受忍の義務を負うこと。
　　④　適正な処分が行われた以上、被処分者において、財産的あるいは精神的な損害を受けても、処分執行者に賠償を求めることはできないこと。
　　⑤　本条は、被処分者に消極的な受忍義務を負わせているにすぎず、積極的な作為義務を課すものではないこと。
　　○　⑤のとおり、事例の場合、被処分者には積極的な作為義務がないから、甲に金庫の鍵を強制的に開けさせることはできない。
　　○　よって、業者を呼んで解錠するか、必要な限度において金庫の鍵を破壊することになる。

多数の電話機が設置されている会社を対象とする場合の措置

○×旅行会社を捜索場所とする捜索差押許可状の発付を得て捜索・差押え
を実施することになった。同社には多数の電話機が設置してある。そのため、
捜索・差押えを実施中、多数の電話がかかってくる可能性が高く、電話によ
る通謀等のおそれもある。この場合、どのような措置をとるべきか。

1　結　論

　立会人以外の社員を責任者に指定し、急を要するもの以外は「取り込み中のため後ほど連絡します」と対応させる。

　特に急用の場合には、警察官立会いのうえ対応させる。

2　関係法令

　○　刑訴法第218条（令状による差押え・記録命令付差押え・捜索・検証）

　○　刑訴法第111条（押収・捜索と必要な処分）

　○　刑訴法第112条（執行中の出入禁止）

　○　刑訴法第222条（押収・捜索・検証に関する準用規定等）

3　事例検討

　○　捜索・差押えの現場に外部から電話がかかってきた場合には、刑訴法第111条又は第112条を根拠として電話をかけたり、かかってきた電話に出ることを禁止することができるとされている（通説）。

　○　実務上、外部から電話がかかってきた場合には、被処分者（立会人）には対応させず、捜査官が電話に出て事情を説明するなどの運用を行っている。

　○　しかし、警察官が電話に出ることによって被処分者に著しい不利益が生じたり（会社の信用が失墜し、契約が破棄されるなど）、複数の電話が頻繁に鳴り、その全部に捜査員が出ていたのでは捜査に支障が生じるような場合には、責任者を指定し「折り返しかけ直す」旨の対応をさせ、どうしても社員による対応が必要で捜査上の支障がないときには、警察官が立会いのうえ通話させることになる。

留置施設内に保管されている所持品を差し押さえる場合、立会人は誰か

被疑者甲が○×警察署の被疑者等収容施設に勾留され、所持品が施設内に保管されていた。甲の所持品を差し押さえる必要が生じたことから、捜索差押許可状の発付を得て留置施設内において差し押さえることになった。この場合、誰を立会人とするか。また、令状の提示は誰に行うか。

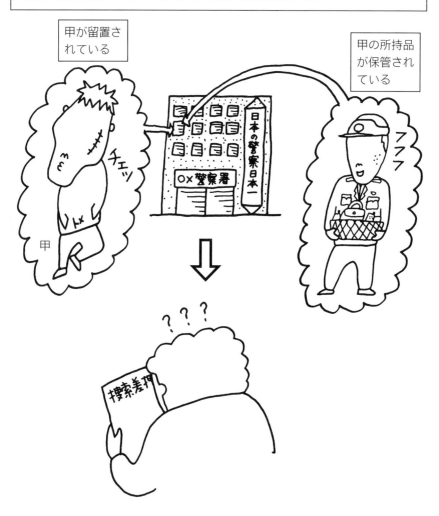

甲が留置されている

甲の所持品が保管されている

甲

1　結　論

　　被疑者等収容施設の管理者（警察署長や留置主任官等）の立会いが必要である。

　　令状は、被疑者甲に提示するべきである。

2　関係法令

　○　刑訴法第218条（令状による差押え・記録命令付差押え・捜索・検証）

　○　刑訴法第110条（執行の方式）

　○　刑訴法第114条（責任者の立会い）

　○　刑訴法第222条（押収・捜索・検証に関する準用規定等）

3　事例検討

　○　立会人については、刑訴法第114条第1項の規定により、警察署長等の責任者を立ち会わせる必要がある。

　○　この場合、令状を提示する者は、法文上は立会人（留置施設を管理する警察署幹部）になるとも考えられるが、公正を担保するためにも被疑者甲に、令状の提示を行う必要がある。

身柄拘束中の対象者が立会いを拒否した場合、強制的に立ち会わせることの可否

> 被疑者甲がＸ警察署の被疑者等収容施設に勾留されたところ、甲の自宅において所持品を差し押さえる必要が生じ、捜索差押許可状の発付を得て甲宅を捜索することになった。このとき、甲が立会いを拒否した場合、身柄拘束中の甲を強制的に捜索・差押えに立ち会わせることができるか。

1　結　論
　　できる。

2　関係法令
　○　刑訴法第218条（令状による差押え・記録命令付差押え・捜索・検証）
　○　刑訴法第222条（押収・捜索・検証に関する準用規定等）第6項

3　刑訴法第222条第6項の意義
　　捜査機関が令状による捜索・差押え・検証をするときに、押収物の隠匿場所を指示させたり、捜索場所のドアを開扉させるなどの必要がある場合には、被疑者の意思にかかわりなく強制的に立ち会わせることができる。

4　関係判例
　　刑訴法第222条第6項の規定は、身柄を拘束されていない被疑者に対してまで認めるものではないから、身柄不拘束の被疑者を強制的に捜索場所に連行して立ち会わせることはできない（大阪高判昭59. 8. 1）。

5　事例検討
　○　事例の場合、刑訴法第222条第6項の規定により、甲を強制的に立ち会わせることができる。
　○　なお、刑訴法第220条（令状によらない差押え・捜索・検証）には、刑訴法第222条第6項が準用されていない。
　　　これは、被疑者を逮捕した場合には、
　　　・　直ちに司法警察員に引致（刑訴202条）
　　　・　直ちに犯罪事実の告知、弁解の機会の付与、留置要否の判断、48時間以内に書類及び証拠物とともに検察官に送致（刑訴203条）
　　等の手続に移らなければならず、長時間、捜索・差押えの立会人とすることは妥当でないからである。
　○　したがって、刑訴法第220条（令状によらない差押え・捜索・検証）の場合には、法文上、被疑者を強制的に立会人とすることはできない。ただし、被疑者を逮捕し、極めて短時間の逮捕の現場における捜索・差押えの立会人（刑訴114条2項）として、逮捕された被疑者を立ち会わせることはできると解されている。

未成年の子供を立会人とすることの可否

> 被疑者甲の自宅を捜索対象とする捜索差押許可状の発付を得て、甲宅を捜索することになった。このとき、甲の自宅に赴いたところ、未成年の15歳の子供だけが在宅していた。この場合、15歳の子供を立会人として捜索・差押えを実施することができるか。

甲宅を令状による捜索・差押えをすることになった

15歳の子供しかいなかった

1　結　論
　　できない。

2　関係法令
　○　刑訴法第114条（責任者の立会い）
　○　刑訴法第222条（押収・捜索・検証に関する準用規定等）

3　関係判例
　　捜索・差押えの意味を十分には理解できないと思われる少女に対し、
「家の中を見てもよいか」と尋ね、同少女（17歳）が「どうぞ」と答えた
からといって、適法に捜索・差押えをしたと解するのは、全く恣意的な見
解である（大阪高判昭31.6.19）。

4　事例検討
　○　明文の規定はないが、上記の判例のとおり、立会人とする者について
　　は、刑訴法に定める立会人制度の趣旨からみて、捜索・差押えの処分を
　　十分に理解できる成人（20歳以上）とするべきである。
　○　ただし、未成年だから一律に禁止されているわけではない。例えば、
　　未成年の被疑者がアパートに単身で居住している場合には、被疑者の防
　　御権を不当に侵害することにならないから、未成年者を立会人とするこ
　　とができる。

立会人の所持品から覚醒剤を発見し現逮した場合の措置

被疑者甲の自宅を捜索対象とする捜索差押許可状の発付を得て、甲の自宅を捜索することになった。このとき、甲と同居している乙女を立会人として行うこととした。捜索を始めて間もなく、乙女のバッグの中から覚醒剤を発見し、予試験後に現行犯逮捕した。この場合、当初行っていた捜索差押許可状による捜索を継続してもよいか。

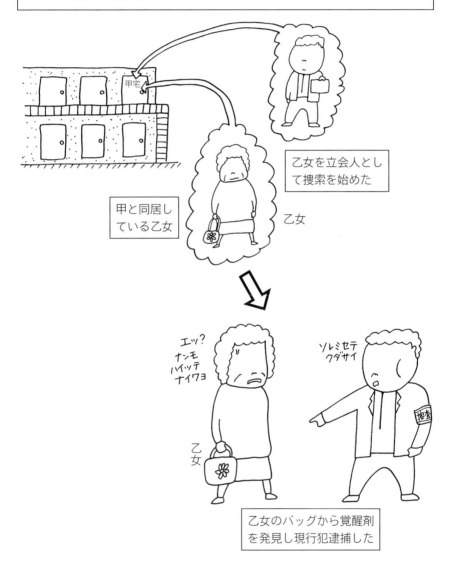

乙女を立会人として捜索を始めた

甲と同居している乙女

乙女

エッ？ナンモハイッテナイワヨ

ソレミセテクダサイ

乙女

乙女のバッグから覚醒剤を発見し現行犯逮捕した

1　結　論

乙女を立会人として捜索を継続してはならない。

2　関係法令

○　刑訴法第114条（責任者の立会い）

○　刑訴法第118条（執行の中止と必要な処分）

○　刑訴法第222条（押収・捜索・検証に関する準用規定等）

○　刑訴法第202条（検察官・司法警察員への引致）

3　事例検討

○　刑訴法第222条第1項は、司法警察職員が行う捜索・押収手続について責任者の立会いを規定した同法第114条を準用している。

　　したがって、

　　①　許可状による捜索・差押え（刑訴218条）

　　②　逮捕の現場における捜索・差押え（刑訴220条）

のどちらの場合であっても、人の住居等において捜索・差押えをする場合には、住居主等を立ち会わせなければならない。

○　事例の場合、実務上、必要最小限度の短時間に限り、乙女を現行犯逮捕の現場における令状によらない捜索・差押えの立会人とすることができると解されている。

○　しかし、令状によらない捜索・差押えが終了した後も、直ちに引致をせずにその現場に居させたうえ、当初行っていた捜索・差押えの立会人とすることは、刑訴法第202条の趣旨に反する。

○　事例の場合、乙女を引致し、新たに立会人を探さなければならない。どうしても立会人がいない場合には、刑訴法第118条（同法222条1項により捜査機関に準用）により、執行中止の措置をとり、新たに立会人を得てから再開するべきである。

○　なお、この場合、「捜索差押調書（甲）」のほかに「捜索差押調書（乙）」を作成しなければならない。

立会人が途中で立ち去った場合の措置

> 被疑者甲の自宅を捜索対象とする捜索差押許可状の発付を得て、甲の自宅を捜索することになった。このとき、甲と同居している乙女を立会人として行うこととした。捜索を始めて間もなく、乙女が「用事ができた」と言って、捜査員の説得にも応じずに立ち去った。この場合、捜索を継続してもよいか。

ケイサツダ

甲宅

乙女を立会人
として捜索を
始めた

甲と同居し
ている乙女

フタフ
メンドウ
クサイワネ

乙女

チョットデテクルワ
ヤッテテ
チョウダイ

エッ！

捜索

乙女が甲宅から立ち去った

乙女

1　結　論

　捜索を継続してはならない。

2　関係法令

　○　刑訴法第114条（責任者の立会い）

　○　刑訴法第118条（執行の中止と必要な処分）

　○　刑訴法第222条（押収・捜索・検証に関する準用規定等）

3　刑訴法第114条の意義

　本条制定の目的は、立会人の立会いの下に捜索・差押えを行うことによって、

　○　公正な手続が行われるよう担保するため

　○　被処分者の正当な利益が不当に侵害されないようにするため

である。

　したがって、本条に定める立会人は、処分を開始するための要件だけではなく、処分を継続するための要件でもある。

4　事例検討

　○　刑訴法第114条に定める立会人は、処分を開始するための要件だけではなく、処分を継続するための要件でもある。

　○　したがって、立会人である乙女がいなくなった以上、捜索・差押えの処分を継続することはできない。

　○　事例の場合、刑訴法第118条に基づき、直ちに捜索・差押えを中止し、新たに隣人又は地方公共団体の職員等を立会人にしてから、捜索・差押えを再開しなければならない。

成人の女性警察官が女性の身体を捜索する場合、他に成人女子の立会人は必要
か

> 　覚醒剤所持被疑者甲女の自宅と甲女の身体を捜索対象とする捜索差押許可
> 状の発付を得た。甲女が帰宅したら、複数の男性警察官と女性警察官（成人）
> １名で令状を執行することとした。身体の捜索に当たっては、女性警察官に
> 甲女の身体の捜索を実施させることにした。この場合、女性警察官のほかに
> 成人の女子の立会人が必要か。

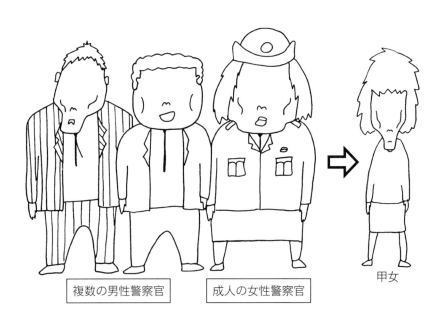

複数の男性警察官　　　成人の女性警察官

甲女

1　結　論
　必要ない。

2　関係法令
　○　刑訴法第115条（女子の身体の捜索と立会い）
　○　刑訴法第222条（押収・捜索・検証に関する準用規定等）第1項

3　関係判例
　刑訴法第115条の規定は、その捜索が男性警察官によって実施されることを想定したうえで、成年女子の立会いによって捜索を受ける女性の羞恥心を軽減するとともに、男性警察官による性的侵害を防止しようとするものである。よって、成人の女性警察官が女性の身体を捜索する場合には、同条の適用はなく、成年女子の立会いがなくても違法ではない（東京地決平2．4．10）。

4　事例検討
　上記判例のとおり、成人の女性警察官が甲女の身体に対する捜索・差押えを実施する以上、成年女子の立会いを置かなくても差し支えない。

成年女子の立会いがないまま女性の身体の捜索が可能となる場合とは

覚醒剤所持罪の被疑者甲の逮捕状の発付を得て、甲の自宅の室内において甲に逮捕状を示し、逮捕する旨を告知したところ、甲が同居している愛人の乙女に何かを手渡すのが見えた。直ちに警察官が乙女に「今渡された物を出しなさい」と言ったが、乙女はこれに応じず、他の部屋に行こうとした。この場合、成年の女子の立会いがないまま、乙女の身体を捜索することができるか。

甲が乙女に何かを手渡した

逮捕状による逮捕をした

乙女が部屋から出ようとした

1　結　論

できる。

2　関係法令

○　刑訴法第102条（捜索）

○　刑訴法第115条（女子の身体の捜索と立会い）

○　刑訴法第222条（押収・捜索・検証に関する準用規定等）

3　事例検討

○　逮捕の現場に居合わせた第三者の身体に対する捜索については、第三者の身体に押収すべき物の存在を認めるに足りる状況があれば、その第三者の身体に対しても逮捕に伴う「令状によらない捜索・差押え・検証」を行うことができる。

○　刑訴法第115条に定める「急速を要する場合」とは、早急に捜索を行わなければ証拠物が隠滅されるおそれがあるなど、立会人の到着を待つ時間的余裕がない場合をいう。

○　事例の場合、同居する乙女に対し、甲が何かを手渡す行為があったことから、乙女に被疑事実に関する証拠品を手渡したと認められる状況が十分にある。

○　さらに、乙女が同場所から立ち去ろうとするなどの状況があることから、刑訴法第115条に定める急速を要する場合に当たる。

○　したがって、乙女の着衣に対し、成年の女子の立会いがないまま、甲の逮捕に伴う「令状によらない捜索」ができる。

場所に対する令状で立会人の身体を捜索することの可否

覚醒剤所持罪で被疑者甲を逮捕し、甲の自宅を対象とする捜索差押許可状の発付を得て、甲の自宅において甲の妻乙女を立会人として捜索を行っていた。そのとき、乙女がタンスの引き出しからパケ（覚醒剤）様のものを取り出し、それを握りしめたまま「トイレに行ってきます」と言って部屋を出ようとした。この場合、乙女の腕をつかみ、指をこじ開けて、乙女が持っているものを確認することができるか。

甲宅を令状により捜索中

立会人乙女

甲の妻乙女がパケ様のものを取り出した

アッ！

ザッ！

ナナニスンノョ!!

チョットマテ！

パケ様のものを握りしめたままトイレに行こうとした

乙女

1　結　論
　　できる。

2　関係法令
　○　刑訴法第102条（捜索）
　○　刑訴法第222条（押収・捜索・検証に関する準用規定等）
　○　刑訴法第218条（令状による差押え・記録命令付差押え・捜索・検証）
　○　刑訴法第219条（差押え等の令状の方式）

3　関係判例
　　場所に対する捜索差押許可状の効力は、捜索すべき場所に現在する者が
　差し押さえるべき物をその着衣、身体に隠匿所持していると疑うに足りる
　相当な理由があり、許可状の目的とする差押えを有効に実現するためには、
　その者の着衣、身体を捜索する必要が認められる場合には、その者の着衣、
　身体に及ぶものと解するのが相当である（東京高判平6.5.11）。

4　事例検討
　○　刑訴法第219条第1項が、身体と場所を明確に区別していることから、
　　場所に対する令状の効力が、その場所にいる人の身体（特に被疑者以外
　　の第三者）に当然に及ぶと解するべきではない。
　○　しかし、事例のように、乙女が覚醒剤を隠匿した疑いが極めて強い場
　　合には、上記判例のとおり、場所に対する令状の効力により、合理的な
　　範囲で実力を行使して乙女の身体を捜索することができる。
　○　この場合において、乙女がパケ（覚醒剤）様のものを所持しており、
　　そのものが予試験で陽性反応が出た場合には、乙女を覚醒剤の所持罪で
　　現行犯逮捕し、逮捕に伴う差押え（刑訴220条）に基づきパケ（覚醒剤）
　　を差し押さえることになる。

夜間執行許可がない令状による２階建てビル（１階店舗・２階自宅）の捜索の
可否

> 被疑者甲の２階建てビル（１階は店舗、２階は自宅）を対象とする捜索差
> 押許可状の発付を得て捜索を行うことになった。捜索の開始時間は、日没後
> になった。甲のビルの店舗は、夜間も営業されているため、人の出入りは自
> 由にできる。この場合、捜索差押許可状に「夜間執行の許可」する旨が書か
> れていない甲のビル（１階と２階）を捜索することができるか。

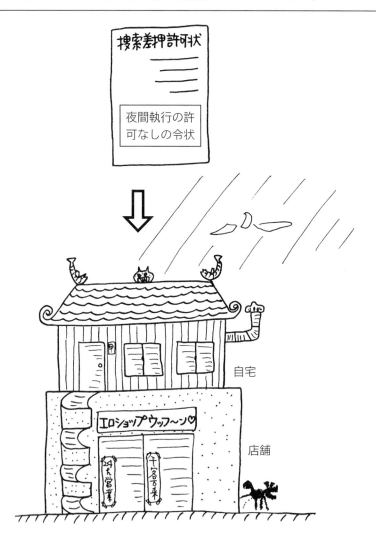

1　結　論
　　1階の店舗はできるが、2階はできない。

2　関係法令
　○　刑訴法第116条（夜間の執行の制限）
　○　刑訴法第117条（夜間執行の制限の例外）

3　事例検討
　○　刑訴法第117条第2号にいう「旅館、飲食店」等は、個人の私生活の平穏を保護する必要がないため、夜間執行の制限がない。
　○　事例の場合、甲のビルの1階の店舗は刑訴法第117条第2号に定める「旅館、飲食店その他夜間でも公衆が出入りすることができる場所」に該当するため、1階部分については夜間執行許可がない令状で捜索できる。
　○　しかし、ビルの2階については人の住居であるため、刑訴法第116条の制限を受ける。よって、2階の甲の自宅を捜索するためには、夜間執行の許可が付された令状が必要である。
　○　事例の場合、実務上、
　　　①　既に発付を受けた令状に夜間執行の許可を付け加えてもらう
　　　②　令状を返還し、新たに夜間執行許可が許可された令状の発付を受ける
　　という二つの方法がある。一般的には、②の方法により新たに令状の発付を受けて夜間の捜索・差押えが実施されている。

夜間執行許可がない令状による旅館居室内の捜索の可否

覚醒剤使用被疑者甲を逮捕し、甲が覚醒剤を隠匿したとする旅館の一室を対象とする捜索差押許可状の発付を得て捜索を行うことになった。執行の開始時間は、日没後になった。同旅館は夜間も営業しているため人の出入りは自由にできる。この場合、「夜間執行の許可」する旨が書かれていない捜索差押許可状で当該旅館の一室を捜索することができるか。

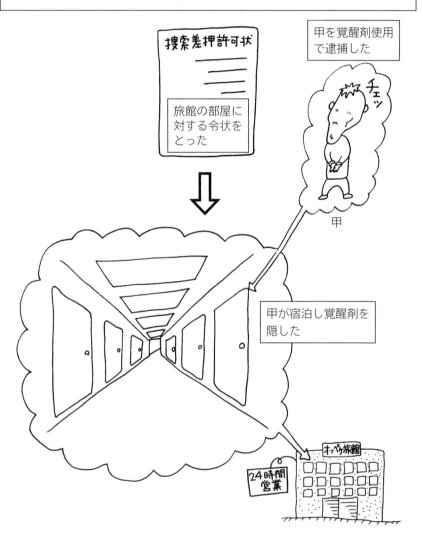

1　結　論
　　客が宿泊していればできない。宿泊していなければできる。

2　関係法令
　　○　刑訴法第116条（夜間の執行の制限）
　　○　刑訴法第117条（夜間執行の制限の例外）

3　関係判例
　　旅館、料理屋の一室であっても、これを借り受けて使用したり、又は宿泊したり、あるいは飲食したりしている間は、その客が居住する住居と認めるべきである（名古屋高判昭26.3.3）。

4　事例検討
　　○　事例の場合、旅館の一室が捜索の段階で客が使用していない空き室であれば、刑訴法第117条第2号の「旅館、飲食店その他夜間でも公衆が出入りすることができる場所」に当たることから、旅館の営業時間中である限り、刑訴法第116条の夜間執行の制限を受けない。
　　○　したがって、この場合には、夜間執行許可が付記されていない令状であっても、日没後に捜索を開始できる。
　　○　しかし、旅館の一室を現に客が使用している場合には、現存、不在に関係なく、上記判例のとおり、「人の住居」に当たることから、この場合には、夜間執行許可が付記されていない令状で日没後の捜索を開始することができない。
　　○　実務上、明らかに旅館の一室が空き室である場合以外は、夜間執行の許可を得ておくべきである。

日没後、夜間執行許可の記載がない捜索差押許可状で強制採尿を実施することの可否

窃盗被疑事件で甲を通常逮捕して所属警察署で取り調べていたところ、甲に覚醒剤使用の疑いが生じたことから、尿の任意提出を求めたがこれを拒否した。そのため、強制採尿を目的として甲の身体に対する捜索差押許可状（夜間執行許可の記載はない。）の発付を受けたが、同令状発付後、日没になった。この場合、夜間執行許可の記載のない捜索差押許可状により、日没後であっても、強制採尿を実施することができるか。なお、本件ではあらかじめ、採尿を夜間診療に対応している医療機関に嘱託している。

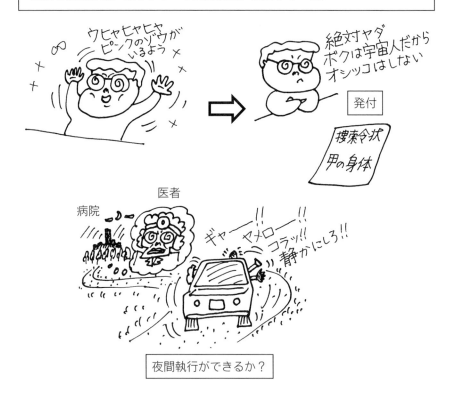

1　結　論
　　できる。

2　関係法令
　○　刑訴法第116条（夜間の執行の制限）
　○　刑訴法第118条（執行の中止と必要な処分）
　○　刑訴法第222条（押収・捜索・検証に関する準用規定等）

3　関連判例
　　覚醒剤使用の疑いがある逮捕・留置中の被疑者に対して、日没後、夜間
　執行許可の記載がない捜索差押許可状を提示した上、警察署の指定医院ま
　で連行し、医師をして被疑者の尿道にカテーテルを挿入する方法で強制採
　尿を実施した事案においては、夜間における私生活の平穏を保護するため
　に設けられた刑訴法第116条第1項の制約は受けないと解される（東京高
　判平10.6.25）。

4　事例検討
　○　事例の場合、日没後に捜索差押許可状に基づいて強制採尿を実施して
　　も、それは甲の身体に対するものであり、また、医療機関に連行するた
　　め、同人に同許可状を執行する場所が公務所たる所属警察署内であるこ
　　となどから、夜間における個人の私生活の平穏を侵害することにはなら
　　ないため、刑訴法第116条第1項の規定は適用されず、夜間執行の制限
　　は受けない。
　○　よって、日没後であっても、夜間執行許可の記載がない捜索差押許可
　　状を甲に提示して強制採尿を実施することができる。

夜間執行許可がない令状で日没後に捜索を再開することの可否

覚醒剤使用被疑者甲を逮捕し、捜索差押許可状の発付を得て甲の自宅を日没前に捜索したが、証拠品が隠匿されている金庫を解錠するため業者を呼ぶ必要が生じた。そこで、約１時間ほど中止し、捜査員を金庫前に配置し、甲と同居中の立会人乙女の了解を得て同女を隣の部屋で待たせた。その後、業者が到着し、捜索を再開することになったが、その時間が日没後になった。この場合、「夜間執行の許可」する旨が書かれていない捜索差押許可状で日没後に捜索を再開することができるか。

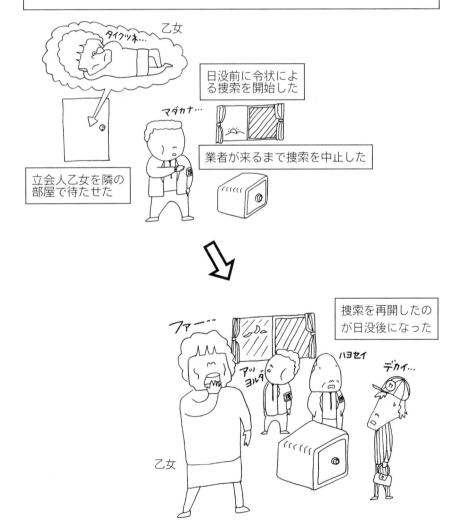

1　結　論

できる。

2　関係法令

○　刑訴法第116条（夜間の執行の制限）

○　刑訴法第118条（執行の中止と必要な処分）

○　刑訴法第222条（押収・捜索・検証に関する準用規定等）

3　事例検討

○　中止後の日没後の再開の適否については、「再開することによって新たに私生活の平穏を害するかどうか」によって判断される。

○　事例の場合、捜査員を配置しており、手続の再開を乙女も了解し、しかも、中止の時間が1時間程度であることなどから、新たに私生活の平穏を阻害するとは考えられない。

○　よって、事例の場合、「夜間執行の許可」する旨が書かれていない捜索差押許可状で日没後に捜索を再開することができる。

夜間執行許可がない令状による会社に対する日没後の捜索の可否

覚醒剤使用被疑者甲を逮捕し、甲が覚醒剤を隠匿したとする甲の会社の事務所を対象とする捜索差押許可状の発付を得て、会社の従業員が退社した後、日没後に捜索を開始することとした。この場合、「夜間執行の許可」する旨が書かれていない捜索差押許可状で、日没後に捜索を開始することができるか。

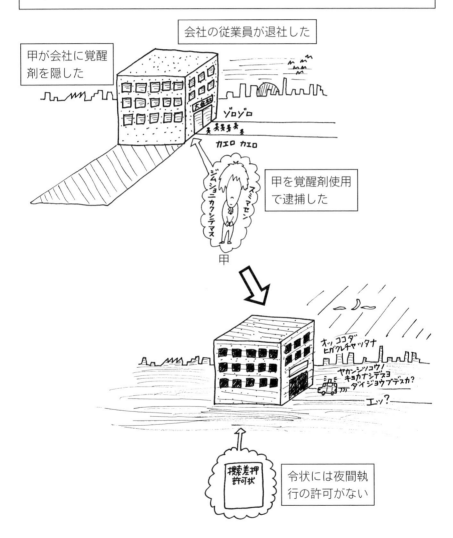

1　結　論
　　できない。

2　関係法令
　○　刑訴法第116条（夜間の執行の制限）
　○　刑訴法第117条（夜間執行の制限の例外）
　○　刑訴法第222条（押収・捜索・検証に関する準用規定等）第4項

3　事例検討
　○　従業員が退社した後の会社事務所は、刑訴法第117条第1号及び第2号には該当せず、刑訴法第116条第1項に定める「人の看守する建造物」に該当する。
　○　よって、会社事務所を、夜間執行許可がない捜索差押許可状によって、日没後に捜索を開始することはできない。

捜索終了後、部屋の封鎖はせずに金庫だけを封印する手続の可否

覚醒剤使用被疑者甲を逮捕し、甲の自宅を対象とする捜索差押許可状の発付を得て捜索を開始したが、証拠品が隠匿されていると思われる金庫を解錠するため専門の業者を呼ぶ必要が生じた。この場合、他の場所に対する捜索は終了しているため、部屋の封鎖はせずに金庫だけを封印することとした。この手続は、適法か。

1　結　論
　適法である。

2　関係法令
　○　刑訴法第118条（執行の中止と必要な処分）
　○　刑訴法第222条（押収・捜索・検証に関する準用規定等）

3　事例検討
　○　刑訴法第118条の中止処分は、捜索・差押えの目的を達成するために必要やむを得ない限度内で認められるものであり、「その場所」とは「必要最小限度の範囲」と解するべきである。
　○　事例の場合、部屋に対する捜索・差押えの手続は終了しているのであるから、部屋全体を封鎖する必要性はなく、「必要最小限度の範囲」である金庫だけを封印するべきである。

一通の令状により中止と再開を繰り返すことの可否

被疑者甲を逮捕し、会社を対象とする捜索差押許可状の発付を得て捜索を開始したが、同会社は広大な敷地にある巨大なビルであり、その捜索に数日を要する状況であった。この場合、一通の令状により、夕方に一旦中止し、翌日再開する方法により、数日にわたって繰り返し捜索を行うことができるか。

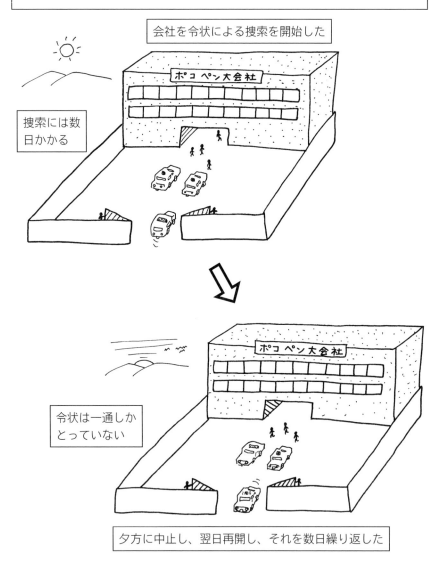

1　結　論
　　できる。

2　関係法令
　　○　刑訴法第118条（執行の中止と必要な処分）
　　○　刑訴法第222条（押収・捜索・検証に関する準用規定等）

3　事例検討
　　○　どのような場合に執行の中止を行うことができるのか、また、その中
　　止の時間的な範囲などについて、具体的に定めた規定はない。通説では、
　　執行を一時的に中止し、その後、再開して執行を継続することは許され
　　ると解されている。
　　○　事例の場合、場所的、範囲的に一日では捜索が終わらないため、数日
　　にわたって同手続を行うことはやむを得ないことから、必要最低限度の
　　日数にわたり、中止と再開を繰り返すことができる。
　　○　なお、実務上、一時中止の措置をとる場合には、処分を受ける者に対
　　して、捜索の終了ではなく、中止処分であることを明確に告知し、捜索
　　差押調書に記載し、経過を明らかにしておく必要がある。

採尿した尿をまき散らした場合、同一令状による採尿の可否

　覚醒剤所持被疑者甲を逮捕し、甲の尿を採尿して鑑定することとしたが、甲が任意による採尿を拒否した。このため、甲の尿に対する捜索差押許可状の発付を得て、強制採尿を実施するために甲を病院まで連行し、警察官が令状を提示したところ、甲が任意に尿を提出した。しかし、そのあと採尿容器に蓋をして指印を求めた際、甲が激高して尿をばらまいた。この場合、同一の令状で強制採尿できるか。

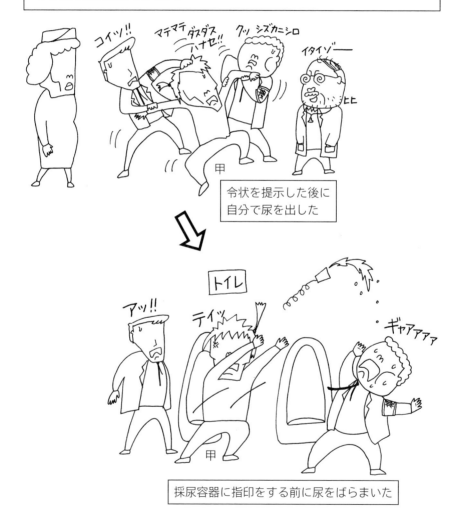

令状を提示した後に自分で尿を出した

採尿容器に指印をする前に尿をばらまいた

1　結　論
　　できる。

2　関係法令
　○　刑訴法第218条（令状による差押え・記録命令付差押え・捜索・検証）
　○　刑訴法第221条（領置）

3　関係判例
　○　体内に存在する尿を犯罪の証拠物として強制的に採取する行為は捜索・
　　差押えの性質を有するものと見るべきであるから、捜査機関がこれを実
　　施するには捜索差押令状を必要とすると解すべきである（最決昭55.10.
　　23）。
　○　差押えは、証拠物件を捜索し、これを領置し、これを官吏の完全な支
　　配内に移すまでは、その執行は終了しないものと解すべきである（名古
　　屋高判昭26.9.10）。

4　事例検討
　○　事例の場合、容器に指印を求めたところ、いきなりこれを奪ってまき
　　散らしたのであるから、尿はいまだ警察官の支配下に移ったとはいえな
　　い。
　○　よって、上記判例から、令状に基づく採尿手続は終了せず、なお継続
　　中であるから、同一令状によって強制採尿できる。

令状提示前に任意採尿に応じた場合、任意提出か令状による押収か

　覚醒剤所持被疑者甲を逮捕し、甲の尿を採尿して鑑定することとしたが、甲が任意による採尿を拒否した。このため、甲の尿に対する捜索差押許可状の発付を得て、強制採尿を実施するために甲を病院まで連行した。病院に着くと、甲が強制採尿を嫌がって令状の提示前に任意採尿に応じた。この場合、押収した尿は、任意提出されたものとするか、令状による押収とするか。

1　結　論

　令状による押収とするべきである。

2　関係法令

　刑訴法第218条（令状による差押え・記録命令付差押え・捜索・検証）

3　関係判例

　体内に存在する尿を犯罪の証拠物として強制的に採取する行為は捜索・差押えの性質を有するものと見るべきであるから、捜査機関がこれを実施するには捜索差押令状を必要とすると解すべきである（最決昭55.10.23）。

4　事例検討

　○　被疑者甲が尿を提出したのは、強制採尿から免れるためであることは明白であり、甲が警察官の説得に応じ、任意の意思により尿を提出したとはいえない。

　○　よって、被疑者が捜索差押許可状を提示前に自ら尿を提出したとしても、強制採尿手続を行ったと解すべきである。

採尿をする医師が交代した場合の措置

覚醒剤所持被疑者甲を逮捕し、甲の尿を採尿して鑑定することとしたが、甲が任意による採尿を拒否した。このため、甲の尿に対する捜索差押許可状の発付を得て、強制採尿を実施するために甲をA病院のA医師のところまで連行した。病院に着いて令状を提示したが、甲が暴れたためA医師が採尿を断念した。そこで捜索・差押えを一時中止する旨を甲に告げ、次にB病院に同行し、1時間後、B医師が強制採尿した。この場合、令状を請求し直すことなく強制採尿をしたが、この手続は適法か。

令状をとり強制採尿しようと
したが暴れてできなかった

次にB医師の
ところに連れ
て行き強制採
尿した

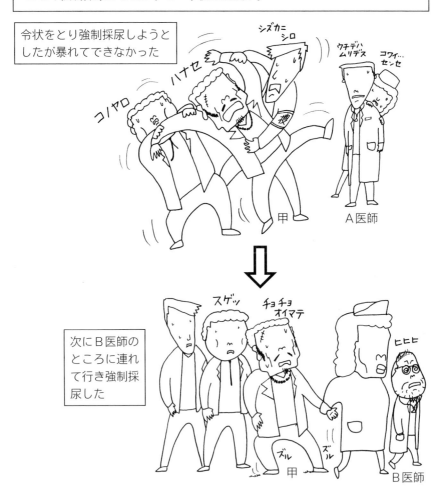

1　結　論

適法である。

2　関係法令

○　刑訴法第118条（執行の中止と必要な処分）

○　刑訴法第222条（押収・捜索・検証に関する準用規定等）

3　関係判例

○　差押えは、被告人方における証拠物件を捜索して差押え、当該物件を収税官吏の完全な支配内に移すまでは、その執行は終了しないと解すべきである（名古屋高判昭26.9.10）。

○　強制採尿令状に基づいて被疑者を採尿場所まで同行することは、その令状の効力として許される（最決平6.9.16）。

4　事例検討

○　事例の場合、甲がA医師のもとで暴れたため採尿を断念し、B医師によって採尿をしたのであるから、上記判例等からして、途中で医師が交代したとはいえ、全体を見れば1回の採尿手続となる。

○　実務上の手続としては、採尿行為を一時中断する旨を被疑者に対して明確に告げるとともに、捜索差押調書に経過を記載し、手続の適法性を明らかにしておく必要がある。

任意提出を拒否された証拠物を検証許可状の効力で押収することの可否

　甲が自宅において、甲宅に遊びにきた友人Aと口論となり、殴る蹴るの暴行を加えて傷害を与えた事件が発覚した。そこで甲を傷害罪の被疑者とする逮捕状の発付を得て行方を捜索したが、甲は所在不明であったため、甲宅における検証許可状の発付を得て、甲と同居していた乙女を立会人として検証を実施した。その際、甲が犯行当時着ていたと認められる血痕がついたシャツを発見したことから、乙女に任意提出を求めたが、乙女はこれを拒否した。この場合、検証の効力で当該シャツを押収することができるか。

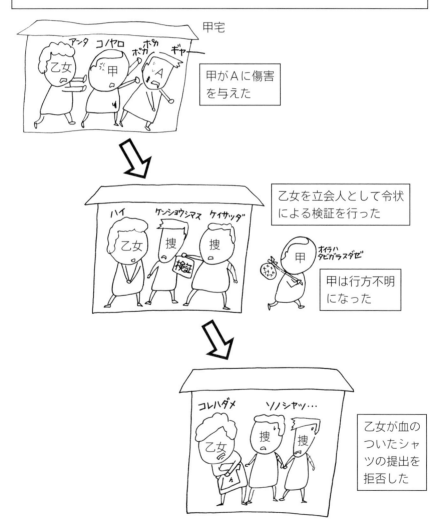

1　結　論
　できない。

2　関係法令
　○　刑訴法第218条（令状による差押え・記録命令付差押え・捜索・検証）
　○　刑訴法第129条（検証と必要な処分）

3　検証における「必要な処分」の意義
　　検証における「必要な処分」（刑訴129条）は、検証の目的を達するために必要最小限度の範囲内のみで許されるものである。
　　具体的な例としては、交通の一時停止、工作物の除去、土地の掘り起こし、営業の一時停止、犯行再現のための機械の作動などが挙げられる。

4　事例検討
　○　検証中に発見したシャツを押収する行為は、検証の目的を達するために必要な処分ではない。よって、検証の効力により、当該シャツを押収することはできない。
　○　捜査機関が財物の占有を取得する手続としては、押収手続が規定されているのであるから、事例のシャツについても、刑訴法に基づく押収の手続をとるべきである。
　○　事例の場合、乙女が任意提出を拒否した以上、乙女を説得するか、当該物件の捜索差押許可状の発付を得て、令状の効力によって押収することになる。

目撃者・参考人等を住居者の意思に反して立ち入らせることの可否

窃盗犯人被疑者甲の犯行を裏付けするために、甲の自宅に対する捜索差押許可状の発付を得て、盗品の発見を目的として甲宅を捜索することとした。その後の捜査により、甲と以前同居していた乙が、盗品の隠匿場所を知っていることが判明した。そこで、甲が隠匿した盗品を早期に発見するために、乙を補助者として同行させて甲宅に入ろうとしたところ、甲が「乙を部屋に入れることは断固、拒否する」と拒絶した。この場合、甲の意思に反し、乙を甲宅に入れることができるか。

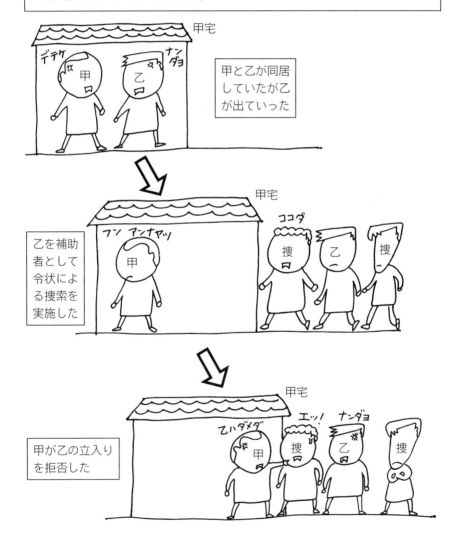

甲と乙が同居していたが乙が出ていった

乙を補助者として令状による捜索を実施した

甲が乙の立入りを拒否した

1　結　論
できる。

2　関係法令
○　刑訴法第218条（令状による差押え・記録命令付差押え・捜索・検証）
○　刑訴法第111条（押収・捜索と必要な処分）

3　事例検討
○　捜索・差押えをする場合に、目撃者、参考人等の第三者を立ち入らせることができるかどうかについては、明文の規定がない。

○　実務上、第三者等の立入りが、住居権等を不当に侵害することなく、捜索を行うために必要であり、かつ、妥当な範囲である限り、刑訴法第111条（押収・捜索と必要な処分）の規定により「司法警察職員の補助者」として、第三者を立ち入らせることができると解されている。

○　事例の場合、乙は、盗品の隠匿場所を知っており、乙を立ち入らせることによって短時間で捜索・差押えの手続が終了することになるのであるから、乙は「司法警察職員の補助者」に当たる。よって、甲の意思に反し、乙を甲宅に入れることができると解される。

道路上に投げ捨てた盗品を居室に対する令状で差し押さえることの可否

窃盗犯人（万引）被疑者甲の犯行を裏付けするために、甲の自宅に対する捜索差押許可状の発付を得て、盗品の発見を目的として甲宅を捜索することとした。ところが、捜査員が甲宅に入ろうとしたところ、甲が盗品を発見されることを防ぐために、盗品を窓から投げ捨てた。甲が投げた盗品は、窓の下の道路上に落ちて散乱した。この場合、甲の自宅に対する令状により、道路上にある盗品を差押えすることができるか。

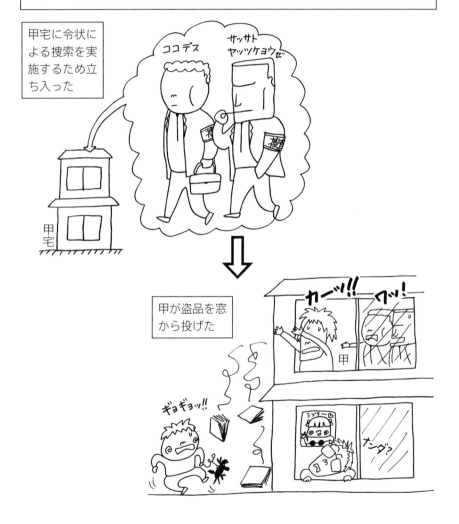

1　結　論
　　できる。

2　関係法令
　　○　刑訴法第218条（令状による差押え・記録命令付差押え・捜索・検証）
　　○　刑訴規則第155条（差押え等の令状請求書の記載要件・刑訴法218条）

3　関係判例
　　当該ビラを搬出するのを捜査官が見ており、執行開始直後にそれを発見したものであるから、その場所が部屋の外であっても、部屋に近接した同じ館内の廊下であるから、令状指定の場所以外で執行したことにはならない（東京地昭38.6.15）。

4　事例検討
　　○　事例の場合、盗品を投げ捨てているところを警察官が見ており、しかも、盗品がある場所が甲宅の直近である。
　　○　しかも、盗品が落ちた場所が道路上であり、甲以外の者の利益を侵害しないことが明らかであるから、別個の差押許可状は必要とせず、甲宅に対する令状の効力により、当該物件を差押えることができる。

立会人の意思に反して写真撮影することの可否

窃盗犯人被疑者甲の犯行を裏付けするために、甲の自宅に対する捜索差押許可状の発付を得て、盗品の発見を目的として甲宅を捜索したところ、盗品を発見したため、発見した状況を写真撮影しようとカメラを構えた。すると甲が「写真を撮ることは令状に書かれていないからやめろ」と申し立てた。この場合、甲の意思に反して、写真を撮ることができるか。

甲宅を令状による捜索を実施した

甲が写真撮影を拒否した

1　結　論
　　できる。

2　関係法令
　　刑訴法第218条（令状による差押え・記録命令付差押え・捜索・検証）

3　関係判例
　○　捜索・差押えの際に、捜査機関が、証拠物の証拠価値を保存するため、あるいは捜索・差押手続の適法性を担保するために、証拠物を発見した状態で写真撮影することは、捜索・差押えに付随する行為として許される（東京地決平元.3.1）。
　○　差押対象物以外の物件や捜索場所の状況などを記録する目的で、被処分者の所持品や室内をくまなく撮影することは、令状によらないで検証を行うことと同じであるから、被処分者の同意を得ない限り、許されない（大津地決昭60.7.3）。
　○　令状に明記されている物件以外の物の写真撮影を行う場合には、検証許可状を得てこれを行うべきである（最決平2.6.27）。

4　事例検討
　○　事例の写真撮影は、捜索によって発見した盗品の発見状況を明らかにするために行ったものである。
　○　よって、事例における写真撮影をすることは、捜索・差押えに付随する行為として許される。

別件の盗品を同一場所で発見した場合の措置

窃盗犯人被疑者甲のA窃盗事件を裏付けするために、甲の自宅に対する捜索差押許可状の発付を得て、盗品の発見を目的として甲宅を捜索した。このとき、甲が不在のまま、A窃盗事件のA証拠品を発見したため差押えした。さらに、同じ場所でA窃盗事件の数日後にA窃盗事件と同じ犯行場所から窃取したB証拠品を発見した。この場合、A窃盗事件に対する令状により、B証拠品を差し押さえることができるか。

甲宅でA窃盗事件の令状をとり捜索を実施した

甲宅

シャシントッテ

コレデス

A窃盗事件の盗品を発見した

コッチモトウヒンデス　エッ!?

B窃盗事件の盗品を発見した

※　A証拠品とB証拠品は同じ場所から数日の間に盗まれたものである

1　結　論
　　できない。

2　関係法令
　　刑訴法第218条（令状による差押え・記録命令付差押え・捜索・検証）

3　包括一罪の意義
　　同種の複数の行為を一個の構成要件該当行為と評価する場合をいう。包括一罪の場合、一個の令状により、複数の証拠品を差し押さえることができる。

4　関係判例
　　包括一罪の要件
　　①　犯意が同一か、又は継続性があること。
　　②　行為が同一犯罪の構成要件を1回ごとに充足すること。
　　③　被害法益が同一性、又は、単一性を有すること。
　　（名古屋高判昭34.4.22）

5　事例検討
　　○　A窃盗事件とB窃盗事件が、包括一罪であれば、B窃盗事件の証拠品も差し押さえることができる。
　　○　事例の場合、包括一罪となる可能性はあるが、甲が不在であるため、①の犯意については不明であり、包括一罪と断定することはできない。
　　○　この場合、B証拠品に対し、差押許可状の発付を得て差し押さえるか、甲の帰宅を待って任意提出を受けることになる。

令状による捜索・差押え中に禁制品を発見し、立会人をその所持犯人として現行犯逮捕した場合における当該捜索・差押えを継続するための措置

窃盗で通常逮捕した被疑者甲が、被害品等を乙女宅に隠匿している旨を供述したことから、乙女宅に対する捜索差押許可状の発付を得て、乙女を立会人として捜索・差押えに着手したところ、被害品等を発見する前に、乙女が使用している衣装ケースの中から、ビニール袋に入った覚醒剤様のものを発見した。直ちに乙女を追及したところ、自己のものであることを認め、さらに、予試験で覚醒剤であることが判明したことから、同女を覚醒剤取締法違反の罪で現行犯逮捕した。この場合、甲の窃盗に係る令状による捜索・差押えを継続するための立会人はどうするべきか？

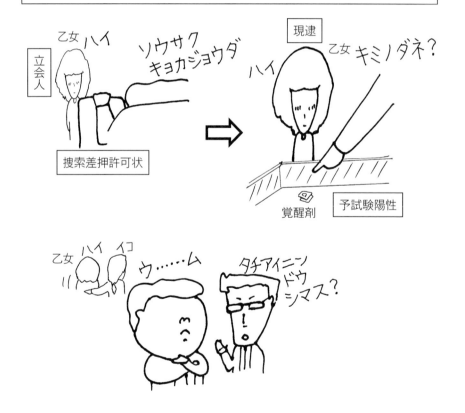

1　結　論

　　乙女を直ちに引致すべきである。その上で、新たな立会人を確保し、甲の窃盗に係る令状による捜索・差押えを継続すべきである。

2　関係法令
　　○　刑訴法第202条（検察官・司法警察員への引致）
　　○　刑訴法第118条（執行の中止と必要な処分）

3　事例検討
　　○　刑訴法第202条は、「司法巡査が逮捕状により被疑者を逮捕したときは、直ちに、…（略）…司法警察員に引致しなければならない」と規定しており、緊急逮捕（210条）及び現行犯逮捕（213条）にも準用されている（211条、216条）。
　　○　「直ちに」とは、通常、被逮捕者を引致場所まで連行するのに必要最小限の時間である。つまり、逮捕に伴う措置やその他の処分を引致前に行い、それにより引致が遅延するような場合は、「直ちに」の要件を欠くこととなる。
　　○　事例の場合、覚醒剤所持の被疑事実で現行犯逮捕された乙女を、引き続き捜索・差押えの立会人にして引致が直ちに行われなかったときは、刑訴法第202条の趣旨を逸脱する違法な逮捕手続となる。
　　○　よって、乙女を直ちに引致し、甲の窃盗の捜索・差押えについては、地方公共団体の職員等を新たな立会人として継続することになる。なお、新たな立会人を得るまで時間がかかるときは、刑訴法第118条所定の執行中止の措置を執る必要がある。

令状の効力により病院に連行することの可否

　甲を職務質問したところ、覚醒剤の前歴があり、腕に注射痕があったことから、交番に同行した後、専務臨場のうえ任意採尿を求めたところ、甲はこれを拒否した。そのため、甲に対する捜索差押許可状の発付を得て、強制採尿を実施するためにＡ病院まで同行を求めたが、甲がこれを徹底して拒否した。この場合、令状の効力により、令状に記載されている採尿場所（Ａ病院）まで強制的に連行することができるか。

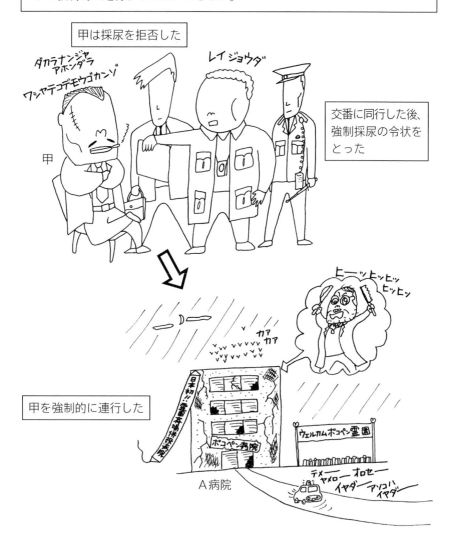

1　結　論
　　できる。

2　関係法令
　　刑訴法第218条（令状による差押え・記録命令付差押え・捜索・検証）

3　関係判例
　○　身柄を拘束されていない被疑者に対し、強制採尿令状の効力により採
　　　尿に適した最寄りの場所まで被疑者を連行することができる。その際、
　　　必要最小限度の有形力を行使することができる（最決平6.9.16）。
　○　体内に存在する尿を犯罪の証拠物として強制的に採取する行為は捜索・
　　　差押えの性質を有するものと見るべきであるから、捜査機関がこれを実
　　　施するには捜索差押令状を必要とすると解すべきである（最決昭55.10.
　　　23）。

4　事例検討
　○　事例の場合、甲が採尿場所までの任意同行を拒否し、説得に全く応じ
　　　ない以上、強制採尿令状の効力により、甲を強制的に連行することがで
　　　きる。
　○　実務上、強制力の行使については慎重に判断し、十分な説得を行った
　　　うえ、必要最小限度の有形力の行使により、実施するべきである。

「机及びキャビネット」と記載された令状により机の脇にあるバッグを捜索することの可否

甲を被疑者とする窃盗事件に関し、甲が勤める会社の甲が使用している机とキャビネットを捜索することとし、捜索場所を「甲の使用する机及びキャビネット」とする捜索許可状の発付を得て、同会社に赴いた。捜索を開始すると、甲の机の脇にショルダーバッグが置いてあり、甲の所有であることが判明した。この場合、ショルダーバッグの中を捜索することができるか。

甲の使用する机

1　結　論
　　できる。

2　関係法令
　　○　刑訴法第218条（令状による差押え・記録命令付差押え・捜索・検証）
　　○　刑訴規則第155条（差押え等の令状請求書の記載要件・刑訴218条）

3　関係判例
　　令状に、捜索すべき場所を「机及びロッカー」と記載されているということは、机の引出しはもとより、机の上、下、周囲の床の上を指すものというべきである。かかる観点からすれば、机の近くに置かれたくず籠も机に付随して置かれていると認められる限り、これに含まれると解するのが相当である（東京地決昭49.4.27）。

4　事例検討
　　○　事例の場合、上記判例によると、机の脇にある甲所有のショルダーバッグも「甲が使用する机」の範囲内にあると解される。
　　○　ただし、甲の所有物で多少離れていても捜索できると判断するべきではなく、机に近接して置かれた物に限って許されると解するべきである。
　　○　事例の場合、甲のショルダーバッグが甲が使用している机の直近に置いてあることから、捜索すべき範囲にあるとして、令状によりショルダーバッグの中を捜索することができる。

臀部を強制的に露出させるために必要な令状は何か

男がズボンと下着を下ろして下半身を露出し、陰部を女性に押し付けるという強制わいせつ事案が発生した。被害者の乙女は、「逃げるときに犯人のお尻を見た。お尻には、大きな黒いあざがあった」と供述した。直ちに乙女から聴取した人着を手配したところ、酷似した甲が職務質問を受けた。警察官らは、犯人の特徴であるお尻のあざを確認しようとして見せるように言ったが、甲は頑強に拒否した。この場合、強制的に臀部を露出させるためには、身体検査令状が必要か。

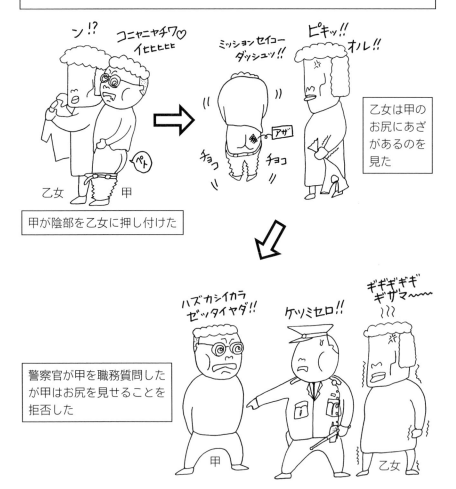

ン!? コニャニヤチワ♡ イヒヒヒヒ

甲が陰部を乙女に押し付けた

乙女　甲

ミッション セイコー ダッシュッ!!

アザ

チョっ　チョコ

ピキッ!! オレ!!

乙女は甲のお尻にあざがあるのを見た

ハズカシイカラ ゼッタイヤダ!!

ケツミセロ!!

ギギギギギ ギサマ～～

警察官が甲を職務質問したが甲はお尻を見せることを拒否した

甲　　乙女

1　結　論
必要である。

2　関係法令
○　刑訴法第218条（令状による差押え・記録命令付差押え・捜索・検証）第3項
○　刑訴法第131条（身体の検査に関する注意）

3　事例検討
○　刑訴法第218条第3項、身体の拘束を受けている被疑者については「裸にしない限り」令状なく身体検査をすることができる。
○　「裸にする場合」には、身体検査令状が必要となるが、「裸にする場合」とは、全裸だけではなく、通常、露出しない部分を露出させる場合も含まれる。
○　どの程度をもって「裸にする場合」に当たるかについては、年齢、性別等によって異なるが、通常露出しない大腿部や臀部など、普段は被服で隠れている部分も「裸」に当たると解されている。
○　以上のことから、強制的に臀部を露出させ、あざを確認する場合については、「裸にする場合」にあたることから身体検査令状を必要とする。
○　なお、刑訴法第131条のとおり、身体検査を行うに当たっては、特にその方法に注意し、その者の名誉を害しないように注意しなければならない。

現逮直後、強制的に袖をまくって傷を確認することの可否

　男（甲）が後ろから乙女に抱きつくという強制わいせつ事案が発生した。被害者の乙女は甲の右腕に思い切りかみついたところ、甲は逃走したので乙女が「ちかんよ。捕まえて」と叫んだ。それを聞いた通行人のＡが約300メートル追いかけて捕まえ、現行犯逮捕した。その直後、乙女を同道した警察官が逮捕現場に到着したので、犯人に間違いないか確認するために、腕をまくり上げてかみ跡を確認しようとした。この場合、甲の服の袖をまくり上げてかみつかれた跡の確認を拒否した場合、警察官が強制的に行うことができるか。

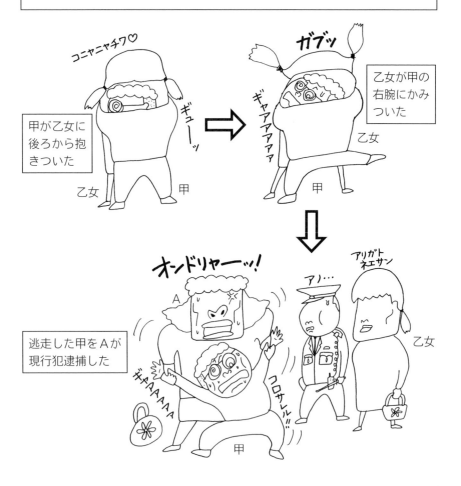

1　結　論
　　できる。

2　関係法令
　○　刑訴法第218条（令状による差押え・記録命令付差押え・捜索・検証）
　　第3項
　○　刑訴法第131条（身体の検査に関する注意）

3　関係判例
　　刑訴法第218条第3項の処分は、身体検査の直接強制（刑訴139条）の規
　定が準用（刑訴222条1項）され、被疑者がこれを拒否し、説得に応じな
　いなどの場合には、必要最小限度の有形力を行使して直接強制をすること
　ができる（東京地決昭59.6.22）。

4　事例検討
　○　刑訴法第218条第3項によって行う処分は、列挙されている指紋採取
　　等に限られず、身体の露出部分のあざ、ほくろ、入れ墨等の見分も含ま
　　れる。
　○　事例の場合、甲は身体の拘束を受けている被疑者に当たり、腕の部分
　　は通常露出する場所であるから裸の部分には当たらない。
　○　よって、説得してもなお甲がこれに応じない場合には、甲の袖をまく
　　り上げてかみ跡の有無を確認することができる。

立会人の身体等を捜索する必要が生じた場合の措置

覚醒剤所持の容疑により、甲の自宅を対象とする令状を請求することになったが、甲が覚醒剤を所持隠匿している可能性があることから、捜索に当たっては居室だけではなく、立会人である甲の身体、被服、場合によっては下着の中も捜索する必要性がある。この場合、どのような令状が必要となるか。

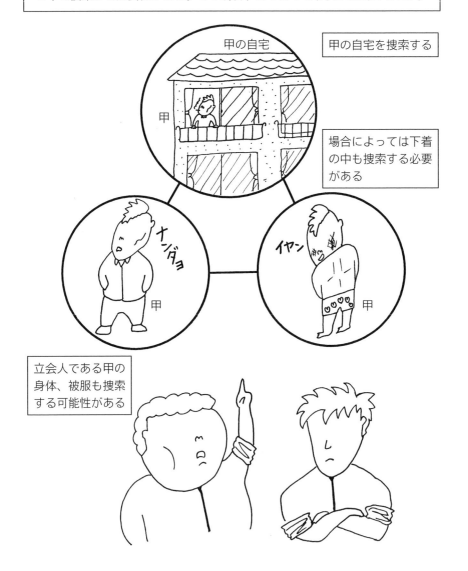

1　結　論

　甲の住居・所持品及び身体を捜索場所とする捜索差押許可状、甲の身体に対する身体検査令状が必要である。

2　関係法令

○　刑訴法第218条（令状による差押え・記録命令付差押え・捜索・検証）第3項

○　刑訴法第131条（身体の検査に関する注意）第1項

3　関係判例

○　捜索場所に現在する人が差し押さえるべき物を所持していると疑うに足りる十分な状況があり、直ちに確保する必要性と緊急性がある場合には、捜索令状により、その人の身体に対しても、強制力を用いて捜索することができる（東京地判昭63.11.25）。

○　捜索差押許可状を執行する際、女性警察官が立会人の女性のエプロンをほどき、トレーナーを脱がせ、自発的に脱がなければ強制的に脱がせると告げ、女性がズボンとブラジャーを脱いだ結果、覚醒剤を発見したことは、明らかに許容される範囲を超えたものと解するのが相当である（東京地八王子支決昭62.10.3）。

4　事例検討

○　捜索の現場にいた者の身体に対し、捜索を実施する限度は、着衣を外部から触ったり、ポケットの中を調べたりする程度にとどめなければならない。

○　事例のように、下着の中まで捜索する必要があることがあらかじめ分かっている場合には、捜索差押許可状のほかに、身体検査令状の発付も受けなければならない。

防犯カメラの動画と同じ動作を強制させる場合に必要な令状は何か

防犯カメラに映った万引き窃盗被疑者が、別件の事件で逮捕された甲と酷似していたことから、甲を同店舗に連れて行き、防犯カメラに映っている動作と同じ動作をさせ、同一人物かどうかを確認することとした。しかし、甲は、留置施設において、「絶対に現場には行かないし、警察に協力もしない」と拒否した。この場合、強制的に甲を現場に連れて行き、同じ動作をさせるためには、どのような令状が必要となるか。

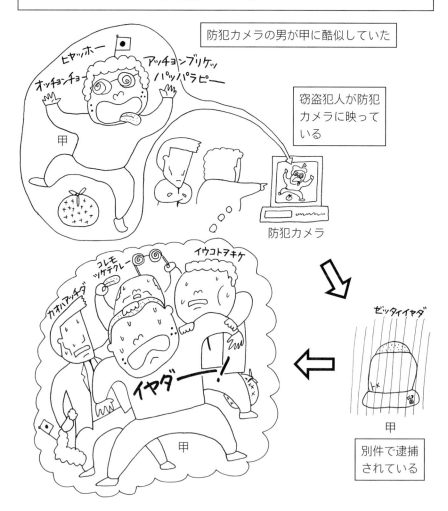

防犯カメラの男が甲に酷似していた

窃盗犯人が防犯カメラに映っている

防犯カメラ

甲

別件で逮捕されている

1　結　論
　　鑑定処分許可状と身体検査令状が必要である。

2　関係法令
　　○　刑訴法第218条（令状による差押え・記録命令付差押え・捜索・検証）
　　　第3項
　　○　刑訴法第139条（身体検査の直接強制）
　　○　刑訴法第168条（鑑定と必要な処分、許可状）

3　事例検討
　　○　刑訴法第218条第3項の処分は、鑑定のための身体検査を含まない。
　　したがって、検証としての身体検査を行う場合には「検証許可状」を、
　　鑑定としての身体検査を行う場合には「鑑定処分許可状」を請求しなけ
　　ればならない。
　　○　事例の場合は、必要な動作をさせ、専門官が同一人物かどうか鑑定す
　　るのであるから、「鑑定としての身体検査」に当たることから「鑑定処
　　分許可状」が必要となる。
　　○　ただし、鑑定処分許可状には、身体検査令状のように、刑訴法第139
　　条の身体に対する直接強制の規定が準用されていない。よって、強制力
　　を用いてある動作をさせる場合には、「鑑定処分許可状」とは別に「身
　　体検査令状」も必要となる。

強制採血を行う場合に必要な令状は何か

甲は、飲酒運転容疑で停止させられたが、飲酒検知には全く応じず、警察官らが再三説得したが、甲は「俺は呼気検査なんかしない。やりたきゃ令状を持って来い」と酒臭を放ちながら怒声をあげた。警察官は、やむなく甲を検知拒否罪で逮捕し、その後に強制採血を行うこととした。この場合、どのような令状が必要となるか。

1　結　論
　　鑑定処分許可状と身体検査令状が必要である。

2　関係法令
　○　刑訴法第218条（令状による差押え・記録命令付差押え・捜索・検証）
　　第3項
　○　刑訴法第139条（身体検査の直接強制）
　○　刑訴法第168条（鑑定と必要な処分、許可状）

3　関係判例
　　体内に存在する尿を犯罪の証拠物として強制的に採取する行為は、捜索・
　差押えの性質を有するものと見るべきであるから、捜査機関がこれを実施
　するには、捜索差押令状を必要とすると解するべきである（最決昭55.10.
　23）。

4　事例検討
　○　人の身体から血液を採取する行為は、採尿とは異なり、人体に損傷を
　　与える行為であるから、強制採血については「捜索差押許可状」ではな
　　く「鑑定処分許可状」によるべきである。
　○　ただし、鑑定処分許可状だけでは人に対して直接強制ができないこと
　　から「鑑定処分許可状」と併せて「身体検査令状」の発付を得ておく必
　　要がある。
　○　事例の場合、甲がどうしても採血に応じないときは、「身体検査令状」
　　の効力により、必要最小限度の有形力の行使により医師のもとに連行し
　　て採血ができる状態にし、「鑑定処分許可状」の効力により医師が採血
　　を行うことになる。

身体検査令状の効力により病院まで連行することの可否

甲は殺人事件の被疑者として任意同行を求められたがこれを拒否した。警察官らは、甲の血液と現場に遺留された血痕と照合するため、甲の血を採取する必要が生じ、鑑定処分許可状と身体検査令状の発付を得た。このとき、甲が採血場所への出頭に応じなかった場合、身体検査令状の効力により甲を強制的に病院まで連行することができるか。

1　結　論

できる。

2　関係法令

○　刑訴法第139条（身体検査の直接強制）

○　刑訴法第168条（鑑定と必要な処分、許可状）

3　事例検討

○　身体を拘束されていない被疑者に対し、身体検査令状による処分を特定の場所で行うことが必要不可欠であるときには、裁判官の事前審査を受けたうえ、「身体検査場所まで連行することができる」旨の記載がある令状発付を得て、その令状の効力として、身柄を拘束されていない被疑者を身体検査場所まで強制的に連行することができる。

○　この場合、逮捕とは異なるので、逮捕と同様の身柄拘束まではできない。十分に説得したうえ、腕をとって数人で取り囲みながら連行したり、抵抗が激しいときには、両手両足をとって車に乗せるという程度にとどめ、手錠等を使用してはならない。

女子の指紋採取等を行う場合の女子の立会人の要否

刑訴法第218条第3項に基づき、万引きで逮捕した甲女の指紋の採取等をしようとしたが、甲女がこれを頑強に拒否したことから、必要最小限度の強制力を用いて指紋採取と写真撮影を行うこととした。この場合であっても、医師又は成年の女子の立会いを置く必要があるか。

このあと、指紋採取を拒否したため、強制力を用いて指紋採取と写真撮影を行った

1　結　論
　　必要ない。

2　関係法令
　○　刑訴法第218条（令状による差押え・記録命令付差押え・捜索・検証）
　　　第3項
　○　刑訴法第131条（身体の検査に関する注意）第2項
　○　刑訴法第222条第1項・第2項（準用規定）

3　事例検討
　○　刑訴法第131条第2項の制定趣旨は、身体検査を受ける女性の羞恥心
　　　を軽減し、後日の無用の紛争を防止するための規定である。
　○　刑訴法第218条第3項による、裸にして行わない指紋の採取や写真撮
　　　影は、女子の羞恥心を刺激する行為ではないため、刑訴法第131条第2
　　　項の規定は適用されない。
　○　よって、刑訴法第218条第3項に規定された処分を行う場合には、医
　　　師又は成年の女子をこれに立ち会わせる必要はない。
　○　ただし、実務上は、成年の女性警察官や幹部が立ち会うなどにより、
　　　適正な手続であることを担保しておく必要がある。

任意同行した被疑者が指紋採取に応じない場合の措置

甲を窃盗容疑で任意同行し、警察署において指紋採取をする旨を申し入れたところ、甲は「絶対に応じない」と拒否した。この場合、強制的に指紋採取をするためには、どのような令状が必要となるか。

1　結　論

　身体検査令状が必要である。

2　関係法令

　○　刑訴法第218条（令状による差押え・記録命令付差押え・捜索・検証）
　　第3項

　○　刑訴法第222条第1項（準用規定）

3　事例検討

　○　刑訴法第218条第3項は、指紋採取を身体検査の一種とし、刑訴法第
　　222条第1項により同法第139条（身体検査の直接強制）の規定が準用さ
　　れている。

　○　よって、身柄拘束中の被疑者が指紋採取に応じない場合には、身体検
　　査令状の発付を得ずに実力を行使できる。

　○　しかし、刑訴法第218条第3項は、指紋採取が身体検査の一種であり、
　　かつ、身柄拘束中の被疑者でない場合は身体検査令状によらなければ強
　　制的にできないという趣旨であるから、任意の被疑者の指紋を強制的に
　　採取する場合には、身体検査令状が必要となる。

防犯ビデオに映った者と同じ服装を令状なしで強制することの可否

甲を窃盗容疑で逮捕し、防犯ビデオに映っていた者が甲であることを立証するために、犯行時に着用していたジャンパーと帽子を着用させようとしたところ、本人が「絶対に応じない」と拒否した。この場合、令状なしで、強制的に服を着せたり帽子をかぶらせることができるか。

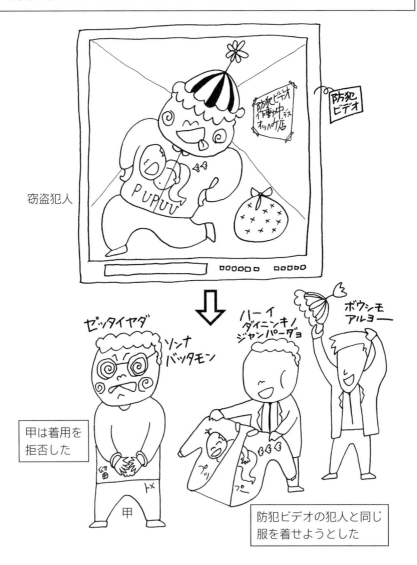

窃盗犯人

甲は着用を拒否した

防犯ビデオの犯人と同じ服を着せようとした

1　結　論

　できる。

2　関係法令

　○　刑訴法第218条（令状による差押え・記録命令付差押え・捜索・検証）
　　第3項

　○　刑訴法第222条第1項（準用規定）

3　事例検討

　○　刑訴法第218条は例示的列挙であるから、これに類した行為について
　　は、人身の自由や身体の秘密を侵害しない限度において、令状なしに強
　　制的に行っても許されると解されている（通説）。

　○　事例の場合、ジャンパーを着せたり帽子をかぶせる行為は、人身の自
　　由や身体の秘密を侵害することにはならないことから、身体検査令状は
　　必要なく、刑訴法第218条に基づいて行うことができる。

令状なしで強制的に注射痕を撮影することの可否

窃盗事件で逮捕した被疑者甲の腕にある注射痕を、別罪である覚醒剤所持事件の捜索差押許可状を請求するために写真撮影しようとしたところ、甲がこれを頑強に拒否した。この場合、令状なしで、強制的に注射痕を撮影することができるか。

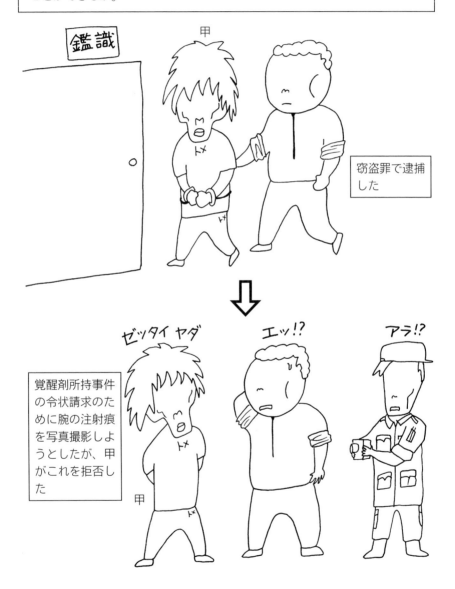

1　結　論
　　できない。身体検査令状が必要である。

2　関係法令
　○　刑訴法第218条（令状による差押え・記録命令付差押え・捜索・検証）
　　第3項
　○　刑訴法第222条第1項（準用規定）

3　事例検討
　○　刑訴法第218条が令状を要しないとする理由は、被疑者の身柄拘束の
　　基礎となっている被疑事件の被疑者を特定する必要があるからであり、
　　これとは別の被疑事実の証拠とするために、本条を根拠として写真撮影
　　等を強制的に行うことはできない。
　○　仮に覚醒剤所持事件で逮捕され、その被疑事実を立証するために腕の
　　注射痕を写真撮影するのであればできるが、窃盗事件で逮捕した甲を、
　　別事件（覚醒剤使用）のために強制力を用いることはできない。よって、
　　事例の場合、身体検査令状が必要である。

令状によらない捜索・差押え

令状によらない捜索・差押え

1　令状なしに捜索・差押え等ができる場合

　被疑者を逮捕する場合において必要があるときは、令状なくして、次の処分をすることができる（刑訴220条）。

　①　人の住居又は人の看守する邸宅、建造物若しくは船舶内に入り被疑者の捜索をすること（1項1号）。

　②　逮捕の現場で差押え、捜索又は検証をすること（1項2号）。

　捜索・差押え等をするには、原則として令状によらなければならない。この例外として、刑訴法第220条が規定され、逮捕する場合に必要があれば、令状がなくても捜索・差押え等ができる。これがいわゆる「令状によらない捜索・差押え等」である。

注目!!

　なお、刑訴法第218条（令状による捜索・差押え等）は、憲法第35条を具体化したものである。

　これに対し、刑訴法第220条（令状によらない捜索・差押え等）は、憲法第35条の「第33条の場合を除いては」と定めている「令状主義の例外」を具体化したものである。

2　「令状による捜索・差押え等」と「令状によらない捜索・差押え等」の差異

　「令状によらない捜索・差押え等」は、次の点において「令状による捜索・差押え等」の手続と異なっている。

　①　被疑者を捜索する場合において、急速を要するときは、責任者の立会い（刑訴114条2項）が必要ない。

　②　夜間執行の制限がない（刑訴222条1項は、同法116条と117条を準用していない。）。

　その他の手続については、刑訴法第222条第1項等によって、裁判所の行う押収・捜索に関する規定が準用されている。

3　令状なしに捜索・差押え等ができる理由

　例えば、ある犯罪事実に基づき被疑者に対する逮捕状の発付を得て被疑者の所在を捜索していたところ、その被疑者が人の住居内に潜伏している事実が判明した。この場合、その住居に立ち入って被疑者を捜索するために必要な措置をとっていたとしたらどうなるか。本署に戻って捜索令状の請求手続を行っている間に被疑者が逃走し、逮捕することができないという結果になる。

　また、逮捕の現場には、逮捕の理由となった被疑事実に関連する証拠物等が存在する可能性が極めて高い。そのため、逮捕の現場を捜索し、証拠物等を差し押さえ、証拠を保全する必要がある。仮に、逮捕の現場であっても令状がなければ証拠物を差し押さえることができないとした場合、令状を準備している間に証拠が散逸あるいは破壊され、その後の捜査に著しい支障が生じることとなる。

　刑訴法はそういった事態を防ぐために、逮捕の現場においては、令状によらない捜索・差押え等（刑訴220条1項）の規定を定めているのである。

4　処分権者

　刑訴法第220条第1項の処分を行うことができる者は、当該逮捕行為を行った捜査機関（検察官・検察事務官又は司法警察職員）に限られる。したがって、私人が現行犯人を逮捕するため追跡していたところ、犯人が他人の住居に逃げ込んでしまったような場合、私人が住居に立ち入って被疑者を捜索することは許されない。また、私人が現行犯逮捕した場合であっても、逮捕の現場において捜索・差押え等をすることはできない。

　なお、警察官が私人から現行犯逮捕した犯人の引渡しを受けた場合、逮捕と引渡しの時間と場所はどんなに接着していたとしても、警察官が逮捕をしていないことから、令状によらない捜索・差押え等（刑訴220条1項）はできない。逮捕者である私人が、傷害事件の犯人が所持していた凶器を取り上げて保管していた場合は、任意提出を受けて領置すべきである。

 注目 !!

　なお、警察官職務執行法第2条第4項に基づく「凶器の捜検」は、受傷防止、自殺防止など、身柄の安全等を目的とした行政的な措置であるから、これを令状なく強制的に行うことは当然に許される。

5　逮捕のための被疑者の捜索

⑴　逮捕のため必要があるとき

　被疑者を通常逮捕、現行犯逮捕又は緊急逮捕する場合において必要があるときは、令状なく人の住居等に入って被疑者の捜索をすることができる（刑訴220条1項1号・3項）。

　「必要があるとき」とは、被疑者を逮捕するため他人の住居等に入って被疑者を捜索する必要があるときを意味する。

　必要性の有無は、被疑者が人の住居等に現在する可能性が客観的にあるかどうかによって判断すべきである。単なる捜査機関の主観によって人の住居等を捜索することは許されない。

　この点について、判例は、次のように判示している。

　「刑事訴訟法第220条によれば、捜査機関は現行犯人を逮捕する場合において必要があるときは、令状なくして人の住居に入り被疑者の捜索をすることができるのであるが、同条において『必要があるとき』とは、たんに捜査機関がその主観において必要があると判断するのみでは足らず、客観的にもその必要性が認められる場合であることを要するものと解する。けだし同条は令状主義の例外の場合として憲法第11条、第33条、第35条の趣旨にかんがみ厳格に解釈すべきものであるからである。」（札幌高函館支判昭37.9.11）

 注目*!!*

　実務上、被疑者捜索の必要性について争われた事例は多い。したがって、特に通常逮捕・緊急逮捕をする場合には、まず立回り先と認められる住居等について確実に内偵を行い、被疑者が現在する高度の蓋然性が認められるときに限り、捜索のための立入りを行うべきである。単に立回り先だからというだけの理由で安易に立ち入って被疑者を捜索してはならない。

⑵　被疑者の捜索と逮捕状の提示

　「逮捕状」（通常逮捕）によって被疑者を逮捕する目的で、「捜索令状」がないまま人の住居等に立ち入って被疑者を捜索する場合に、刑訴法第220条は令状を必要としないと規定していることから、逮捕状の執行のために人の住居等において被疑者を捜索する場合は、逮捕状を提示する必要はない。

　ただし、実務上の運用としては、立入りの正当性を住居主等に理解させる

ため、

① 　逮捕状によって逮捕する場合は、逮捕状の存在を知らせる程度に逮捕状を提示する

② 　現行犯逮捕、緊急逮捕、逮捕状の緊急執行の場合のように逮捕状を示すことのできない場合は、その要旨を告げる

等の措置をとることが妥当である。

 注目!!

ただし、被疑者に逃走されるなど急速を要するときは、必ずしも事前にこれらの措置をとる必要はない。この場合には、捜索及び逮捕行為を行った後に①②の措置をとるべきである。

(3)　**被疑者の捜索と立会い**

「被疑者の捜索」の場合も、刑訴法第222条第1項によって同法第114条が準用されているため、同法に定める立会人を置かなければならない。

この場合、「公務所以外の人の住居等」において「被疑者の捜索」を行う場合については「急速を要するときには住居主等の立会いを要しない」とする規定（刑訴222条2項）がある。したがって、もし立会人を探している間に被疑者に逃げられるような場合には、急速を要するときに当たることから、立会人がないまま「被疑者の捜索」を行うことができる。

これに対し、刑訴法第222条第2項の規定は、公務所の長等の立会いを要件としている同法第114条第1項の規定が除外されているため、法文上は、公務所内において被疑者を捜索する場合については、いかに急速を要する「被疑者の捜索」であっても、その公務所の長又はこれに代わるべき者を立ち会わせなければならない。

このため、

○ 　執務時間中の公務所

○ 　深夜、休日等の執務時間外の公務所内

に逃げ込んだ被疑者を捜索するとき、その公務所の長又はこれに代わるべき者の到着を待っていたのでは被疑者に逃走されるおそれがあっても、立会人は必ず必要となる。

注目!!

　このとき、宿直員を立ち会わせて被疑者を捜索することができるかどうかという問題について直接争われた判例はない。

　実務上は、物の捜索・差押えと異なり、公務所の秘密を侵害する可能性が低いため、やむを得ない場合に限って宿直員等を立会人として被疑者を捜索することも許されると解されてはいるが、よほどの緊急かつ重大な場合に限られると解すべきである。

　　なお、警察官が被疑者を見失うことなく追跡したところ、被疑者が公務所内に逃げ込んだ場合、追跡の継続として被疑者に続いて警察官が公務所内に入る行為は、単なる立入り行為であり、ここにいう被疑者の捜索には当たらない。よって、このような場合には、公務所の長等の立会いを必要としない。

6　逮捕の現場における捜索・差押え

⑴　「逮捕する場合」の意義

　　捜査機関は、被疑者を逮捕する場合において必要があるときは、逮捕の現場で捜索・差押え等をすることができる（刑訴220条1項2号）。

　　「逮捕する場合」とは、「逮捕行為を行う際」という意味である。逮捕行為の前後を問わないが、逮捕行為との間に時間的・場所的接着性のあることが必要である。

　　したがって、逮捕行為に着手さえすれば、その後被疑者が逃走して逮捕が不成功に終わった場合でも、適法に捜索・差押え等をすることができる（125頁⑷「逮捕の不成功と差押物の措置」参照）。これに対し、逮捕に赴いたところ被疑者が不在であるとか、又は既に逃走した後であるため逮捕行為に着手できなかった場合には、「逮捕する場合」に該当しない。

 注目!!

　最高裁は、麻薬取締官が麻薬取締法違反の被疑者を逮捕するため被疑者方に赴いたところ、被疑者は外出不在中であったため、帰宅し次第、直ちに逮捕する態勢のもとに捜索を行い、証拠物を差し押えたところ、被疑者が帰宅したので捜索開始20分後に被疑者を緊急逮捕したという事案に対し、「逮捕する場合」とは逮捕着手時の前後を問わないと解したうえで、その捜索・差押えを適法としている（最大判昭36.6.7）。しかし、この判決に対しては多くの批判があるほか、逮捕

着手前の捜索が許されるとしても、捜索着手前において逮捕の要件の存在することが必要であるとする下級審の判例（横浜地判昭46.4.30）もあることから、実務上は、特別の事情がない限り、少なくとも逮捕行為の着手がなければ「逮捕する場合」には当たらないと解するべきである。

(2)　「逮捕の現場」の意義

　　　「逮捕の現場」とは、逮捕行為に着手した場所から逮捕完了までの場所をいう。被疑者が逃走した場合は、追跡した場所も含む。その範囲は、

　　　○　逮捕行為の際に被疑者の現実の支配下にあった場所
　　　○　被疑者の影響が顕著に及んだ場所

　　をいうと解されている。

　ア　被疑者の住居等の場合

　　　○　必ずしも逮捕した室内に限る必要はなく、通常はその支配内にある住居全部を含む。
　　　○　アパートの一室で逮捕した場合、被疑者以外の者が居住している部屋は含まないが、被疑者の支配が及ぶ範囲や共同支配の場所は室外でも逮捕の現場と解される場合がある。
　　　○　自宅から出てきたところを玄関前道路上で逮捕したような場合、その住居が逮捕行為の際に被疑者の現実の支配下にあったと認められる限り、その住居全体が逮捕の現場と解される。
　　　○　自宅前の路上を通行中の被疑者を逮捕した場合は、被疑者の住居と逮捕行為を行った場所がいかに近接していても、被疑者の住居内を逮捕の現場と解することはできない。

　イ　被疑者以外の人の住居等の場合

　　(ア)　被疑者以外の第三者の住居の場合

　　　○　第三者の住居内にいる被疑者を逮捕した場合は、原則として逮捕行為を行った室内に限る。しかし、被疑者が常日頃から入り浸っている愛人方居宅のような場所であれば、そこには証拠物が存在する蓋然性が高いことから、被疑者を逮捕した室内に限らず、他の部屋についても捜索を行うことができると解される。
　　　○　第三者の住居内に逃げ込んだ被疑者を逮捕した場合は、一般的には逃げ込んだ場所に限られるが、被疑者が屋内を逃げ回るなどした場合には、被疑者の影響が及んだ他の室内も含む。

(イ)　官公庁・会社等の建物の場合
- ○　同一建物内に他の官公庁、会社等がある場合、その一室で逮捕したときは、他の官公庁、会社等は含まない。
- ○　大官公庁、大会社内の一室で逮捕した場合、同一管理権下にあるというだけで、他の部屋を逮捕の現場と解することはできない。しかし、逮捕行為を行う直前まで被疑者が自由に行動し、その影響力が明らかに及んでいるなどの理由で、証拠物等の存在を認めるに足りる状況があれば、それらの部屋も逮捕の現場と解しても差し支えない。

ウ　逃走経路の場合

被疑者が逃走したためこれを追跡した場合、被疑者の逃走経路に関係を有すると認められる範囲は、逮捕の現場に含まれる。例えば、被疑者が逃走する途中で、所持していた凶器・ぞう物等の証拠物等を投棄したことが客観的に認められる家屋あるいは庭等も、逮捕の現場に含まれる。

注目!!

　集団暴力事件等で、逮捕した被疑者の奪還を防止する等のため、逮捕後直ちに被疑者を逮捕場所から少し離れたところに連れてきて、その場所で身体を捜索して証拠物を押収するということを実務上行っている。判例（最決平8.1.29）も、「逮捕現場付近の状況に照らし、被疑者の名誉等を害し、被疑者らの抵抗による混乱を生じ、又は現場付近の交通を妨げるおそれがあるといった事情のため、その場で直ちに捜索・差押えを実施することが適当でないときには、速やかに被疑者を捜索・差押えの実施に適する最寄りの場所まで連行した上、これらの処分を実施することも、同号（編注：刑訴220条1項2号）にいう『逮捕の現場』における捜索・差押えと同視することができ」ると判示している。

(3)　**捜索の範囲及び差押対象物**

刑訴法第220条第1項第2号を根拠として行う捜索の範囲は、当該逮捕の現場としての場所、その場所内にある物及びその場所内にいる人の身体であるが、被疑者以外の第三者の物、身体、住居等については、差し押さえるべき物の存在が認められる状況がなければならない（刑訴102条2項・222条1項）。

また、差押えの対象となる物は、当該逮捕に係る被疑事実に関する証拠物等で、しかも、証拠物等の収集保全という目的達成のために必要な範囲内の物に限られる。

例示すると、

　　○　犯行に用いられた凶器

　　○　犯行によって得られた物

　　○　当該被疑事実の動機・計画性を証明する物

　　○　予備・着手・実行・未遂・既遂等の犯罪の経過を証明する物

　　○　犯人を特定する物

　　○　被疑事実を証明するために必要とされる資料

等である。

　したがって、例えば、窃盗被疑者を逮捕した場合には、ぞう物、犯行用具等が差押えの対象となることはもちろん、犯行計画等を記載したメモ・地図等も、当然に証拠物として差押えの対象となる。

⑷　逮捕の不成功と差押物の措置

　逮捕行為に着手したが、被疑者に逃走されるなどして逮捕が不成功に終わることがある。この場合であっても、逮捕の現場における令状によらない捜索・差押えをすることができる。この場合、必ずしも差押えをする必要はなく、遺留物として領置することもできる。

　また、緊急逮捕に着手するとともに、その現場において証拠物を差し押さえたが、逮捕行為を完了しないうちに被疑者が逃走したような場合は、逮捕状請求の手続については、必要でないとする説と必要であるとする説に分かれている。仮に「必要説」に立って逮捕状の請求を行ったとすると「逮捕状発付の実益がない」として請求が却下される場合が多い。この場合、刑訴法第220条第2項の規定は、緊急逮捕が違法である場合の差押物の措置について定めたものと解されており、裁判官から「逮捕行為は適法である」と追認を受けたが、逮捕状発付の実益がないとして逮捕状請求が却下された場合については、差押物を還付する必要はないと解されている。したがって、緊急逮捕状が発付されなかった場合であっても、逮捕行為が適法であると判断された場合については、差押えによる押収を継続することができる。

注目‼

　なお、緊急逮捕に着手する以前に被疑者が証拠物等を遺留して逃走した場合は、遺留物として領置の手続をとることになる。

　もし、還付した証拠物を再度押収する必要があれば、令状の発付を得て差し押さえるか、任意提出を受けて領置しなければならない。

鍵が破壊されたビルの内部を捜索することの可否

深夜に警ら中、ドアの鍵が破壊されているビルを発見した。ドアを少し開いてみると、建物内に人が潜んでいるような気配がした。この場合、令状なくこの建物内に入って犯人を捜索することができるか。

ビルのドアの鍵が壊され、中に人の気配がする

1　結　論

　窃盗犯人がいるという高度の蓋然性があれば立ち入ることができるが、本事例の状況だけではできない。

2　関係法令

　刑訴法第220条（令状によらない差押え・捜索・検証）第1項

3　事例検討

○　「逮捕する場合」とは、逮捕の前後を問わないが、逮捕行為との間に時間的・場所的に接着していることが必要である。

○　したがって、窃盗犯人が建物にいることが客観的に認められ、犯人逮捕のためであればビル内に立ち入って捜索することができる。

○　しかし、単に、「もしかしたら窃盗犯人がいるかもしれない」という程度の低い疑いでは、ビル内に立ち入って捜索することはできない。

○　事例の場合、犯人がビル内にいるという高度の蓋然性が認められないことから、直ちにビル内を捜索することはできない。

○　この場合、実務上は管理者等を呼んで、内部を確認してもらうか、管理者等の許可（依頼）を得て警察官自らが立ち入ることになる。

職質対象者がアパートの一室に逃げ込んだ場合の捜索の可否

警察官が警ら中に不審な行動をしている甲を発見し、職務質問をしたところ、甲は急に反転して逃走した。警察官は直ちに追跡し、停止を求めた。しかし、甲はこれに応じず、そのまま逃走を続け、Aアパートの一室に逃げ込んだ。この場合、警察官は令状なくAアパートの一室に立ち入って甲を捜索することができるか。

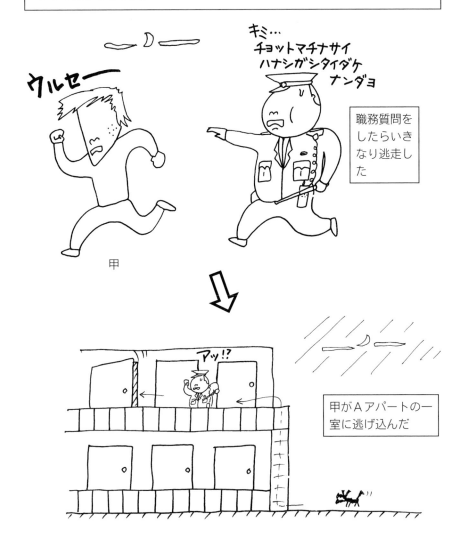

1　結　論

　できない。

　ただし、甲を住居侵入罪で現行犯逮捕するための捜索であれば立ち入る
ことができる。

2　関係法令

　刑訴法第220条（令状によらない差押え・捜索・検証）第1項

3　事例検討

　○　刑訴法第220条第1項の規定は、被疑者を逮捕するための捜索ができ
　　るのである。見失った不審者を職務質問するために住居等に立ち入って
　　捜索することはできない。

　○　したがって、甲を住居侵入罪の被疑者と認める客観的状況があり、甲
　　を現行犯逮捕するのであれば、令状なくＡアパートの一室に立ち入って
　　捜索することができる。

　○　事例の場合、逮捕のためではなく、警察官職務執行法第2条の職務質
　　問の段階であるため、Ａアパート内に立ち入って捜索することはできな
　　い。

妻が立入りを拒否した場合の捜索の可否

逃走していた指名手配被疑者甲が自宅に戻ったという情報が入った。直ちに警察官が甲宅に行ったところ、甲が自宅にいる客観的状況があった。しかし、甲の妻が「甲はいません。中に入らないでください」と立入りを拒否した。この場合、捜索許可状の発付を得ないで甲宅内を捜索することができるか。

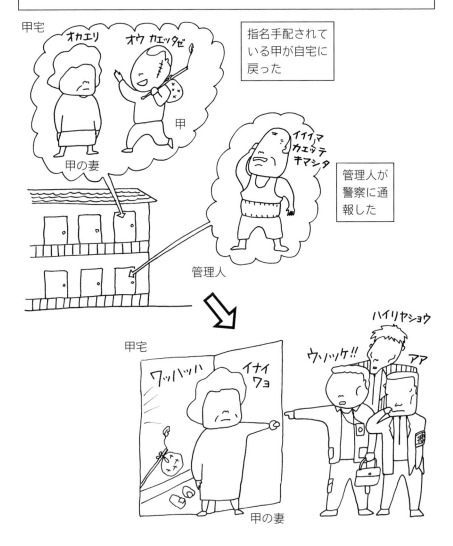

1　結　論
　　できる。

2　関係法令
　　刑訴法第220条（令状によらない差押え・捜索・検証）第1項

3　事例検討
　○　刑訴法第220条第1項の規定は、被疑者を逮捕するための捜索ができ
　　るのである。被疑者を単に発見するために住居等に入って捜索すること
　　はできない。
　○　事例の場合、指名手配被疑者である甲が自宅にいるという高度の蓋然
　　性がある。よって、甲の妻の意思に反して甲宅に入り、甲を捜索するこ
　　とができる。
　○　ただし、実務上、内偵を行い、甲が自宅にいるという確証を得た後、
　　捜査員を踏み込ませることが妥当である。

逮捕状を執行するために第三者宅を捜索することの可否

窃盗事件につき、被疑者甲の逮捕状の発付を得た。甲の所在を明らかにするために捜査を進めたところ、交際相手と思料されるA女が判明した。そこで、A女宅付近で張り込みを実施したところ、甲がA女宅に入る様子を確認したため、直ちにA女宅へ赴くと、応対したA女は、「甲はいません。帰ってください」と申し立て、立ち入ることを拒否した。しかし、玄関には甲のものと思われる靴が置いてあり、甲が中にいる蓋然性が高い状況であった。この場合、逮捕状を執行するため、A女宅へ立ち入って甲を捜索することができるか。

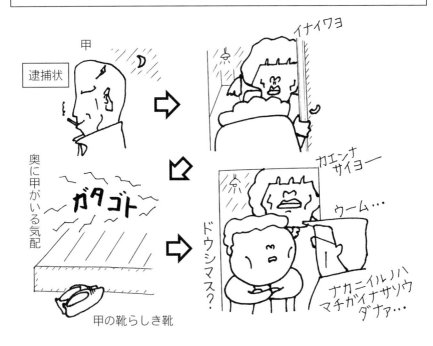

1　結　論
　　できる。

2　関係法令
　　刑訴法第220条（令状によらない差押え・捜索・検証）第1項

3　事例検討
　○　刑訴法第220条第1項にいう「逮捕する場合」とは、時間的限界を示すものであり、被疑者が現場に存在し、かつ、少なくとも逮捕の直前・直後であることが必要とされる。
　○　また、被疑者以外の者の住居等について捜索するには、被疑者が存在すると認めるに足りる状況にあることが必要である。
　○　事例の場合、甲に係る逮捕状を執行するためにA女宅へと赴いているのであり、A女宅を捜索して、甲が現在すれば逮捕するのであるから、当該逮捕状の執行は捜索の直後に行われる。
　○　また、甲がA女宅へと入っていく様子を確認しており、さらには玄関に甲のものと思われる靴が置いてあることから、甲がA女宅に現在する蓋然性は高い。
　○　よって、A女が立入りを拒否しているとしても、甲に係る逮捕状を執行するため、A女宅へ立ち入って甲を捜索することができる。

逮捕警察官でない警察官が証拠物件を差し押さえることの可否

甲が乙女宅に侵入し、乙女を人質にとって立てこもった。直ちにA・B・C警察官が乙女宅を包囲し、説得に当たったが、甲はこれに応じず、包囲中の警察官に刃物等を投げ付けて抵抗した。2時間後、B・C警察官が突入し、甲を逮捕監禁罪と公務執行妨害罪等で逮捕し、甲が警察官に投げ付けた刃物等をA警察官が差し押さえた。この場合、逮捕警察官（B・C）ではないA警察官が当該物件を差し押さえたが、この差押えは、適法か。

1　結　論
　適法である。

2　関係法令
　刑訴法第220条（令状によらない差押え・捜索・検証）第1項

3　事例検討
　○　乙女宅を包囲している警察官（A・B・C）は、隙があれば甲を逮捕監禁罪等で逮捕する態勢で包囲しているのであるから、既に「逮捕に着手」しているといえる。
　○　甲が投げ付けた刃物等は、甲の影響力が及んだ場所的範囲内にあり「逮捕の現場」に当たる。
　○　包囲している警察官（A・B・C）は、各警察官が一体となって組織的に行動しているのであるから、差押者を逮捕者（B・C）に限定する必要はなく、各強制処分（逮捕と差押え）が別の警察官であってもよい。
　○　よって、A警察官が当該物件を差し押さえることができる。

逮捕現場から10メートル以上離れた倉庫を捜索することの可否

覚醒剤被疑者甲が愛人の乙女宅（３階建てアパートの一室）に潜伏していたことから、警察官らが乙女宅に立ち入り、逮捕状を示して甲を逮捕した。直ちに、逮捕の現場における捜索・差押えを実施し、乙女の居室内を捜索し、注射器を押収した。警察官らは、更に捜索範囲を広げ、同アパートの１階にある専用倉庫内を捜索した。同倉庫は、乙女専用の倉庫で、乙女の居室から10メートル以上離れている。捜索の結果、証拠品は発見されなかった。警察官らが、居室から10メートル以上離れた倉庫内を、逮捕の現場とみなし、令状なく捜索した行為は、適法か。

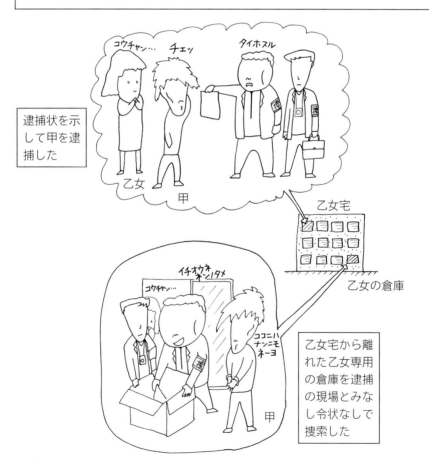

1　結　論
　適法である。

2　関係法令
　刑訴法第220条（令状によらない差押え・捜索・検証）第1項

3　事例検討
　○　「逮捕の現場」とは、逮捕の地点をいうのではなく、ある程度の幅の
　　ある場所的範囲をいい、逮捕の現場に当たるかどうかについては、個々
　　の具体的事案によって判断される。
　○　事例の乙女専用の倉庫については、
　　　・　同倉庫は、乙女専用であり、第三者の権利を侵害するおそれがな
　　　　い
　　　・　同倉庫は、乙女が居住するアパートと同一建物内にある
　　　・　乙女居室と同倉庫は、管理上の主従関係にある
　　　・　同倉庫内に、証拠物がある可能性が高い
　　ことなどから、同倉庫内も「逮捕の現場」に当たると解される。
　○　よって、乙女専用の倉庫内を令状なく捜索した行為は、適法である。

住居侵入罪で現逮した被疑者が所持する窃盗罪の証拠物に対する措置

　常習発生している窃盗事件を捜査中の警察官が、容疑者の甲がA宅の塀を乗り越えて侵入したのを現認したことから、A宅の敷地内で住居侵入罪の現行犯人として逮捕した。この際、逮捕の現場において、捜索・差押えを実施したところ、甲が所持するバッグの中から、ドライバーと手袋を発見し、これを差し押さえた。なお、甲は逮捕された際、「単に住居侵入をしただけで窃盗目的ではない」と窃盗容疑を否認した。この場合、住居侵入罪で逮捕した場合において、「窃盗罪の証拠物」たるドライバーと手袋を、令状によらない捜索・差押えができるか。

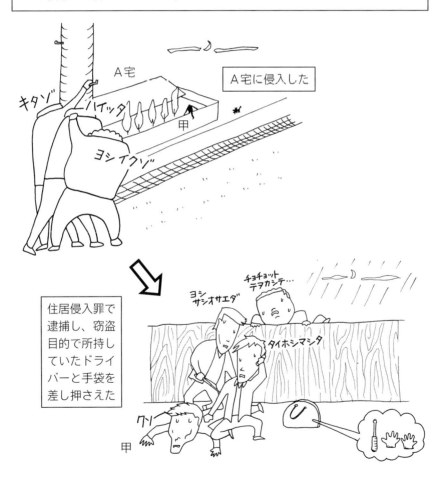

1　結　論
　　できる。

2　関係法令
　　刑訴法第220条（令状によらない差押え・捜索・検証）第1項

3　事例検討
　○　刑訴法第220条第1項により差押えできる証拠物とは、犯行の被疑事実を証明するために必要とされる全ての証拠物である。
　○　甲が所持していたドライバーと手袋は、窃盗目的で他人の住居に不法に侵入した行為を裏付ける証拠物であることから、逮捕罪名が住居侵入罪であっても、住居侵入罪の構成要件である犯意の立証（過失ではないことの証明）のために、同物件を令状なく差し押さえる必要がある。

逮捕着手後に被疑者が逃走した場合、被疑者宅を捜索することができるか

　常習発生している窃盗事件を捜査中の警察官が、被疑者甲の逮捕状の発付を得て、甲宅に赴き、玄関入口において、中から出てきた甲に逮捕状を示した。ところが、甲がいきなり玄関を閉めて自宅内に逃げ込んだので、直ちに甲宅内に入って追跡したが、甲は裏の窓から外に逃げた。警察官もそれを追って窓から外に飛び出し、約500メートルほど追跡したが、甲は、これを振り切って逃走した。この後、警察官は、甲宅内を令状なく捜索し、甲の窃盗事件の証拠品を発見し、これを差し押さえた。この警察官の行為は、適法か。

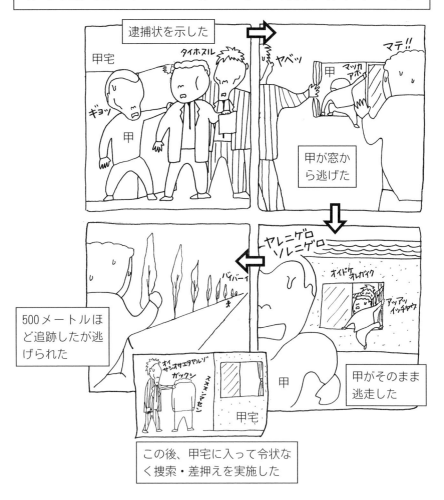

1　結　論
　適法である。

2　関係法令
　刑訴法第220条（令状によらない差押え・捜索・検証）第1項

3　事例検討
　○　「逮捕する場合」とは、「逮捕行為を行う際」という意味である。具体的には、逮捕に着手してから逮捕を完了するまでをいう。逮捕に着手した以上、逮捕に成功したかどうかを問わず、捜索・差押えを実施することができる。
　○　事例の場合、逮捕に着手し、被疑者を追跡していることから、「逮捕する場合」に当たる。
　○　「逮捕の現場」とは、逮捕に着手した場所、追跡した場所、逮捕行為を完了した場所をいい、その範囲は、
　　　①　逮捕行為の際に被疑者の現実の支配下にあった場所
　　　②　被疑者の影響が顕著に及んだ場所
　をいう。
　○　事例の場合、玄関入口で逮捕に着手し、被疑者甲が室内から逃走したのであるから、甲の自宅内全部が「逮捕の現場」に当たる。
　○　よって、逃走した被疑者甲の自宅を、無令状で捜索・差押えした行為は、適法である。

逮捕着手後に被疑者が逃走した場合、捜索時の立会人は必要か

常習発生している窃盗事件を捜査中の警察官が、被疑者甲の逮捕状の発付を得て、甲宅に赴き、玄関入口において、中から出てきた甲に逮捕状を示した。ところが、甲がいきなり玄関を閉めて自宅内に逃げ込んだので、直ちに甲宅内に入って追跡したが、甲は裏の窓から外に逃げた。警察官もそれを追って窓から外に飛び出し、約500メートルほど追跡したが、甲は、これを振り切って逃走した。この後、警察官は、甲宅内を令状なく捜索し、甲の窃盗事件の証拠品を発見し、これを差し押さえた。この場合、立会人は必要か。

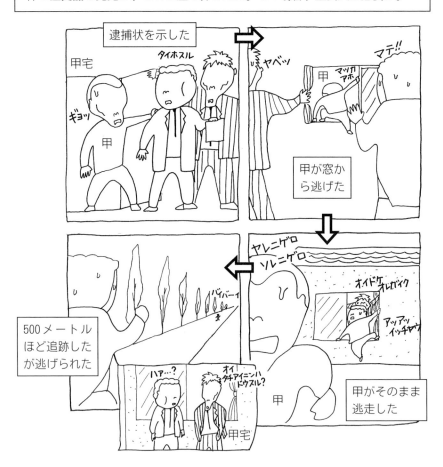

1 結　論
必要である。

2 関係法令
刑訴法第114条（責任者の立会い）第2項

3 事例検討
○ 刑訴法第114条第2項は、同法第222条第1項の規定により、「逮捕の現場」で行う捜索・差押えに準用されている。

○ しかし、被疑者を捜索するとき（刑訴222条2項）、急速を要する場合には立会人の立会いが除外されているが、証拠物の差押えの場合には、急速を要する場合であっても住居主又はこれに代わるべき者を立ち会わせなければならない。

○ 事例の場合、証拠物の差押えであるから必ず立会人を置かなければならない。そして、被疑者甲を立ち会わせることができないのであるから、隣人等を立ち会わせて捜索・差押えを行う必要がある。

○ なお、この場合、差押えができる物は、当該逮捕状に記載されている窃盗被疑事件に関する証拠品に限られ、仮に、他の事件の証拠品を発見したとしても、令状なく差押えをすることはできない。

逃走した被疑者が落とした証拠品を令状なく差押えすることの可否

常習発生している窃盗事件を捜査中の警察官が、被疑者甲の逮捕状の発付を得て、甲宅に赴き、玄関先において、中から出てきた甲に逮捕状を示した。ところが、甲はいきなり隠し持っていた包丁を突き付け、一瞬ひるんだ警察官を突き飛ばして逃走した。直ちに警察官が、逮捕状の効力と公務執行妨害の現行犯により甲を逮捕するため追跡したが、甲は自宅の塀を乗り越えて逃走し、その後、見失った。警察官が追跡を諦めて戻ってくると、甲の自宅の庭に先ほど突き付けられた包丁が落ちていた。状況からして、甲が逃走するときに、塀の手前で落としたものと認められた。この包丁を、令状なく差押えすることができるか。

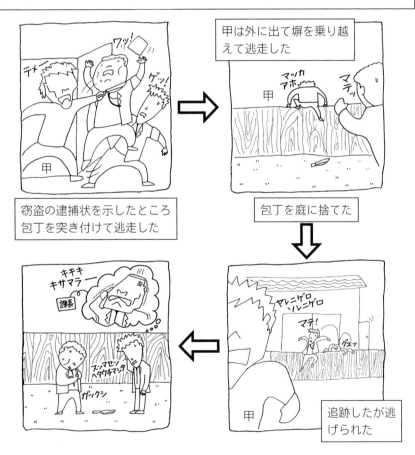

窃盗の逮捕状を示したところ包丁を突き付けて逃走した

甲は外に出て塀を乗り越えて逃走した

包丁を庭に捨てた

追跡したが逃げられた

1　結　論
　できる。

2　関係法令
　刑訴法第220条（令状によらない差押え・捜索・検証）第1項

3　事例検討
　○　「逮捕する場合」とは、「逮捕行為を行う際」という意味である。具体的には、逮捕に着手してから逮捕を完了するまでをいう。逮捕に着手した以上、逮捕に成功したかどうかを問わず、捜索・差押えを実施することができる。
　○　事例の場合、逮捕に着手し、被疑者を追跡していることから、「逮捕する場合」に当たる。
　○　「逮捕の現場」とは、逮捕に着手した場所、追跡した場所、逮捕行為を完了した場所をいい、その範囲は、
　　　①　逮捕行為の際に被疑者の現実の支配下にあった場所
　　　②　被疑者の影響が顕著に及んだ場所
　をいう。
　○　事例の場合、包丁が追跡した経路に落ちていたのであるから、甲宅の庭は「逮捕の現場」に当たる。
　○　しかし、差押えができる物は、当該逮捕状に記載されている窃盗被疑事件に関する証拠品に限られ、仮に、他の事件の証拠品を発見したとしても、令状なく差押えをすることはできない。したがって、当該包丁は、窃盗被疑者の逮捕における差押えはできない。
　○　ただし、警察官は、逮捕状だけでなく，公務執行妨害の現行犯としても甲を逮捕しようとしたのであるから、公務執行妨害罪の被疑者を逮捕する場合における差押えとして、当該包丁を差し押さえることができる。

不同意性交等未遂罪を立証するため上着をまくって腹部の爪痕を確認することはできるか

被疑者甲が強いて性交する目的で乙女を押し倒した際、乙女が大声を出しながら抵抗し、指で甲の腹部を思い切り引っかいた。甲は引っかかれた痛みと乙女の抵抗にひるみ、逃走した。乙女は直ちに110番通報し、甲の人着と腹部に爪痕がある旨を申し立てた。その直後、本件110番通報を傍受した警察官が警ら中、手配人着の甲を発見し、職務質問したところ、甲が本件犯行を自供したため、甲を緊急逮捕した。この場合、甲の腹部にある爪痕を確認するため、令状なく甲の衣服をまくるなどによる身体検査ができるか。

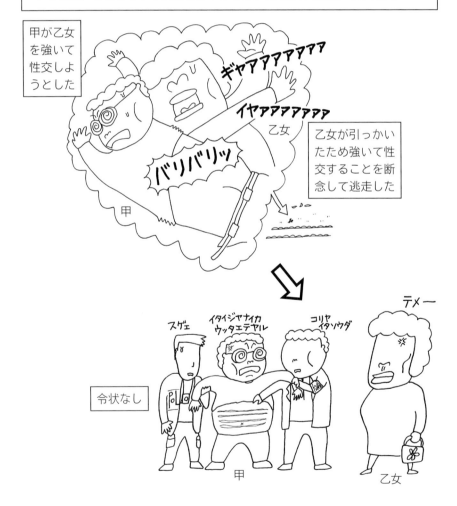

1　結　論
　できる。

2　関係法令
　刑訴法第220条（令状によらない差押え・捜索・検証）第1項

3　事例検討
　○　「検証」とは、事実発見のために、人の五官の作用によって、物の存在や状態を認識することである。検証の対象が生物であると、動産、不動産であるとを問わない。
　○　身体検査は検証の一つであるから、刑訴法第220条に定める検証には、身体検査も含まれる。
　○　事例の場合、不同意性交等未遂の犯人であることを立証するために、上着をまくって腹部の爪痕を確認することは、刑訴法第220条に基づく検証として許される。
　○　また、甲は男性であり、上着をまくって一時的に腹部を露出する程度であるから、逮捕の現場で実施しても問題はない。

逮捕に着手したが逮捕をしなかった警察官が証拠品を差し押さえることの可否

A警察官が警ら中、甲が乙女からバッグをひったくったのを現認した。A警察官は直ちに無線で速報するとともに、追跡を開始した。甲は逃走しながらバッグの中から財布を取り出し、バッグを道路脇に投げ捨て、逃走を続けた。このとき、甲の前方から応援で駆けつけたB・C警察官が立ちはだかり、甲を逮捕した。A警察官は甲の逮捕をB・Cに任せ、甲が投げ捨てたバッグにつき、逮捕の現場における差押えを実施した。警察官Aの行為は、適法か。

1　結　論
　　適法である。

2　関係法令
　　刑訴法第220条（令状によらない差押え・捜索・検証）第1項

3　事例検討
　○　「逮捕する場合」とは、「逮捕行為を行う際」という意味である。具体的には、逮捕に着手してから逮捕を完了するまでをいう。逮捕に着手した以上、逮捕に成功したかどうかを問わず、捜索・差押えを実施することができる。
　○　「逮捕の現場」とは、逮捕に着手した場所、追跡した場所、逮捕行為を完了した場所をいい、その範囲は、
　　　①　逮捕行為の際に被疑者の現実の支配下にあった場所
　　　②　被疑者の影響が顕著に及んだ場所
　　をいう。
　○　逮捕に着手したが、被疑者が逃走し、追跡して逮捕した場合には、逮捕着手から逮捕完了に至るまでの中間地点も「逮捕の現場」に当たる。
　○　以上のことから、事例の場合、A警察官が逮捕に着手した以上、逮捕行為を実行していなくても、本件逮捕事実に関する証拠品の差押えを行うことができる。

現逮後、抵抗する被疑者を警察署まで同行して捜索することの可否

　警察官が警ら中、甲がAからバッグをひったくったのを現認した。警察官は直ちに無線で速報するとともに、追跡を開始し、甲を現行犯逮捕した。直ちに、その現場で甲の身体につき、逮捕の現場における令状によらない捜索・差押えを実施しようとしたが、甲が大声を出して抵抗し、周囲をやじ馬が取り囲んで騒然としたことから、到着したパトカーに乗せて車内で実施しようとした。しかし、甲が車内でも激しく抵抗したため、やむなく約１キロ離れた警察署まで同行し、逮捕から30分後、警察署内において捜索・差押えを実施した。この行為は、適法か。

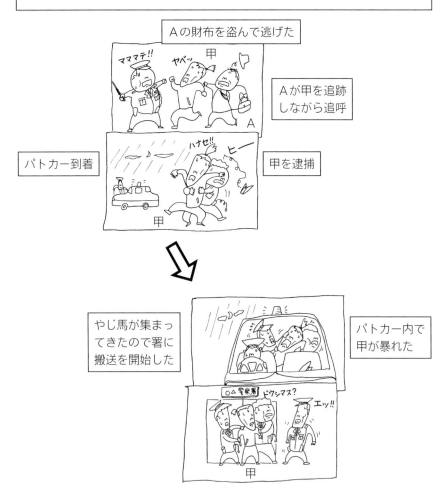

1　結　論
　　適法である。

2　関係法令
　　刑訴法第220条（令状によらない差押え・捜索・検証）第1項

3　事例検討
　○　「逮捕する場合」とは、逮捕の前後を問わないが、逮捕行為との間に
　　時間的・場所的に接着していることが必要である。
　○　「逮捕の現場」とは、逮捕に着手した場所、追跡した場所、逮捕行為
　　を完了した場所をいい、その範囲は、
　　　①　逮捕行為の際に被疑者の現実の支配下にあった場所
　　　②　被疑者の影響が顕著に及んだ場所
　　をいう。
　○　事例の警察署は、①②のいずれにも当たらないが、
　　　・　逮捕後、甲が大声を出して激しく暴れたこと
　　　・　やじ馬が周囲を取り囲んで騒然としたこと
　　　・　甲がパトカー内でも暴れたこと
　　などの状況から、最寄りの警察署まで同行し、直ちに当該処分を実施し
　　たことは、適法である。
　○　なお、類似の事例につき、最高裁（平8.1.29決定）は適法と判断し
　　ている。
　○　ただし、逮捕の現場で捜索・差押えに着手せず、到着したパトカー内
　　でも実施しようとせず、警察署に同行した後に同処分を実施した事例に
　　ついては、違法とされている点に注意を要する。

交番で盗難車であることが判明した場合、駐車車両を差し押さえることはできるか

> 警察官が検問中、進行してきた車両（甲運転）を停止させたところ、甲は運転免許証を不携帯であった。警察官は、甲が無免許の可能性があると思い、近くの交番に同行し、免許証の照会を行ったところ、甲は免許証を持っていた。しかし、その後の調べで、甲が乗っていた車が盗難車であることが判明した。さらに、警察官が甲を追及した結果、当該車両は、甲が2日前に盗んできたものであることが判明した。よって、甲を自動車の窃盗被疑者として緊急逮捕した。この場合、交番から約100メートル離れた場所に止めてある当該車両を、緊急逮捕の現場における差押えとして押収することができるか。

1　結　論

できない。

2　関係法令

刑訴法第220条（令状によらない差押え・捜索・検証）第1項

3　事例検討

○　「逮捕する場合」とは、逮捕の前後を問わないが、逮捕行為との間に時間的・場所的に接着していることが必要である。

○　「逮捕の現場」とは、逮捕に着手した場所、追跡した場所、逮捕行為を完了した場所をいい、その範囲は、

① 　逮捕行為の際に被疑者の現実の支配下にあった場所

② 　被疑者の影響が顕著に及んだ場所

をいう。

○　事例の場合、警察官が甲を交番に同行するときには、自動車窃盗に対する認識は全くないことから「逮捕する場合」には当たらず、本件車両がある場所も「逮捕の現場」には当たらない。

○　よって、本件車両を令状なく差押えすることはできない。

ひったくり犯人が逃走中に他人の敷地内にバッグを捨てた場合の立会人の要否①

　警察官が警ら中、甲が乙女からバッグをひったくったのを現認した。警察官は直ちに追跡を開始した。甲は逃走しながらバッグの中から財布を取り出し、バッグを道路脇の丙宅の庭に投げ捨て、逃走を続け、約100メートル先で甲を逮捕した。甲が投げ捨てたバッグは、丙宅の敷地内にあったが、丙宅の敷地は塀などの囲繞地がなく、道路と敷地は側溝で区切られているだけで、外部から出入りも自由であり、バッグも道路から少しだけ中に入った敷地内にある。このバッグを令状なく差し押さえる場合、丙宅の立会人は必要か。

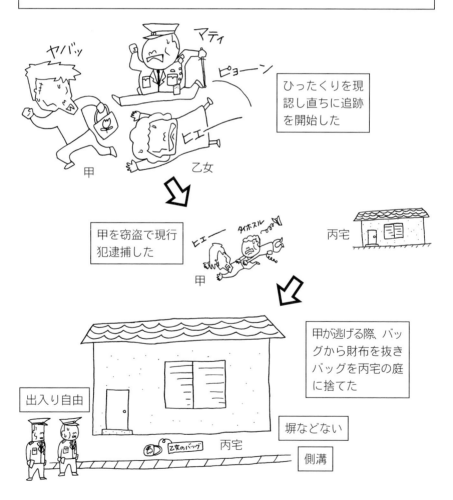

1　結　論
　　必要ない。

2　関係法令
　○　刑訴法第220条（令状によらない差押え・捜索・検証）第1項
　○　刑訴法第222条第1項・第114条第2項

3　事例検討
　○　事例のバッグを令状なく差し押さえるためには、バッグのある場所が「逮捕の現場」でなければならない。「逮捕の現場」とは、逮捕に着手した場所、追跡経路等、被疑者の顕著な影響が及んだ場所をいう。
　○　事例の場合、甲が投げ捨てたバッグがある丙宅の敷地は、追跡経路の途中にあり、しかも被疑者甲の顕著な影響が及んだ場所である。よって、バッグがある丙宅の敷地内は、「逮捕の現場」に当たる。
　○　刑訴法上、捜査機関が「人の住居」で捜索・差押えをする場合には、住居主等の立会いが必要である。この物に対する「捜索・差押え」の場合、逮捕するために行う「被疑者の捜索」とは異なり、たとえ急速を要する場合であっても住居主等を必ず立ち会わせなければならない。もし、住居主等がいなければ、隣人等を立ち会わせなければならない。
　○　刑訴法第114条第2項にいう「人の住居」とは、人が起臥寝食する建物のほかに囲繞地も含む。この場合の「囲繞地」とは、塀や石垣等によって通常の歩行によっては出入りすることができない設備がある地帯をいう。
　○　事例の場合、バッグが投棄された丙宅の敷地は、側溝によって公道と区別されているにすぎず、塀等の構造物によって一般道と区別されている敷地ではないから、囲繞地には当たらない。よって、バッグの投棄場所は「人の住居」には当たらないことから、丙宅家人等の立会いは必要ない。
　○　なお、実務上は、丙宅家人に事情を説明し、差押え手続の実施について、承諾を得る等の措置を実施するのが妥当である。

ひったくり犯人が逃走中に他人の敷地内にバッグを捨てた場合の立会人の要否②

警察官が警ら中、甲が乙女からバッグをひったくったのを現認した。警察官は直ちに追跡を開始した。甲は逃走しながらバッグの中から財布を取り出し、バッグを道路脇の丙宅の庭に投げ捨てて逃走を続け、約100メートル先で甲を逮捕した。甲が投げ捨てたバッグは、丙宅の敷地内にあった。丙宅の敷地は塀があり、外部からの出入りを自由にはできない。バッグは塀の中の丙宅の敷地内にある。このバッグを令状なく差し押さえる場合、丙宅の立会人は必要か。

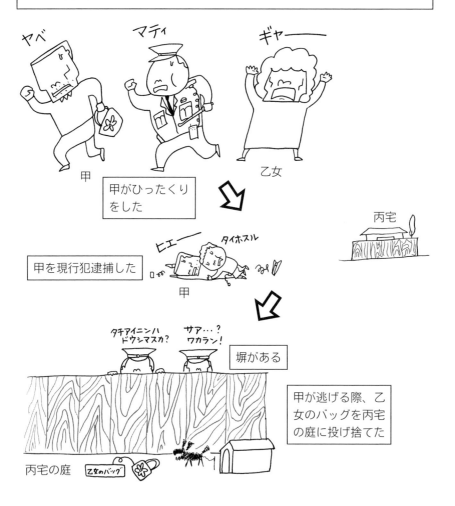

1　結　論

必要である。

2　関係法令

○　刑訴法第220条（令状によらない差押え・捜索・検証）第1項

○　刑訴法第222条第1項・第114条第2項

3　事例検討

○　事例のバッグを令状なく差し押さえるためには、バッグのある場所が「逮捕の現場」でなければならない。「逮捕の現場」とは、逮捕に着手した場所、追跡経路等、被疑者の顕著な影響が及んだ場所をいう。

○　事例の場合、甲が投げ捨てたバッグがある丙宅の敷地は、追跡経路の途中にあり、しかも被疑者甲の顕著な影響が及んだ場所である。よって、バッグがある丙宅の敷地内は、「逮捕の現場」に当たる。

○　刑訴法上、捜査機関が「人の住居」で捜索・差押えをする場合には、住居主等の立会いが必要である。

　この物に対する「捜索・差押え」の場合、逮捕するために行う「被疑者の捜索」とは異なり、たとえ急速を要する場合であっても住居主等を必ず立ち会わせなければならない。もし、住居主等がいなければ、隣人等を立ち会わせなければならない。

○　刑訴法第114条第2項にいう「人の住居」とは、人が起臥寝食する建物のほかに囲繞地も含む。この場合の「囲繞地」とは、塀や石垣等によって通常の歩行によっては出入りすることができない設備がある地帯をいう。

○　事例の場合、バッグが投棄された丙宅の敷地は、ブロック塀によって公道と区別されており、構造物によって一般道と区別されている敷地であるから、囲繞地に当たる。よって、バッグの投棄場所は「人の住居」に当たることから、丙宅家人等の立会いは必要である。

○　なお、法文上は、他の警察官を立会人としたうえで当該処分を実施することもできるが、実務上、可能な限り丙宅家人又は隣人あるいは警察官以外の地方公共団体の職員を立ち会わせるべきである。

帰宅した被疑者を玄関で通逮後、室内の捜索をすることの可否

警察官が、覚醒剤所持被疑者甲の逮捕状の発付を得て、甲が居住するアパートの前で張り込み中、甲が外出から帰ってきたためアパートの入口から建物内に入ったところで通常逮捕した。このとき、警察官らは、甲のアパート居室に対する捜索差押許可状を持っていなかった。この場合、警察官は、甲のアパート居室に対し、逮捕の現場における令状によらない捜索・差押えを実施することができるか。

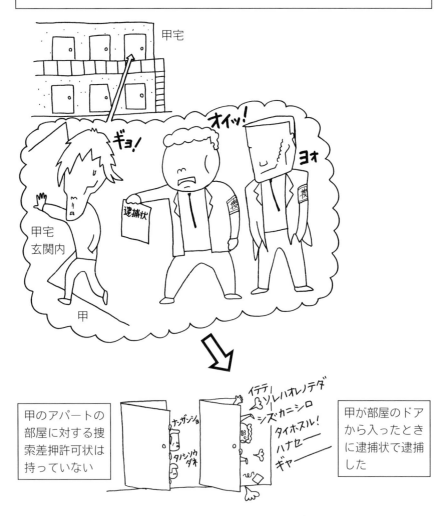

1　結　論
　　できる。

2　関係法令
　○　刑訴法第220条（令状によらない差押え・捜索・検証）第1項
　○　刑訴法第222条第1項・第114条第2項

3　事例検討
　○　甲宅居室を令状なく捜索し、当該事件の証拠品を差し押さえるために
　　は、甲宅居室が「逮捕の現場」でなければならない。
　○　事例と類似の事件において、判例は、居室に被疑事実と関連する証拠
　　物が存在する蓋然性が極めて高く、その捜索・差押えが適法な逮捕に伴
　　うものである場合において、証拠が散逸するなど緊急の証拠保全措置を
　　講ずる必要性があるときには、その居室も「逮捕の現場」に含まれると
　　している（東京高判昭44.6.20）。
　○　事例の場合、逮捕したアパートの玄関と居室が極めて近接し、玄関と
　　居室はいずれも甲が直接管理している。
　○　また、甲宅居室に覚醒剤等が隠匿されている可能性が極めて高く、し
　　かも散逸の危険性がある。よって、甲宅居室を令状なく捜索し、関係証
　　拠を差押えすることができる。

ひったくり犯人を路上で逮捕し差押えする場合の立会人の要否

警察官が警ら中、甲が乙女からバッグをひったくったのを現認した。警察官は直ちに追跡を開始し、約100メートル先の路上で甲を逮捕した。警察官は、その場で甲が所持していたバッグを差し押さえたが、この場合、立会人は必要か。

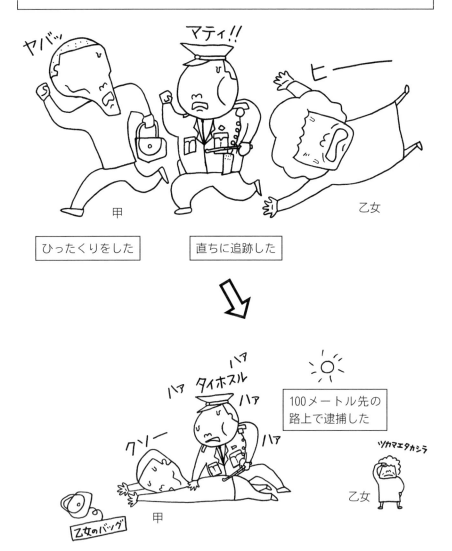

1　結　論

　　必要ない。

2　関係法令

　　刑訴法第114条（責任者の立会い）

3　事例検討

　○　刑訴法上、責任者の立会人を要求しているのは、公務所等（刑訴114条1項）と人の住居等（刑訴114条2項）である。公道上等、管理者のいない場所での責任者の立会いについては、何ら規定されていない。

　○　通説によると、公道等の管理者がない場所については、刑訴法第114条は適用されないことから、立会人は必要としないと解されている。

　○　したがって、事例の場合、公道上で甲を現行犯逮捕し、その場で捜索・差押えを行う場合、立会人は必要としない。

　○　ただし、犯罪捜査規範第145条、第152条には、可能な限り第三者を立ち会わせ、あるいは他の警察官の立会いを得て、当該処分の適法性を担保するよう定められている。

　○　実務上、立会人を得られない場合には、差押調書の立会人欄に、「道路上で逮捕したため、立会人を得られなかった」と記載しておくべきである。

交番内で逮捕による捜索を行う場合の警察署長等の立会いの要否

　警察官が不審者甲を職務質問し、交番に同行して所持品について追及したところ、先ほど発生したひったくり犯人であることが判明した。直ちに甲を緊急逮捕し、甲が乙女からひったくったバッグを逮捕の現場である同交番で捜索・差押えを行った。この場合、公務所の長である警察署長等を立ち会わせなければならないか。

1　結　論
　　必要ない。

2　関係法令
　　刑訴法第114条（責任者の立会い）

3　事例検討
　　○　刑訴法上、公務所の責任者の立会人を要求しているのは、公務所等
　　　（刑訴114条1項）が持っている公務上の秘密の保護のための押収拒絶権
　　　（刑訴103条）の適切な行使と、公務所における公務の執行を保護するた
　　　めにある。
　　○　事例の場合、捜索の範囲が甲の身体に限られ、差押対象物も甲の所持
　　　品だけに限定されていることから、公務所が保有する秘密を侵害したり、
　　　公務所の執行務を阻害するおそれがない。よって、公務所の長等（警察
　　　署長等）の立会いは必要ないと解される。

郵便ポストに投げ入れられた被害品を差し押さえる場合の郵便局長等の立会いの要否

> 警察官が警ら中、甲が乙女から財布をひったくったのを現認した。警察官は直ちに追跡を開始した。甲は逃走しながら財布の中から現金を取り出し、財布を道路脇の郵便ポストの中に投げ入れ、逃走を続け、約100メートル先で甲を逮捕した。この郵便ポストの中にある財布を令状なく差し押さえる場合、郵便局長等の立会人は必要か。

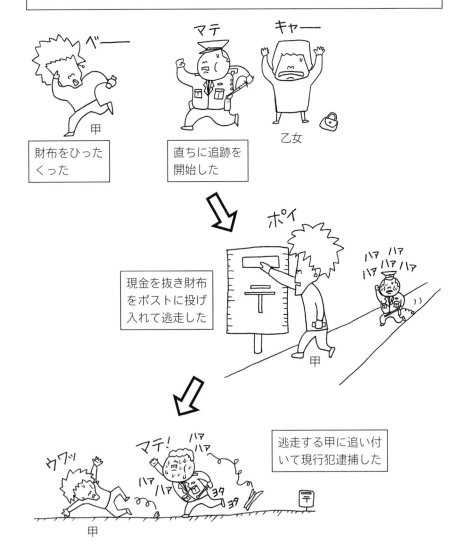

1　結　論
　必要ない。

2　関係法令
　刑訴法第114条（責任者の立会い）

3　事例検討
　○　刑訴法上、公務所の責任者の立会人を要求しているのは、公務所等（刑訴114条1項）が持っている公務上の秘密の保護のための押収拒絶権（刑訴103条）の適切な行使と、公務所における公務の執行を保護するためにある。
　○　この場合の公務所内とは、公務員が職務を執行すべき施設の内部をいい、道路脇に設置されている郵便ポストは工作物であって、刑訴法第114条第1項にいう「公務所」ではない。
　○　よって、郵便ポスト内を無令状の捜索差押処分を行うときは、郵便局長等の立会いは必要としない。
　○　ただし、当該郵便ポストが、郵便局等の公務所の敷地内にある場合には、刑訴法第114条第1項の規定により、責任者の立会いが必要となる。
　○　なお、実務上、郵便ポスト内には他の郵便物も存在することから、その開閉に当たっては郵便局の職員が行い、当該職員立会いのもとで財布を差し押さえる必要がある。

区役所の敷地内において立会人なしで捜索する行為の可否

警察官が警ら中、甲が財布をひったくったのを現認した。警察官は直ちに追跡を開始した。甲は逃走を続け、区役所（公務所）の敷地内に逃げ込んだが、警察官は被疑者甲を見失うことなく追跡を続け、区役所の1階ホールで逮捕した。このとき、警察官は立会人を得て捜索・差押えを実施しようとしたが、被疑者甲が逃走をしようとしていたことから、やむなく立会人なく被疑者甲の身体を捜索し、当該財布を差し押さえた。警察官の行為は、適法か。

財布をひったくった

区役所内で甲を逮捕し、財布を差し押さえた

1　結　論
適法である。

2　関係法令
○　刑訴法第114条（責任者の立会い）
○　刑訴法第220条（令状によらない差押え・捜索・検証に準用）

3　事例検討
○　刑訴法第220条第1項に定める「被疑者の捜索」は、一定の場所において被疑者を発見するための捜索行為をいう。

○　したがって、家の中にいることが明らかな被疑者を逮捕するため、警察官が入って被疑者を逮捕する場合は、屋内で被疑者を発見するための捜索の必要がなく、被疑者を逮捕する行為の一貫であるから、同法第220条第1項にいう「被疑者の捜索をする場合」には当たらない。

○　事例のように、公務所の敷地内に被疑者が逃げ込み、その被疑者の姿を見失うことなく追跡して公務所の敷地内に警察官が立ち入る行為も「被疑者の逮捕行為」であるから、刑訴法第220条第1項にいう「被疑者の捜索をする場合」には当たらない。したがって、この場合も立会人を求める必要はない。

○　また、事例の場合、証拠物件の捜索の範囲が被疑者の身体に限られ、差押対象物も財布に限定されており、公務所の秘密や執行務を侵害するおそれがないことから、公務所の長等の立会いを求める必要はない。また、実質的に被処分者である被疑者が立ち会っていることから、あらためて第三者の立会人を求める必要もない。

○　ただし、実務上、事例のような場合であっても、手続の公正性を担保するため、可能な限り被逮捕者以外の第三者又は逮捕に関与していない警察官の立会いを得て行うことが妥当である（犯捜規145条）。

他人の敷地内において立会人なしで捜索する行為の可否

警察官が警ら中、甲が財布をひったくったのを現認した。警察官は直ちに追跡を開始した。甲は逃走を続け、乙宅（私人）の敷地内に逃げ込んだ。それを見て被疑者を捜索するために警察官も乙宅敷地内に入り、立会人を得ないまま甲を捜索した。乙宅の庭を捜索してしばらくすると、甲を発見したことから、その場で甲を現行犯逮捕した。このとき、警察官は立会人を得て捜索・差押えを実施しようとしたが、被疑者甲が逃走をしようとしていたことから、やむなく立会人なく被疑者甲の身体を捜索し、当該財布を差し押さえた。警察官の行為は、適法か。

財布をひったくった

乙宅の庭で甲を逮捕し、財布を差し押さえた

1　結　論
　　適法である。

2　関係法令
　　○　刑訴法第114条（責任者の立会い）
　　○　刑訴法第220条（令状によらない差押え・捜索・検証に準用）

3　事例検討
　　○　被疑者を逮捕するため、令状なくして人の住居内に入って被疑者を捜索する場合には、急速を要する事情があれば、住居主等の立会いがなくてもできる。
　　○　事例の場合、乙宅敷地内に逃げ込んだ被疑者甲を発見するために捜索したのであるから、急速を要する場合に当たる。よって、事例の警察官の「被疑者の捜索」は適法である。
　　○　刑訴法上、逮捕の現場である人の住居内で証拠物を発見するための捜索を行う場合には、住居主等を立ち会わせなければならず、刑訴法の例外はない。
　　○　しかし、刑訴法第114条の規定は、住居主等の権利を保護し、手続の公正を担保するためにある。したがって、事例のように、捜索の範囲が被疑者の身体だけに限られ、住居とその敷地内は捜索の対象となっていない場合には、刑訴法第114条の適用はなく、住居主等の立会人は必要ない。
　　○　また、被疑者の身体に対する捜索を実施する場合の被処分者は、被疑者本人であることから、実質的には、被疑者立会いのうえで捜索・差押えを実施していることになり、この点においても公正性は担保されている。
　　○　なお、逮捕の現場に家主等が現れた場合には、実務上、公正性をより担保するためにこれを立ち会わせることが妥当である。

逮捕状のみで立会人なしに被疑者を捜索する行為の可否

　警察官が、窃盗被疑者甲の逮捕状の発付を得て捜査中のところ、甲の愛人乙女宅アパートに潜伏しているという情報をアパート管理人から得た。警察官は、直ちに同アパートに赴き、アパート管理人に甲の顔写真を見せて確認したところ、管理人は、「この男に間違いありません。今も乙女の部屋にいます。さっき、部屋に入っていくのを見ました」と回答した。警察官は、甲が乙女宅にいることを確信し、乙女宅のインターホンを押したところ、乙女が出てきて「甲はいない」旨を申し立てたが、慌てた様子であり、かつ、中から物音がするなど他の人がいる気配がした。警察官は、今、甲を逮捕しないと逃走されるおそれがあると判断し、被疑者の捜索を許可する捜索許可状を持たず、逮捕状のみを持って入室を拒む乙女を押しのけて部屋に入り、立会人を求めないまま、室内の捜索を実施し、室内にいる甲を逮捕状により逮捕した。警察官の行為は、適法か。

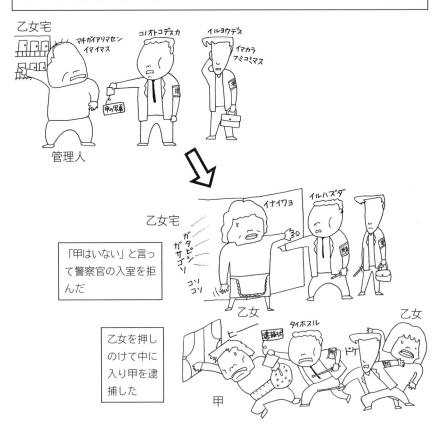

1　結　論

適法である。

2　関係法令

○　刑訴法第114条（責任者の立会い）

○　刑訴法第220条（令状によらない差押え・捜索・検証に準用）

3　事例検討

○　「逮捕する場合」とは、「逮捕に際して」という意味である。逮捕の前後を問わないが、逮捕との間に時間的・場所的に接着性がなければならない。

○　刑訴法第220条第1項に定める「被疑者を逮捕する場合において必要があるとき」とは、被疑者がいるという高度の蓋然性がある場合をいい、捜査官のカンや主観により「被疑者がいるかもしれない」というだけでは、逮捕に伴う令状によらない被疑者の捜索はできない。

○　事例の場合、

・　管理人の供述

・　乙女の不審な言動

・　甲がいると推測される物音

などから、甲が乙女宅にいるという高度の蓋然性が認められるため、逮捕するために乙女宅内に入り、甲の捜索をすることができる。

○　なお、被疑者を捜索する場合、刑訴法第222条第1項によって同法第114条が準用されていることから、原則として立会人を置かなければならない。

○　しかし、公務所以外の人の住居等において被疑者の捜索を行う場合、急速を要するときについては、住居主等の立会いがなくてもできる（刑訴222条2項）。

○　事例の場合、住居主が被疑者を隠匿しようとする言動をし、被疑者甲が逃走しようとしていたことなど、立会人を求めるいとまがなかったことから、立会人がないまま被疑者の捜索をすることができる。

逮捕状の提示要求に応じないで被疑者を捜索する行為の可否

　警察官が、窃盗被疑者甲の逮捕状の発付を得て捜査中のところ、甲の愛人乙女宅アパートに潜伏しているという情報をアパート管理人から得た。警察官は、直ちに同アパートに赴き、アパート管理人に甲の顔写真を見せて確認したところ、管理人は、「この男に間違いありません。今も乙女の部屋にいます。さっき、部屋に入っていくのを見ました」と回答した。警察官は、甲が乙女宅にいることを確信し、乙女宅のインターホンを押したところ、乙女が出てきて「甲はいない」旨を申し立てたが、慌てた様子であり、かつ、中から物音がするなど他の人がいる気配がした。警察官は、今、甲を逮捕しないと逃走されるおそれがあると判断し、被疑者の捜索を許可する捜索許可状を持たず、逮捕状のみを持って入室を拒む乙女を押しのけて部屋に入ろうとしたところ、乙女が「中に入るなら逮捕状を見せて」と逮捕状の提示を求めたが、警察官は要求に応ずることなく室内に入り、立会人を求めないまま、室内の捜索を実施し、室内にいる甲を逮捕状により逮捕した。警察官の行為は、適法か。

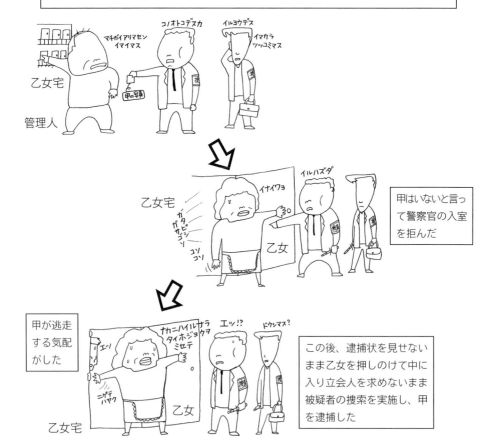

1　結　論
　適法である。

2　関係法令
　○　刑訴法第114条（責任者の立会い）
　○　刑訴法第220条（令状によらない差押え・捜索・検証に準用）

3　事例検討
　○　判例では、刑訴法第220条の規定には、同法第110条の準用はないから、逮捕状を所持して住居等に入り、被疑者を捜索する場合、逮捕状を提示する義務は生じない（大阪高昭39.5.31）とされている。
　○　したがって、事例のように、逮捕状により被疑者を逮捕するために人の住居等に立ち入って被疑者の捜索をする場合であっても、住居主等に逮捕状を提示する必要はない。
　○　ただし、実務上の運用は、人の住居等に入って被疑者の捜索をする以上、立入りの正当性を住居主等に理解させる必要があることから、よほどの緊急性がある場合以外は、事前に逮捕状を提示してから捜索を実施することが妥当である。
　○　なお、被疑者を捜索する場合、刑訴法第222条第1項によって同法第114条が準用されていることから、原則として立会人を置かなければならない。
　○　しかし、公務所以外の人の住居等において被疑者の捜索を行う場合、急速を要するときについては、住居主等の立会いがなくてもできる（刑訴222条2項）。
　○　事例の場合、住居主である乙女が被疑者を隠匿しようとする言動をし、被疑者甲が逃走しようとしていたことなど、立会人を求めるいとまがないという状況があったことから、立会人がないまま被疑者の捜索をすることができる。

深夜、公道上で被疑者を現行犯逮捕し、無令状の捜索・差押えをする場合における立会人の要否

深夜の公道上において、傷害事件の被疑者として甲を現行犯逮捕したが、通行人や相勤者もおらず立会人を得ることができなかったため、引き続き立会人がない状態で甲の着衣を捜索したところ、ズボンのポケットから血が付いたカッターナイフを発見し、本件凶器と認めて差し押さえた。この場合、逮捕の現場における令状によらない捜索・差押えをするに当たって、立会人を置かずに甲の着衣を捜索し、着衣内にあった本件凶器を差し押さえたことは適法か。

1　結　論

適法である。

2　関係法令

○　刑訴法第114条（責任者の立会い）

○　刑訴法第222条（令状によらない差押え・捜索・検証に準用）

3　事例検討

○　捜索・差押え等の際における「責任者の立会い」については、人の住居又は人の看守する邸宅、建造物若しくは船舶内で捜索・差押えを行うときは、住居主若しくは看守者又はこれらの者に代わるべき者をこれに立ち会わせなければならない。これらの者を立ち会わせることができないときは、隣人又は地方公共団体の職員を立ち会わせなければならない（222条1項、114条2項）とされている。

○　しかし、公務所及び人の住居等以外の場所、例えば人が看守していない空き地、道路等で捜索・差押えを行う場合の立会いについては、法は何ら規定していない。

○　そのため、公道等において、逮捕に伴う令状によらない捜索・差押え等を立会人を置かずに実施したとしても、直ちに違法とはならない。

○　事例の場合、深夜に公道上で被疑者を現行犯逮捕し、その際、逮捕の現場における令状によらない捜索・差押えを行うに当たり、通行人等の第三者の立会いを得ることができなかったこと、また、甲が凶器を所持している蓋然性が高い状況において、他の警察官の到着を待っている余裕がなかったことなどから、立会人を置かずに甲の着衣を捜索した行為は妥当である。

○　さらに、逮捕の現場における令状によらない捜索・差押えを行うに当たって、立会人を置かずに甲の着衣を捜索し、当該着衣内にあったカッターナイフを差し押さえたことも妥当である。

○　ただし、実務上、事後の紛議を防止するため、可能な限り、通行人等、被逮捕者以外の第三者又は逮捕に関与していない警察官の立会いを得ることが望ましい（犯捜規145条）。

駐車中の愛人の車両内を捜索する行為の可否

警察官が、窃盗被疑者甲の逮捕状の発付を得て捜査中のところ、甲の愛人乙女宅アパートに潜伏しているという情報をアパート管理人から得た。警察官らは、直ちに同アパートに赴き、愛人乙女の部屋において甲を逮捕した。乙女は外出をしており、不在であった。甲を逮捕直後、未押収の証拠物を発見するために、甲の身体と乙女の部屋の捜索を実施したところ、甲のジャンパーのポケットの中からエンジンキーを発見した。警察官は、エンジンキーについて甲に質問したところ、「このエンジンキーは、乙女が所有する自動車のキーです。必要があるときはわたしも自由に使っていました。現在、その車は、このアパートの前の道路上に駐車しています。乙女は外に出ていて今はいません」と申し述べた。警察官は、甲に対する「逮捕の現場における捜索・差押え」として乙女の自動車の内部を捜索することにした。この警察官の行為は、適法か。

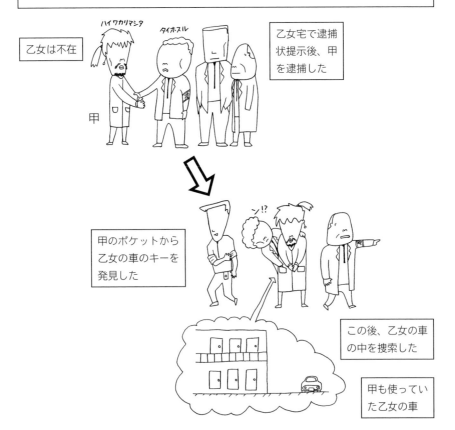

乙女は不在

ハイ ワカリマシタ

タイホスル

甲

乙女宅で逮捕状提示後、甲を逮捕した

甲のポケットから乙女の車のキーを発見した

ーン!?

この後、乙女の車の中を捜索した

甲も使っていた乙女の車

1　結　論
適法である。

2　関係法令
○　刑訴法第114条（責任者の立会い）
○　刑訴法第220条（令状によらない差押え・捜索・検証に準用）

3　事例検討
○　刑訴法第220条第1項にいう「逮捕の現場」とは、逮捕に着手した場所、追跡中の場所及び逮捕を完了した場所のほか、これらの場所と直接に接続する範囲の空間も含まれる。

○　被疑者以外の第三者の住居等で被疑者を逮捕する場合には、被疑者が当該第三者の住居全般にわたって支配力を有しているとは認めがたいことが多い。このため、第三者の住居内における逮捕の現場の捜索・差押えの範囲は、原則として逮捕した部屋の中に限られる。

○　しかし、被疑者と当該住居の住居主等が密接な関係（愛人、肉親等）があり、被疑者が長期間にわたって生活していたなど、被疑者の住居又はそれに準ずる場所として使用されていることが客観的に認められる場合には、他室についても令状によらない捜索等を実施することができると解される。

○　事例の場合、被疑者甲は、長期間にわたって愛人乙女宅に滞在していたのであるから、甲の乙女宅における支配力は、乙宅の住居全般に及んでいるといえる。したがって、本件の場合、必要があれば他の部屋についても逮捕の現場における捜索等を実施することができる。

○　また、逮捕の現場と車両は乙女宅と直接に接続する場所に駐車してあり、被疑者甲は同車両のエンジンキーを所有し、日頃から使用している実態もあることから、同車両についても被疑者甲の支配力が及んでいると解される。

○　よって、刑訴法第114条の規定に基づき（事例の場合は甲など）立会人を付けたうえ、乙女宅の逮捕の部屋及び同住居内の他の部屋と同様に、乙女宅前に駐車してある乙女の車両内についても、令状なく捜索を実施することができる。

被害金と所持金が混ざった現金の差押えの範囲

被疑者甲が乙女からバッグをひったくり逃走した。その10分後に警戒中の警察官が被疑者甲を発見し、窃盗犯人として現行犯逮捕した。警察官は、被疑者甲に対し、逮捕の現場における捜索・差押えを実施したところ、裸現金18,890円がポケットから出てきた。裸現金の内訳は、一万円札1枚、五千円札1枚、千円札2枚及び500円硬貨以下の小銭を取り混ぜて1,890円であった。被疑者甲は、乙女のバッグをひったくった後、路地裏で現金だけを抜き出し、自分の所持金と一緒にポケットに入れていたものである。被害者乙女は、被害額は約16,000円で、一万円札1枚、五千円札1枚のほか、内訳不明の硬貨で合計約1,000円ほどバッグ内に所持していた旨を供述している。この場合、警察官は、被疑者甲が所持する現金のうち、どの範囲で差押えをすればよいか。

1　結　論
　　千円札2枚を除く、16,890円を差し押さえる。

2　関係法令
　　刑訴法第220条（令状によらない差押え・捜索・検証）第1項

3　事例検討
　○　刑訴法第220条第1項に基づいて、逮捕の現場で差押えを実施する場合、差押えの対象物は、「逮捕理由となった被疑事実に関する証拠物」又は「没収対象物」で、「証拠物等の収集・保全」のために必要な範囲内の物に限定される。
　○　原則として、逮捕された被疑者が所持する所持金と被害金が明確に識別できるときは、被害金だけを差し押さえる。しかし、被疑者の所持金と被害金が混在して識別が困難な場合には、
　　　①　被疑者が所持する現金の中に被害金があることが明らかであること
　　かつ、
　　　②　当該被害金を収集保全する必要があること
　　という①②の要件がある場合に限り、被疑者が所持している現金を証拠物として差し押さえることができる。
　○　事例の場合、一万円札1枚、五千円札1枚は乙女から窃取したものであることは明白であるから、これを差し押さえることは問題がない。
　○　また、千円札2枚については、被疑者甲のものであることも明らかであるから、この2,000円については、差押えの対象外となる。
　○　被疑者甲が所持する1,890円の小銭については、乙女の記憶が曖昧であることから、被害金を特定することができないが、この1,890円の中に乙女が窃取された「内訳不明の硬貨で合計約1,000円」の被害金が含まれることは明らかであるから、被疑者甲が所持する小銭1,890円全部を証拠物として差し押さえる必要がある。
　○　よって、千円札2枚を除く16,890円を差し押さえることになる。

医師の措置により包丁を抜き取ってもらった場合の包丁の措置

　傷害事件が発生し、警察官が現場に急行したところ、被疑者甲が乙の腹部を包丁で刺した直後であった。警察官は、血まみれになって現場に立ち尽くす被疑者甲を傷害の現行犯で逮捕し、被害者の腹部に刺さっている包丁を押収しようとしたが、当該包丁は予想以上に深く刺さっていたことから、不用意に抜くと出血がひどくなり、失血死するおそれがあると認められた。そこで、警察官は、救急車の到着を待ち、病院に搬送し、医師の措置によって包丁を抜き取ってもらった。この場合の包丁の押収は、逮捕の現場における差押えになるか、医師又は乙から任意提出を受けるべきか。

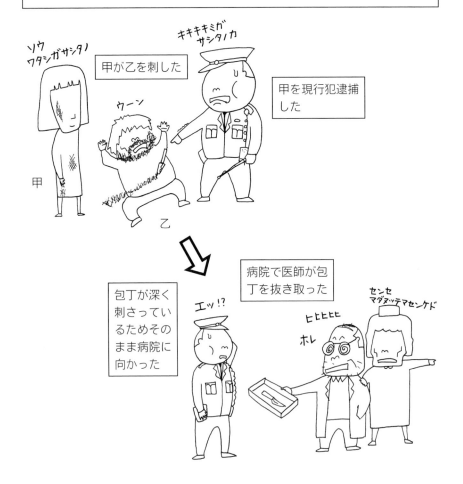

1　結　論
　　「逮捕の現場における差押え」により押収する。

2　関係法令
　　刑訴法第220条（令状によらない差押え・捜索・検証）第1項

3　事例検討
　○　原則として「逮捕の現場」とは、逮捕に着手した場所、追跡中の場所及び逮捕した場所の全てを含み、これらの場所と直接接続する範囲の空間をいうが、一定の特別な事情がある場合には、その範囲を広く解することも認められている（大阪高判昭50.7.15）。
　○　事例の場合、警察官は、被疑者甲を逮捕し、乙の体に刺さっている包丁を抜き取ろうとしたのであるから、逮捕の現場における差押えに着手したといえる。
　○　そして、その包丁を抜くと乙の生命に危険が生じるため、押収手続を一旦中止し、病院に搬送したうえで医師により当該包丁を抜き取ったと解され、総合的にみると「逮捕の現場における差押え」を病院において行ったと解される。
　○　なお、本件事例については、病院において包丁を令状なく差し押さえることになるため、その間の経過を差押調書、捜査報告書によって明らかにしておく必要がある。

バッグから侵入用具（軽犯）と窃盗の被害品が出てきた場合の差押えの範囲

深夜、警察官が警ら中、警察官の姿を見て反転した甲を職務質問した。警察官が、甲の所持品を検査したところ、甲が所持しているボストンバッグの中から侵入用具（ドライバーとバール）が出てきたことから、警察官は、甲を軽犯罪法違反（１条３号、侵入用具携帯）で現行犯逮捕した。甲を現行犯逮捕後、ボストンバッグの中から多数の貴金属が見つかったため、警察官が甲を追及したところ「自分のものである」旨を供述した。警察官が捜査した結果、甲が持っていた貴金属は、最近、付近で発生した貴金属店の窃盗事件の被害品であると認められた。この場合、甲が所持している物のうち、どの範囲で差押えを実施すべきか。

1 結　論
　　ドライバー、バール、ボストンバッグを「逮捕の現場における差押え」
　により押収する。

2 関係法令
　　刑訴法第220条（令状によらない差押え・捜索・検証）第1項

3 事例検討
　　○　逮捕の現場における捜索・差押えは、人を単位とするものではなく、
　　　犯罪事実を単位として許されるものである（これを「事件単位説」とい
　　　う。）。
　　○　したがって、逮捕の現場における令状によらない捜索・差押えの対象
　　　物は、当該犯罪事実に関する「証拠物又は没収すべき物と思料するもの」
　　　に限られる。
　　○　事例の場合、警察官は、甲を軽犯罪法違反（侵入用具携帯）の罪で逮
　　　捕したのであるから、逮捕の現場で令状なくして差し押さえることがで
　　　きる物は、同違反の罪の証拠物に限られる。
　　○　したがって、貴金属については、いかに窃盗行為の嫌疑が濃厚であっ
　　　ても、これを令状なく差し押さえることはできない。貴金属については、
　　　窃盗の犯罪事実で緊急逮捕し、逮捕の現場における差押えを行うか、甲
　　　から任意提出を受けるか、新たに令状の発付を得て差し押さえることに
　　　なる。
　　○　また、ドライバーとバールについては、本件証拠物として差押えがで
　　　きることはもとより、ボストンバッグについても、軽犯罪法違反（侵入
　　　用具携帯）の構成要件が「隠して携帯する」とあることからも、本件侵
　　　入用具を隠す際に使ったボストンバッグも本件犯罪事実を立証するため
　　　の証拠物となる。よって、ドライバーとバールのほかに、ボストンバッ
　　　グも令状なく差し押さえることができる。

私人が現逮し凶器を取り上げた場合の凶器の押収手続

コンビニエンスストアで刃物を使用した強盗事件が発生した。このとき、店員乙が強盗犯人甲を取り押さえ、甲が持っていたナイフを取り上げた。その後、現場に臨場した警察官に甲の身柄を引き渡すとともに、甲から取り上げたナイフを警察官に差し出した。この場合、当該ナイフの押収手続は、どのようにすべきか。

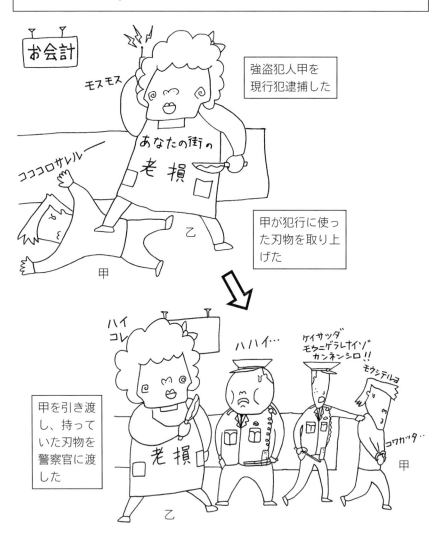

1　結　論

乙から任意提出を受け、領置する。

2　関係法令

刑訴法第220条（令状によらない差押え・捜索・検証）第1項

3　事例検討

○　刑訴法第220条第1項は、捜査機関が被疑者を逮捕する場合において必要があるときは、逮捕の現場において令状なく捜索・差押え・検証をすることができると規定されている。本条項は、憲法第35条に定める令状主義の例外として規定されたものである。

○　一般私人には、現行犯逮捕する権限（刑訴213条）は認められているが、刑訴法第220条第1項の規定は、いわゆる捜査機関に限られ、一般私人には認められていない。

○　よって、事例のように、一般私人が強盗犯人を現行犯逮捕した場合であっても、被疑者が持っている包丁を差し押さえることはできない。

○　しかし、窃盗犯人の被害者が、被疑者から当該被害品を取り戻したり、現行犯逮捕した強盗の被疑者から刃物を取り上げるといった行為は、社会通念上、当然、許される行為であると解されている。

○　事例の場合、刃物を持った強盗犯人を現行犯逮捕し、危険を防止するために一時的に取り上げ、臨場した警察官に直ちに差し出しているのであるから、事例の乙がとった行為は妥当かつ適法である。

○　そして、刑訴法第221条の規定のとおり、任意提出できる者は、所有者、所持者、保管者に限られるところ、事例の乙は、刑訴法第221条の「所持者」又は「保管者」に該当することから、乙が任意により提出した物（包丁）を警察官が領置することは何ら問題はない。

私人から引渡しを受けた万引きの現行犯人が証拠品を壊そうとした場合の措置

コンビニエンスストアで男性用化粧品（ガラス製）を万引きしてポケットに入れた甲を、警備員乙が取り押さえて現行犯逮捕した。そこに110番通報を受けて警察官が臨場し、警備員乙から甲の身柄の引き渡しを受けた。そのとき、突然、甲がポケットから万引きした男性用化粧品を取り出し、地面にたたきつけて割ろうとした。警察官はそれを防ぐためにとっさに甲の腕をつかみ、当該商品を無理矢理取り上げて保管した。警察官の行為は、適法か。

1　結　論
　　適法である。その後、速やかに甲から任意提出を受けて領置する。

2　関係法令
　　刑訴法第220条（令状によらない差押え・捜索・検証）第1項

3　事例検討
　○　逮捕の現場で令状なく捜索・差押えをすることができるのは、捜査機関が被疑者を逮捕した場合だけである。
　○　一般私人は、現行犯人の逮捕権は認められているが、逮捕の現場における証拠物の捜索・差押えは認められていない。
　○　したがって、事例のように、一般私人が被疑者を現行犯逮捕した場合には、被疑者甲が所持している証拠物（男性用化粧品）を私人乙が差し押さえることはできない。
　○　また、事例の場合、被疑者甲を警察官が逮捕していないことから、被疑者甲が所持している証拠物（男性用化粧品）を刑訴法第220条第1項に基づいて、令状なく差押えをすることもできない。
　○　よって、私人による現行犯逮捕の場合、基本的には、被疑者から任意提出を受けて領置する手続をとるのが一般的である。
　○　ただし、一般私人が現行犯逮捕に着手したが、いまだ逮捕を完了していない状況で警察官が臨場し、一般私人と協力して被疑者を逮捕した場合については、刑訴法第220条第1項の規定により、当該証拠物を令状なく差し押さえることができる。
　○　事例の場合、そういった状況にはないため、基本的には警察官による令状によらない差押えを実施することはできない。
　○　しかし、警察官には、警察官職務執行法第2条第4項に基づき拘束された被疑者に対する身体捜検をする権限があること、被疑者が証拠品等を破壊等しようとした場合には必要最小限度の実力行使によりその行為を制止することができると解されていることなどから、私人に逮捕された被疑者が証拠物を破壊しようとした場合には、警察官がそれを制止し、一時的に証拠物を保管することができると解される。
　○　事例の場合、警察官が、甲が破壊しようとした男性用化粧品を強制的に取り上げた行為は適法であるが、そのまま警察官が差押えをすることはできないことから、保管している男性用化粧品については、改めて甲から任意提出を受けることとなる。
　○　ただし、甲の行為が器物損壊や公務執行妨害罪等を構成し、その罪により現行犯逮捕するのであれば、甲が破壊しようとした男性用化粧品を刑訴法第220条第1項に基づき「逮捕の現場における差押え」により差し押さえることができる。

万引き被疑者の友人の身体を捜索することの可否

　甲とその友人乙がコンビニエンスストアに行き、甲が店の商品を万引きし、ポケットに入れて店外に出ようとしたことから、店員Aがとがめたところ逃走しようとしてもみ合いになった。そこに臨場した警察官が甲を窃盗被疑者（万引き犯人）として現行犯逮捕し、被疑者甲の身体を捜索し、盗んだ商品を探したが発見に至らなかった。すると店員Aが「先ほど、わたしが甲ともみ合っているとき、甲の友人乙が甲から商品らしきものを受け取り、ポケットに入れたのを見た」旨を申し立てた。警察官は直ちに、近くに立っていた乙に職務質問をしたところ「俺は何も持ってねえよ」と言いながら、慌てた様子でその場から立ち去ろうとした。この場合、乙の身体について、令状なく捜索・差押えをすることができるか。

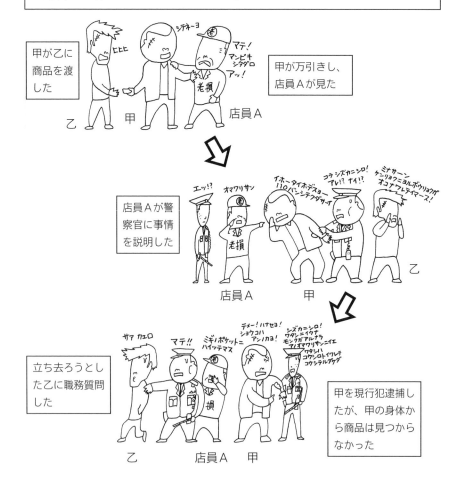

1　結　論
　　できる。

2　関係法令
　　刑訴法第220条（令状によらない差押え・捜索・検証）第1項

3　事例検討
　○　「逮捕の現場」とは、逮捕に着手した場所、追跡中の場所及び逮捕した場所の全てを含み、これらの場所と直接接続する範囲の空間をいうが、一定の特別な事情がある場合には、その範囲を広く解することも認められている（大阪高判昭50.7.15、東京高判昭47.10.13）。
　○　刑訴法第220条第1項は、逮捕の現場で行う捜索・差押え・検証の相手方を被疑者だけに限定していないのであるから、捜査機関は、被疑者以外の者の身体等についても、当該処分を行うことができる。
　○　ただし、被疑者以外の者の身体、物、場所等について捜索等を行う場合には、押収すべき者の存在を認めるに足りる状況がある場合に限られる。
　○　事例の場合、
　　　・　乙が逮捕の現場にいるところを警察官が職務質問したこと
　　　・　甲が証拠物を所持していなかったこと
　　　・　甲が乙に証拠物を手渡すところを店員Aが見ていたこと
　　　・　職務質問をしたとき乙が落ち着きのない態度をして立ち去ろうとしたこと
　　などから、乙の身体等について捜索等を行う客観的な状況がある。
　○　よって、事例の場合、警察官は、必要な限度と範囲において、乙の身体等を捜索し、証拠物を押収することができる。

専門業者の到着待ちによる執行の中止の可否

警察官らが、常習窃盗犯人甲の逮捕状の発付を得て、甲宅に赴いたところ、甲が在宅していたことから、逮捕状を示し、通常逮捕した。直ちに警察官らは、逮捕の現場における捜索・差押えを実施したところ、押し入れの中に設置されている金庫が床に固定されており、状況からして、金庫の中に窃盗事件の証拠物があると認められた。さっそく、警察官らは、甲に、金庫を開けるように言ったが、甲は頑としてこれに応じず、やむなく、錠前の専門業者を呼ぶことにした。しかし、既に時刻は深夜0時となっており、業者は翌朝の9時にならないと連絡がとれない状況であった。この場合、一旦捜索を中止し、翌朝、再開することができるか。

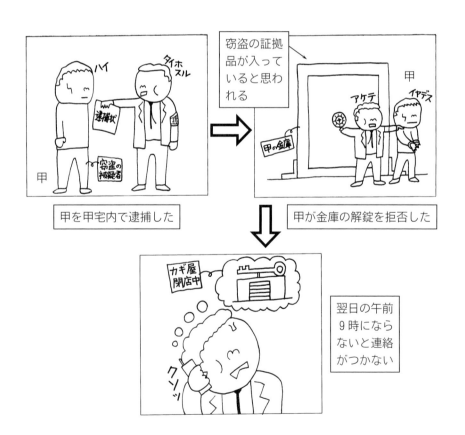

甲を甲宅内で逮捕した

窃盗の証拠品が入っていると思われる

甲が金庫の解錠を拒否した

翌日の午前9時にならないと連絡がつかない

1　結　論
　　できる。

2　関係法令
　○　刑訴法第220条（令状によらない差押え・捜索・検証）第1項
　○　刑訴法第118条（執行の中止と必要な処分）
　○　刑訴法第222条第1項（準用規定）

3　事例検討
　○　刑訴法第222条第1項によって、同法第118条（執行の中止と必要な処分）の規定が準用されている。したがって、逮捕の現場における令状によらない捜索・差押えに着手したが、処分に長時間を要し、あるいは、処分継続を不適当とする合理的な理由がある場合には、その執行を一旦中止し、後で再開することができる。
　○　事例の場合、
　　　・　金庫内に逮捕の犯罪事実にかかる証拠物が現存する可能性が高いこと
　　　・　被疑者甲が同金庫の解錠を拒んだこと
　　　・　業者が到着するまでに8時間以上かかること
　　　・　金庫をそのままにして警察官が引き揚げた場合、証拠品を隠匿等される可能性が高いこと
　　などから、手続を中止し、後で再開する必要性が認められる。
　○　よって、事例の場合、捜索・差押えを一旦中止し、金庫を解錠されないように監視者を置くなどの必要な措置をとり、翌朝、業者の到着を待って令状なく解錠し、捜索等を再開することができる。

銃刀法被疑事件の捜索中に覚醒剤を発見した場合の措置

警察官が、暴力団甲を被疑者とした銃砲刀剣類所持等取締法違反被疑事件につき、甲宅を対象とした捜索差押許可状による捜索を実施したところ、押し入れの中から覚醒剤様の粉末を発見した。警察官が甲の承諾を得て任意の手続により予試験を実施したところ、陽性反応を示したことから、その場で甲を覚醒剤の所持罪で現行犯逮捕した。この場合、これまで令状による捜索を実施していた警察官が、令状による銃砲刀剣類所持等取締法違反被疑事件の捜索・差押えと同時に、覚醒剤所持被疑事件の逮捕の現場における令状によらない捜索・差押えを行うことができるか。また、他の部屋についても、覚醒剤の発見を目的とした捜索を実施することができるか。

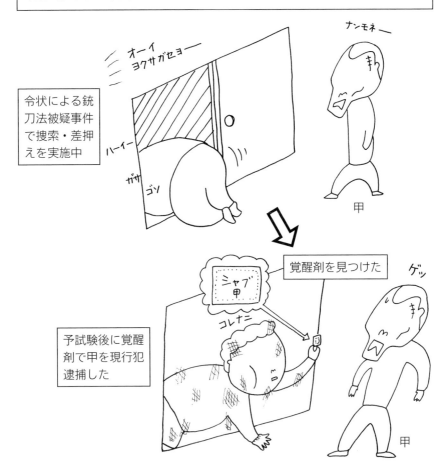

1　結　論
　　同時にできる。他の部屋についても捜索を実施することができる。

2　関係法令
　　刑訴法第220条（令状によらない差押え・捜索・検証）第1項

3　事例検討
　○　事例の場合、令状による捜索中に発見した覚醒剤については、
　　　①　逮捕の現場における差押えを行う。
　　　②　任意提出を受けて領置する。
　　　③　新たに捜索差押許可状の発付を得て差し押さえる。
　　以上のどれかの措置をとることになる。
　○　覚醒剤を発見し、甲を現行犯逮捕したときには、既に行っていた令状
　　による捜索・差押えはまだ終了していないのであるから、両者を同時に
　　行うことは当然にできる。
　○　被疑者を現行犯逮捕し、証拠物を押収した場合であっても、その他の
　　部屋に現行犯逮捕した被疑事実（事例の場合は覚醒剤所持の罪）に関す
　　る証拠物（覚醒剤や注射器等）がある可能性があり、その証拠物を差し
　　押さえる必要がある場合には、甲を逮捕した部屋以外の部屋も、令状に
　　よらない捜索・差押えを行うことができる。

通常逮捕

通 常 逮 捕

1 通常逮捕の要件

 注目 !!

　捜査機関は、被疑者が罪を犯したことを疑うに足りる相当な理由があるときは、裁判官のあらかじめ発する逮捕状により、これを逮捕することができる。

　ただし、30万円（刑法、暴力行為等処罰に関する法律及び経済関係罰則の整備に関する法律の罪以外の罪については、当分の間、2万円）以下の罰金、拘留又は科料に当たる罪については、被疑者が住居不定又は正当な理由がなく任意出頭の求めに応じない場合に限る（刑訴199条1項）。

　刑訴法第199条による逮捕、すなわち「裁判官のあらかじめ発する逮捕状による逮捕」を通常逮捕という。そして、通常逮捕の要件は、

① 実質的要件

　　被疑者について「逮捕の理由」と「逮捕の必要性」が存在しなければならないこと

② 形式的要件

　　一定の請求権者による適正な請求手続を経た上で、法定の記載事項を記載した逮捕状が裁判官から発付されること

の二つである。

2 通常逮捕の実質的要件

　通常逮捕は、「逮捕の理由」及び「逮捕の必要性」があるときに、これを行うことができる。

　言い換えると、被疑者を逮捕状によって逮捕する場合には、当該被疑者について、

○ 罪を犯したことを疑うに足りる相当な理由があること

○ 被疑者が逃亡するおそれがあること、又は罪証を隠滅するおそれがあること

という、「逮捕の理由」と「逮捕の必要性」がなければならない。

⑴　逮捕の理由

　ア　「罪を犯したこと」の意義

　　　逮捕の理由とは、「罪を犯したことを疑うに足りる相当な理由」をいう。

　　　ここにいう「罪」は、憲法第33条が「犯罪を明示する令状」を逮捕の要件としていることから、特定の犯罪の構成要件を充足する行為でなければならない。

 注目!!

　通常逮捕における「罪」とは、特定の犯罪の構成要件を充足する行為であることを要する。それに対し、警察官職務執行法第2条第1項（質問）にいう「何らかの犯罪」は、社会通念上からして、その者が犯罪を犯していると疑うに足りる状況があればよく、必ずしも特定の犯罪の構成要件を充足する行為である必要はない。

　イ　「相当な理由」の意義

　　○　「相当な理由」とは、犯罪の嫌疑を認めることができる合理的根拠のあることをいう。ただ単に、捜査官の個人的な考えから「あいつは怪しい」という程度の主観的嫌疑では不十分である。少なくとも、通常人の良識ある合理的な判断に従い、被疑者が当該犯罪を犯したことが相当程度高度に認められる必要がある。

　　○　しかし、通常逮捕の場合に必要とされる嫌疑の程度は、緊急逮捕の場合における「充分な理由」や勾留の要件としての「相当な理由」に比べて、いくらか弱いものであっても差し支えないと解される。

　　○　また、通常逮捕は捜査段階のことであるから、裁判所が有罪判決を言い渡す場合や検察官が公訴を提起する場合に要求されるほど高度な嫌疑は、通常逮捕の場合には要求されない。

 注目!!

　　　　通常逮捕の「相当な理由」　＜　緊急逮捕の「充分な理由」
　　　　通常逮捕の「相当な理由」　＜　勾留要件の「相当な理由」
　　　　通常逮捕の「相当な理由」　＜　検察官が公訴の「嫌疑」
　　　　通常逮捕の「相当な理由」　＜　裁判所が有罪判決の「嫌疑」

(2) 逮捕の必要性

「逮捕の必要性の有無」とは、被疑者が逃亡し又は罪証を隠滅するおそれがあるかどうかを判断することである（刑訴規143条の３）。

なお、被疑者の逃亡及び罪証隠滅のおそれは、単に抽象的な可能性では足らない。

もし、抽象的な可能性でよいのであれば、全ての被疑者について逮捕の必要性があることになるからである。

したがって、逮捕状の請求に当たっては、逃亡・罪証隠滅があると認められる資料を収集し、具体的な逃亡等の可能性を疎明しなければならない。

ア　必要性を判断する者

捜査機関から逮捕状発付の請求を受けた裁判官にも逮捕の必要性の判断権がある。

ただし、捜査に直接関与していない裁判官が「逮捕の必要性の有無」を的確に判断することは難しい。

そのため、刑訴法第199条第２項のとおり、裁判官は、明らかに逮捕の必要性がないと認めるときだけ逮捕状を発付しないのである。

これを逆にいえば、逮捕の必要性のないことが明白でない以上、裁判官は通常逮捕状を発付しなければならないことになる。

逮捕の必要性に関する裁判官の判断権は極めて限定された範囲内のものであり、逮捕の必要性の審査について裁判官の責任が大幅に免除されているのである。

よって逮捕状を請求する捜査官は、逮捕の必要性についての判断を慎重・厳格に行い、第一次的判断者としての重要な責任を全うしなければならない。

イ　逮捕の必要性

被疑者を逮捕する必要性の要件は、

○　被疑者が逃亡するおそれがあること

○　被疑者が罪証を隠滅するおそれがあること

である。

(ｱ)　「逃亡」とは

被疑者が刑事責任を免れる意思で所在不明となり、捜査・取調べのための出頭を確保することができなくなることをいう。

(ｲ)　「逃亡のおそれがある」とは

逃亡すると疑うに足りる相当な理由がある場合のことをいう。

　被疑者が現に所在不明となった場合はもちろんのこと、住居に寄り付かないとか、短期間のうちに住居を転々と変えるため出頭を求めることが難しいという場合などがこれに該当する。

　しかし、単に出頭しないおそれがあるというだけでは、逃亡のおそれがあるとはいえない。

㈦　「罪証」とは

　当該被疑事件の犯罪事実の成立を証明することができる全ての人証及び物証をいう。例えば、目撃者のほか、被害品、犯行の用に供した凶器、遺留品等は全て罪証といえる。

㈢　「隠滅」とは

　犯罪の痕跡を損壊したり、虚偽の反対証拠を新たに作ったり、共犯者や参考人に、通謀あるいは脅迫等することによって虚偽の供述をさせるなど、全ての罪証隠滅行為をいう。

㈣　「隠滅のおそれがある」とは

　前記の逃亡のおそれがある場合と同様である。

 注目‼

　前述のとおり、正当な理由なく出頭の求めに応じないからといって、直ちに「逃亡のおそれ、証拠隠滅のおそれ」ありといえるものではないから、これだけでは、逮捕の必要性があるとはいえない。

　しかし、正当な理由のない不出頭は、通常「逃亡のおそれ、証拠隠滅のおそれ」を推認させるから、このような不出頭が数回反復されるなど特段の事情が存在し、逃亡等のおそれがないとはいえないと判断されれば、逮捕の必要があるということになる。

　判例（最判平10.9.7）も、被疑者が再三にわたって警察への呼出しを拒否し、組織的な背景が窺われる状況があるときには、明らかに逮捕の必要性がないとはいえないとしている。

ウ　逮捕の必要性の判断時の留意点

　捜査官が逮捕の必要性の有無を判断する場合には、逮捕状発付の請求を受けた裁判官が逮捕の必要性の有無を判断するときと同じ視点に立ち、被疑事件の性質（種類・軽重・態様等）と被疑者の個人的事情（年齢、境遇、

心身の状況等）を十分に考慮しなければならない（刑訴規143条の３）。

3　通常逮捕の形式的要件

通常逮捕の要件は、「実質的要件」のほかに、

①　一定の請求権者により適正な請求手続がされること

②　法定の記載事項を記載した逮捕状が裁判官から発付されること

という「形式的要件」を必要とする。

(1)　逮捕状の請求権者

通常逮捕状の請求権者は、指定司法警察員（国家公安委員会又は都道府県公安委員会が指定する警部以上の者）である（刑訴199条２項）。

警察署においては、通常、課長（警視庁においては管理官又は係長、道府県警察本部においては課長又は課長補佐）が請求者となる。

なお、請求権者が指定司法警察員に限定されている理由は、捜査上、責任のある警部以上の者が逮捕の理由あるいは必要性等を冷静かつ客観的に判断することにより、逮捕権の運用を適正に行使するためである。

(2)　逮捕状の請求先

事件の事物管轄に関係なく、請求権者の所属する官公署の所在地を管轄する地方裁判所又は簡易裁判所（少年事件については、家庭裁判所でもよい（刑訴規299条２項））の裁判官に請求する。

ただし、やむを得ない事情がある場合については、最寄りの下級裁判所の裁判官に請求することができる（刑訴規299条１項）。

ここにいう「最寄り」とは、「手近な、便宜な」という意味であり、距離的に近く、時間的に最も早く令状請求することができる裁判所であれば、それが「最寄りの裁判所」に当たる。

(3)　逮捕状の様式

逮捕状請求書（甲）（司法警察職員捜査書類基本書式例様式第11号）に「刑訴規則第142条第１項」に定められている事項を記載しなければならない。

(4)　具体的疎明資料

逮捕の理由となる犯罪の嫌疑を立証するための資料は、原則として、証拠法上の証拠能力の有無によって制限されない。よって、証拠法の上では証拠能力を欠く伝聞証拠であっても、これを通常逮捕状請求の疎明資料とすることができる。

逮捕状を請求する場合、次の2点を疎明しなければならない。

　○　特定の犯罪が実行されたことについての疎明

　○　特定の人物がその犯罪の被疑者であることについての疎明

　特定の犯罪が行われたことについては、被害届・告訴状・参考人供述調書・実況見分調書、診断書・捜査報告書・答申書その他の資料により、これを裁判官に疎明しなければならない。

⑸　**被疑者特定の程度**

　○　刑訴法第200条第1項は、逮捕状の方式として、逮捕状には被疑者の氏名等を記載しなければならない旨を規定している。氏名は、戸籍上の氏名であることが望ましいが、特定できる限り通称でもよい。

　○　しかし、氏名が判明しない場合には、例外的に「人相、体格」等によって逮捕状を請求することができる（刑訴200条2項・64条2項、刑訴規142条）。

　○　なお、被疑者の氏名（通称、自称を含む）が判明しない場合、人相・特徴等で被疑者を特定するためには、被疑者の身体的特徴等から、他の者と区別できる特徴を明らかにし、誤認逮捕のおそれがないことを疎明する必要がある。

4　通常逮捕の加重的要件

　30万円（刑法、暴力行為等処罰に関する法律及び経済関係罰則の整備に関する法律の罪以外の罪については、当分の間2万円）以下の罰金、拘留又は科料の「いわゆる軽微犯罪」を通常逮捕する場合には、逃亡又は罪証隠滅のおそれがあることのほかに、

　○　被疑者が定まった住居を有しないこと

　○　被疑者が正当な理由なく任意出頭の求めに応じないこと

という要件（加重的要件）のうち、いずれかの要件がなければならない（刑訴199条1項ただし書）。

　つまり、軽微事件の被疑者を通常逮捕する場合には、逃亡又は罪証隠滅のおそれに加え、

　○　住居不定

　○　正当な理由のない不出頭

のどちらかの要件が必要となるのである。これは、「軽微犯罪を犯した被疑者

を他の犯罪と同じ基準で身柄拘束することは妥当でない」という理由から設けられた規定である。

したがって、軽微事件の被疑者が、

○　定まった住居を有し、

かつ、

○　任意出頭の求めに応じている

限り、たとえ「逃亡のおそれ」又は「罪証隠滅のおそれ」が認められる場合であっても、被疑者が犯した罪が「軽微犯罪」である限り、通常逮捕することはできない。

 注目!!

　「30万円以下の罰金等に当たる」罪は、法定刑を基準として定める。したがって、従犯（例えば賭博幇助）の場合も、賭博罪の法定刑を基準とするため軽微事件ではない。

(1)　**住居不定の疎明**

　　住居不定であることを疎明するためには、

　　○　刑務所から出所したが定住できるような落ち着き先がない

　　○　自称の住居地に住民登録をしていない

　　○　自宅はあるが家財道具が置いてないなど生活の痕跡がない

　　○　被疑者がいつも家を空けている

等について、捜査報告書、参考人供述調書、住民票の写し等により明らかにする必要がある。

(2)　**正当な理由のない不出頭の疎明**

　　正当な理由のない不出頭については、どのような場合に「逃亡又は罪証隠滅のおそれがないとはいえない」と判断されているかについては、

　　○　3回あるいは5回から7回くらい

　　○　おおむね4回以上

との見解がある。

　　実務上、軽微ではない犯罪の在宅の被疑者についても、おおむね3〜4回の呼出しに応じない場合に強制捜査に踏み切っているのが現状である。

　　したがって、いわゆる軽微事件について逮捕状を請求するときは、おおむね4回以上の呼出しをかけ、呼出しの状況及び正当な呼出しに理由なく応じ

ない経過等を捜査報告書等で疎明した上で逮捕状を請求する必要がある。

5　逮捕状の提示

(1)　提示の程度

逮捕状により被疑者を逮捕する場合は、逮捕状を被疑者に示さなければならない（刑訴201条1項）。

この逮捕状の提示は、憲法が直接に要求するところではなく、憲法第34条に定める「抑留（逮捕）理由の告知」の方法を刑訴法に定めたものである。

逮捕状の提示の程度は、被疑者が逮捕の理由を知ることができる程度に逮捕状を示せば、逮捕状を「被疑者に示した」ことになる。

したがって、仮に被疑者から逮捕状の筆写や複写の要求がされてもこれに応じる必要はない。

また、逮捕状を示した以上、被疑者が内容を読まないで逮捕状を破棄したときも、提示がなされたと解される。

(2)　提示の時期

逮捕状の提示は、身体の拘束に着手する前に行うことが原則である。

しかし、被疑者が、逮捕しようとする捜査官の姿を見て直ちに逃亡したり、第三者が逮捕を妨害するなど逮捕状を提示する時間的余裕のないとき、あるいは逮捕状を示すと被疑者がこれを破棄するおそれが十分予想されるときなどには、必ずしも事前に逮捕状を提示する必要はなく、逮捕に密着した時機に提示がなされれば適法である。

注目‼

逮捕状を提示して逮捕に着手したが、被疑者に逃走された場合、「令状一回性の原則」から、その逮捕状の効力が問題となる。

この点について、逮捕とは、身体の拘束の実力行使を始めたときから始まり、身体の自由を逮捕者の実力支配下に収めたときに完了すると解されていることから、逮捕に着手したが完了しなかったときは、当該逮捕状の効力はいまだ消滅しないとされている。

したがって、被疑者が逃走するなどにより逮捕が完了しなかった場合には、同一逮捕状に基づいて再び被疑者を逮捕しても、当該逮捕手続は「令状一回性の原則」に抵触せず、（逮捕状の有効期間内であれば）適法な逮捕となる。

6 逮捕状の緊急執行

⑴ 逮捕状の緊急執行とは

逮捕状により被疑者を逮捕する場合は、前記のように逮捕状を事前に被疑者に提示して逮捕するのが原則である（刑訴201条1項）。

しかし、捜査官が逮捕状を所持していないときにたまたま「逮捕状が発付されている被疑者」を発見したとき、逮捕状を提示することができないからといってその場で逮捕せずに逮捕状を取り寄せていると、その間に被疑者に逃走されてしまう。

そこで、逮捕状を所持していなくても、「逮捕状が発せられている旨」及び「被疑事実の要旨」を被疑者に告げた上、直ちに被疑者の身柄を拘束し、その後速やかに逮捕状を被疑者に示す手続が刑訴法に定められている。これが「逮捕状の緊急執行」といわれる逮捕手続である。

 注目‼

逮捕状を所持していないためこれを提示することができない場合において急速を要するときは、被疑者に対して「被疑事実の要旨」及び「逮捕状が発せられている旨」を告げて逮捕することができる（刑訴201条・73条3項）。

⑵ 「急速を要するとき」とは

逮捕状の緊急執行は、「急速を要するとき」に限って許される（刑訴201条・73条3項）。

「急速を要するとき」とは、速やかに逮捕しなければ被疑者が逃走するなど、事後において逮捕することが不可能又は著しく困難になることをいう。

これを逮捕者側からみると、

○ 緊急執行を行ったことが真にやむを得ない状況であったこと

○ 令状を提示することが客観的に不可能であった

という状況が必要である。

急速を要する場合の例として、判例は、「逮捕状の執行に当たり、被逮捕者が自宅に現在する場合においても、被逮捕者が前からしばしば他の村等に出かけ、自宅に定住していない者であって、いつどこに出かけて行くか見当もつかない状況において、逮捕状の所持者に連絡して急速に逮捕状を入手することが困難な場合には、いわゆる「急速を要するとき」に該当する」（東

京高判昭34. 4 .30）旨判示している。

 注目!!

　ただ距離が離れているというだけでは、「急速を要するとき」には当たらない。
判例（東京地判平15. 4 .16）も、「被告人の所在を確認した後、被告人の逮捕に
向けた行動をとるまでに逮捕状を取り寄せる時間的余裕も十分存在した」事案に
ついて、「急速を要するとき」の要件を満たしていないとした。

(3)　逮捕の理由の告知

　被疑事実の要旨を告知するのは、「理由なく逮捕するのではない」という
ことを被疑者に理解させるためである。

　よって、なぜ自分が逮捕されるのかという点を被疑者が一応理解できる程
度に「逮捕状記載の被疑事実の要旨」を告げればよいから、記載内容全部に
わたって詳細に告知する必要はない。

　「被疑事実の要旨」の告知の程度について判例は、「その被疑事実の要旨
を告知するには、被疑者に理由なく逮捕するものでないことを一応理解せし
める程度に逮捕状記載の被疑事実の要旨を告げるをもって足り、必ずしも逮
捕状記載の被疑事実の要旨一切を逐一告知することを要しない」（東京高判
昭28.12.14）と判示している。

　実務上、告知の程度は、六何の原則によるまでは必要としないが、

　○　△月△日、××で△△を窃取したことで逮捕状が出ているから逮捕す
る

　○　△△事件の××における容疑で逮捕状が出ているから逮捕する
といった程度の告知は最低限必要である。

　これに対し、

　○　窃盗の逮捕状が出ているから逮捕する
と、単に罪名を告げただけでは犯罪事実の特定性を欠くので「被疑事実の要
旨」を告げたことにはならない。判例も、「被疑者に対し、逮捕状が出てい
る旨を告げただけで、被疑事実の要旨を告げずに逮捕した行為は重要な形式
を履践しない違法行為であるから、逮捕者に対する被疑者の反撃行為は公務
執行妨害罪を構成しない」（大阪高判昭32. 7 .22）旨判示している。

注目!!

　逮捕行為は、被逮捕者の基本的人権に対して重大な制約を加える行為であるから、逮捕状の緊急執行の手続に定められている要件は厳格に遵守されなければならない。したがって、捜査官が「被疑事実の要旨」を告知しないで被疑者を緊急執行により逮捕した場合、その瑕疵は重大であるから捜査官の職務執行行為は違法行為と認定され、仮にその際に被疑者から暴行・脅迫を受けたとしても、公務執行妨害罪の保護の対象に当たらないし、また、勾留請求却下の事由ともなる。

7　再逮捕

⑴　同一被疑事実による再逮捕

　ある一つの事実について一人の特定被疑者を逮捕することができるのは、原則として1回である（一罪一逮捕の原則）。

　ただし、刑訴法は、「逮捕状を請求する場合において、同一の犯罪事実についてその被疑者に対し前に逮捕状の請求又はその発付があつたときは、その旨を裁判所に通知しなければならない」（刑訴199条3項）と規定し、同一の犯罪事実について再逮捕することを是認している。

　したがって、同一の被疑者を2回以上逮捕することは、逮捕の蒸し返しによる逮捕権の濫用にわたらない限り許される。

　しかし、逮捕後釈放した被疑者を同一被疑事実について、逮捕状により再逮捕するには、相当の理由が必要であり、「再び逮捕しなければならない」という合理的な特別の事情のない限り許されない。

　また、逮捕の実質的要件がないのに誤って緊急逮捕したという場合のように、逮捕の判断に重大な過失があるときには、原則として再逮捕は許されない。

　実務上、被疑者の再逮捕を可能とする「合理的な特別の事情」がある場合としては、次のような場合がある。

　　○　証拠不十分のため釈放せざるを得なかったが、後になって新たな有力な証拠が発見され、しかも、逃亡・証拠隠滅のおそれがあり、任意捜査では捜査の目的を遂げることができない場合

　　○　留置の必要がないと認められたため釈放したが、その後、再三の出頭要求に応ぜず、逃亡・証拠隠滅のおそれが生じたような場合

○　逮捕後に逃走した被疑者について、なお逮捕を継続すべき必要性がある場合

○　通常逮捕すべき被疑者を緊急逮捕した場合のように、逮捕の実質的要件は十分に備わっているが単に逮捕の種別を誤ったため、留置の必要性がある被疑者を一旦釈放した上で、適法な通常逮捕手続により再逮捕する場合

 注目.//

　甲という被疑事実で逮捕し取り調べたところ、実は乙という被疑事実であることが分かったような場合には、直ちに被疑者を釈放し、改めて乙被疑事実の逮捕状の発付を受けて逮捕するか、場合によっては緊急逮捕しなければならないことがある。ただし、このような場合でも、甲被疑事実と乙被疑事実の間に同一性があれば、逮捕の繰り返しをする必要はなく、送致のときに罪名を変更すれば足りる。

(2)　**勾留中の被疑者・被告人に対する再逮捕**

　勾留されている被疑者・被告人の余罪が新たに発覚した場合、既に勾留されている以上、逃亡や罪証隠滅のおそれ（逮捕の必要性）の可能性がないことから、余罪について再逮捕することは許されないのではないかという疑問がある。

　しかし、

　勾留中の被疑者

○　勾留の取消し（刑訴207条1項・87条1項）

○　勾留の執行停止（刑訴207条・95条）

　勾留中の被告人

○　保釈（刑訴89条〜94条）

等の手続により勾留期間満了前に身柄が釈放される場合があることから、被疑者・被告人が勾留されていても、身柄拘束が解除される可能性があることから、勾留中であるからといって逃亡のおそれがないとはいえない。

　したがって、被疑者又は被告人が勾留されている場合であっても、勾留が終了した場合に逃亡するおそれがあると認められるときは、「逃亡のおそれがある」として逮捕状を請求することができる。

　ただし、この場合、

　　○　なぜ逃亡するおそれがあると考えられるのか
について疎明しなければならないことは当然である。

逮捕後の手続

1　逮捕後の手続（全体像）

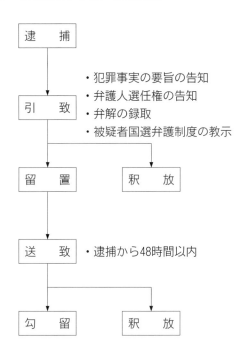

2　逮捕後の引致

(1)　引致とは

 注目.//

　司法巡査が、被疑者を逮捕したとき又は私人が逮捕した現行犯人を司法巡査が受けとったときは、「直ちに」あるいは「速やかに」司法警察員に引致しなければならない（刑訴202条・211条・215条1項・216条）。

　刑訴法上、司法巡査は、

　○　被疑者を逮捕する権限

　○　私人から現行犯人の引渡しを受ける権限

はもっているが、被逮捕者の留置の要否を決定する権限はない。したがって、被逮捕者の身柄の措置について、権限を有する司法警察員の判断を求めなければならない。そして、司法警察員の判断を求めるためには、被逮捕者を司法警察員のところまで連れて行かなければならない。

刑訴法の「引致」とは、被逮捕者の身柄の措置を判断してもらうために、その権限を有する司法警察員のもとに強制的に被逮捕者を連れて行くことをいう。

刑訴法は、司法巡査に逮捕権をもたせ、私人にも現行犯人の逮捕権を与えている。このため、誤って違法な逮捕が行われることもあるし、あるいは逮捕後、被逮捕者を留置する必要がない場合もある。

そこで引致の制度を設け、逮捕行為の適法性、留置の必要性について、高度な知識をもつ司法警察員に早い段階で判断させることにより、刑事手続の適正を図ろうとするものである。

⑵　引致の時期

ア　警察官が被疑者を逮捕した場合

刑訴法には、司法巡査が被疑者を逮捕（通常逮捕・緊急逮捕・現行犯逮捕）した場合には、直ちに、これを司法警察員に引致しなければならないと規定されている（刑訴202条・211条・216条）。ここにいう「直ちに」とは、引致場所に身柄を連行するために必要な最小限度の合理的時間をいう。

ただし、緊急逮捕における逮捕後の「直ちに逮捕状を請求する場合」のように、逮捕状請求のための疎明資料の作成等がないから、もっぱら身柄を連行するために必要な時間内で「直ちに」引致する必要がある。

イ　私人逮捕の現行犯人を警察官が受け取った場合

刑訴法第215条第１項には「司法巡査は、現行犯人を受け取つたときは、速やかにこれを司法警察員に引致しなければならない」と規定されている。

司法巡査が私人逮捕された被逮捕者を受けとった場合、

○　逮捕者の氏名・住居及び逮捕理由を聴取し（現行犯人逮捕手続書（乙）（司法警察職員捜査書類基本書式例様式第18号）を作成）

○　必要があるときは逮捕者に本署まで同行を求める措置（刑訴法215条２項）

をとらなければならない。

そのためにはある程度の時間が必要となるため、刑訴法第215条第１項

には、「直ちに」ではなく「速やか」にと、時間的にゆるやかな文言が使われているのである。

　ただし、事情聴取のため最小限度の遅れは許されるが、被疑者を交番等に置いたまま長時間にわたって取り調べるなどの遅延行為は許されない。

⑶　**引致者**

　被疑者を引致する者は、原則として逮捕した警察官、あるいは私人から現行犯人を受け取った警察官である。

　しかし、場合によっては負傷等によりそれが不可能なときもある。

　このような場合には、他の警察官が逮捕者に代わって引致することになる。この点について刑訴法に規定はないが、法は不可能を強いるものではないから当然に許されるものと解する。

 注目!!

　なお、このような手続をとった場合には、他の警察官が逮捕手続書を作成し、逮捕者の署名・押印を求め（署名等ができないときは、引渡しを受けた警察官が逮捕者の署名を代筆した上、代筆者自身も署名押印する。）、その経過を逮捕手続書の奥書で明らかにしておく。

⑷　**引致の相手**

　刑訴法第202条・第215条第1項は、引致について、「司法警察員に引致しなければならない」と規定しているだけであり、条文上は、引致の相手方は司法警察員であれば誰でもよいことになる。

　しかし、刑訴法第203条は、司法警察員は、自ら被疑者を通常逮捕したとき、又は通常逮捕された被疑者を司法巡査から受け取ったときは、

　　○　直ちに犯罪事実の要旨の告知

　　○　弁護人選任権の告知

　　○　弁解の機会を付与

　　○　留置要否の判断

を行わなくてはならないと規定されている（緊急逮捕・現行犯逮捕した後の手続について刑訴211条・216条で準用）。

　したがって、引致は、刑訴法第203条の手続を行う権限をもつ司法警察員のところに被疑者の身柄を移し、逮捕後の手続を行う必要がある。

注目!!

実務上、引致先となる司法警察員は、当該事件を処理する主管課の司法警察員となる。

また、逮捕者が司法警察員であっても、その者よりも適当な司法警察員がいるのであれば、その司法警察員に引致するのが妥当である。実務においても、逮捕者が地域課の司法警察員である場合には、捜査係の司法警察員に、あるいは、逮捕者が捜査係の司法警察員である場合には、同係の更に上級の司法警察員に対してそれぞれ引致を行っている。

(5) 引致場所

刑訴法上、被疑者を引致すべき場所については、全く規定がない。

実務上、引致場所として適切だとされる場所は、当該事件を処理する司法警察員が所在する警察署あるいは警察本部（以下「警察署等」という。）である。

逮捕状により被疑者を逮捕した場合は、逮捕状記載の場所に引致しなければならない（刑訴200条1項）。

注目!!

逮捕状発付後も、身柄拘束前であれば、裁判官の許可により引致場所の変更も許される（犯捜規124条）。

3 司法警察員の手続

司法警察員は、自らが被疑者を逮捕したとき、又は逮捕された被疑者を受け取ったときは、直ちに、犯罪事実の要旨及び弁護人を選任することができる旨を告げ、弁解の機会を与え、留置の要否を判断することを要する。

そして、留置の必要がないと思料するときは直ちにこれを釈放し、留置の必要があると思料するときは、被疑者が身体を拘束された時から48時間以内に、書類及び証拠物とともにこれを検察官に送致しなければならない（刑訴203条・211条・216条）。

(1) 犯罪事実の要旨の告知

刑訴法第203条にいう「犯罪事実の要旨の告知」は、憲法第34条前段の規定、すなわち「何人も、理由を直ちに告げられ、且つ、直ちに弁護人に依頼

する権利を与へられなければ、抑留又は拘禁されない」という規定を受けたものである。

　犯罪事実の要旨の告知は、憲法に基づく重要な手続であるから、被疑者を逮捕した場合には、必ずこの手続を行わなければならない。

　犯罪事実の要旨の告知は、通常逮捕状・緊急逮捕手続書・現行犯人逮捕手続書に記載されている犯罪事実の要旨を被疑者に告げる。ただし、記載されている犯罪事実の全文を読んで聞かせる必要はない。被疑者が弁解できる程度に、犯罪事実の要旨を告げれば足りる。

⑵　弁護人選任権の告知

　弁護人選任権の告知も、「犯罪事実の要旨の告知」と同様、憲法第34条前段に基づくものである。

　司法警察員は、弁護士、弁護士法人又は弁護士会を指定して弁護人の選任を申し出ることができる旨及びその申出先（刑訴203条3項、犯捜規130条1項3号）並びに被疑者国選弁護人制度に関する事項（刑訴203条4項、犯捜規130条2項）を教示しなければならない。

　逮捕した被疑者に弁護人の有無を尋ね、既に弁護人があるときは、弁護人を選任することができる旨を告げることを要しない（刑訴203条2項）。

　既に選任されている弁護人とは、被疑者自らが選任している者だけをいうのではなく、弁護人独立選任権者（刑訴30条）が選任している者でもよい。

　また、逮捕した被疑者から弁護人選任の申出があった場合には、相手方弁護士又は弁護士会に対してその旨を直ちに通知しなければならない（刑訴209条・211条・216条・78条2項）。

 注目!!

　被疑者国選弁護人制度の対象となる事件（刑訴37条の2第1項）について、司法警察員は、被疑者を逮捕し、弁護人選任権を告知する時に合わせて、

　〇　引き続き勾留を請求された場合において貧困その他の事由により自ら弁護人を選任することができないときは、裁判官に対して弁護人の選任を請求することができる旨（犯捜規130条2項1号）

　〇　裁判官に対して弁護人の選任を請求するには資力申告書を提出しなければならない旨（同項2号）

　〇　その資力が基準額（50万円）以上であるときは、あらかじめ、弁護士会

（刑訴37条の３第２項の規定により31条の２第１項の申出をすべき弁護士会をいう。）に弁護人の選任の申出をしていなければならない旨（同項３号）を教示しなければならない（刑訴203条４項）。

(3) 弁解の機会の付与

逮捕された被疑者に弁解の機会を与えることとした法の目的は、事件判断について専門的な知識をもつ司法警察員に留置するかどうかを検討させるためである。よって、弁解の機会の付与の手続は、留置の要否の判断のために行われるものであり、刑訴法第198条に規定する被疑者の取調べではない。

したがって、弁解の機会においては、犯罪事実の要旨を告げれば十分であり、供述自由権を告げる必要はない。

注目!!

なお、引致された被疑者が泥酔等により意識がない場合であっても、手続の形式的画一性を維持する見地から、被疑者の心身状態に関係なく、引致後に直ちに告知を行うべきである。実務上は、意識が戻ってからもう一度告知し、弁解の機会を付与するのが妥当である。弁解の機会を重ねて与えることを法は禁止しておらず、被疑者の利益となるからである。

注目!!

なお、被疑者の弁解を録取するに当たって、被疑者の供述が犯罪事実の核心に触れる等、弁解の範囲外にわたると認められるときは、弁解録取書に記載することなく、被疑者供述調書を作成しなければならない（犯捜規134条）。

(4) 留置要否の判断

刑訴法は、司法警察員が被逮捕者について留置の要否を判断しなければならないと規定しているだけで（刑訴203条１項）、判断の基準は何も示していない。

犯罪捜査規範第130条第４項は、留置要否の判断基準を、刑訴規則第143条の３に定める逮捕の必要性の判断基準に準ずるものとし、「被疑者の留置の要否を判断するに当たっては、その事案の軽重及び態様並びに逃亡、罪証隠滅、通謀等捜査上の支障の有無並びに被疑者の年齢、境遇、健康その他諸般の状況を考慮しなければならない」と規定している。

留置要否の主な判断基準については、次のとおりである。

ア　逮捕の適法性

(ア)　通常逮捕の場合

○　被疑者に間違いないか。

○　引致は適正に行われたか。

○　任意同行後に逮捕した場合であれば、任意同行が適正に行われたかどうか。

○　いわゆる逮捕状の緊急執行の手続によって逮捕した場合であれば、逮捕に際して被疑事実の要旨等を告知したか。

(イ)　緊急逮捕の場合（→263頁参照）

○　対象犯罪が、死刑又は無期若しくは長期3年以上の懲役・禁錮に当たる罪か。

○　罪を犯したと疑うに足りる十分な理由があるか。

○　その理由は、逮捕時に明らかであったか。

○　急速を要し、裁判官の逮捕状を求めることができなかったことが十分に疎明されているか。

○　上記の理由が被疑者に正しく告げられているか。

(ウ)　現行犯逮捕の場合（→327頁、370頁参照）

○　準現行犯逮捕の場合は、その要件が充足されているか。

○　軽微犯罪の被疑者を逮捕した場合であれば、「犯人の住居若しくは氏名が明らかでない場合」又は「犯人が逃亡するおそれがある場合」という要件を充足しているか。

○　いわゆるたぐり捜査によって現行犯逮捕したのではないか。

イ　逃亡のおそれの有無

○　定まった住居がない。

○　氏名不詳である。

○　身柄引請人がいない。

○　犯行後逃走中であった、あるいは、逮捕時に逃げようとした。

○　犯行明白であるのに、否認したり虚偽の供述をし、改悛の情が認められない。

○　保釈中、執行猶予中、前科前歴がある、余罪がある、常習性がある。

○　悪質、かつ、重大な事件である。

ウ 罪証隠滅のおそれの有無

逃亡のおそれと密接な関係にある。イがあれば、一般的に罪証隠滅のおそれもある。

エ その他

- ○ 未収集の証拠はあるか。
- ○ 未逮捕の共犯者がいるか。
- ○ 被害者・証人・参考人等を威迫又は買収などするおそれがあるか。
- ○ 偽装工作を行うおそれがあるか。
- ○ 自殺のおそれがあるか。
- ○ 高齢者か。
- ○ 持病を抱えているか。
- ○ 妊婦又は乳児を抱えているか。
- ○ 被害者感情はどうか。

⑸ 釈放又は送致手続

弁解の機会を与え、留置の必要がないと司法警察員が判断したときは、直ちに被疑者を釈放しなければならない。

留置要否の判断は、留置前だけではなく、留置した後においても行い、逃亡・罪証隠滅のおそれ等が消滅した場合には、早期に釈放しなければならない。

留置を継続する場合には、被疑者が身体を拘束された時から48時間以内に書類及び証拠物とともに、検察官に送致する手続をとらなければならない。

ただし、送致の手続をすればよく、その時間内に被疑者の身柄が検察官の手元に到着することは必要でない。

また、やむを得ない事情によって48時間以内に送致の手続をとることができなかったときは、その旨を遅延事由報告書によって疎明し、被疑者の身柄を検察官に送致すればよい（刑訴206条・203条）。

しかし、やむを得ない事由がないのに、48時間以内に送致の手続をしなかったときは、直ちに被疑者を釈放しなければならない（刑訴203条5項）。

 注目!!

逮捕状に、引致すべき場所の記載は要求されているが、被疑者をどこに留置するのか、刑訴法に留置場所についての定めは特にない。

被疑者を引致した場合において必要があるときは、これを刑事施設に留置することができる旨の定めがあるのみである（刑訴209条、75条）。

また、被疑者の留置場所についての裁判官の審査は勾留の際になされる（刑訴207条１項）ので、逮捕して被疑者を引致した後、どこを留置場所とするかは捜査機関の裁量である。

4　接見交通権と接見指定

⑴　接見交通権

身体の拘束を受けている（逮捕、勾留に限らず、刑事手続によって身体の拘束を受ける場合全てをいう。）被疑者は、「弁護人」又は「弁護人を選任することができる者の依頼により弁護人となろうとする者」と、立会人なくして接見し、又は書類・物の授受をすることができる（刑訴39条１項）。

 注目!!

他方、任意取調べ中の被疑者に対し、弁護人が面会を申し出た場合は、被疑者に取り次ぎ、被疑者が希望すれば、直ちに取調べを中断して、面会する機会を与えなければならない。

⑵　接見交通権の制限

ア　法令による制限

法令（規則を含む。）で、被疑者の逃亡、罪証の隠滅又は戒護に支障のある物の授受を防ぐため必要な措置を規定することができる（刑訴39条２項）。

イ　接見指定

司法警察職員等は、

○　「捜査のため必要があるとき」は、

○　「公訴の提起前」に限り、

○　被疑者の「防御を不当に制限しない範囲」で、

弁護人等と被疑者との接見等に関し、その日時・場所・時間を指定できる（刑訴39条３項）。

「捜査のため必要があるとき」とは、判例（最大判平11.3.24）によれば、「接見等を認めると取調べの中断等により捜査に顕著な支障が生ずる

場合に限られ」とされており、接見等の日時等の指定をする場合には、「捜査機関は、弁護人等と協議してできる限り速やかな接見等のための日時等を指定し、被疑者が弁護人等と防御の準備をすることができるような措置を採らなければならない」としている。

　また、同判例では、捜査に顕著な支障が生ずる場合について、弁護人等から接見の申出を受けたときに、

- ○　現に被疑者を取調べ中である場合や、実況見分、検証等に立ち会わせている

- ○　間近い時に取調べ等をする確実な予定がある（弁護人等の申出に沿った接見等を認めたのでは、取調べ等が予定どおりに開始できなくなるおそれがある。）

場合等がある旨、判示している。

 注目!!

　判例（最判平12.6.13）は、逮捕直後における弁護人となろうとする者との初回接見は、たとえ比較的短時間であっても、速やかにその機会を与えるべきであるとしている（もっとも、初回接見の重要性を考慮すべきとはいえ、捜査に顕著な支障が生じる場合に、原則として接見指定ができるという前記最大判（平11.3.24）の判断自体を変更したものではない。）。

4歳児の供述を疎明資料とした通常逮捕状請求の可否

警察官が、空き巣の発生現場（A宅）に臨場したところ、満4歳の男の子（Aの長男）が「甲おじちゃんが来て、お母さんに頼まれたと言ってお母さんの赤い財布を持っていった。そのとき、お菓子を僕にくれた」という供述をした。「甲おじちゃん」とは、Aの親族で、4歳児とも面識がある。また、盗まれた財布は、4歳児が言うとおり、Aの妻が所有する赤い財布であり、さらに、近所のコンビニに聞き込みをした結果、最寄りの人着の男性が4歳児にあげたお菓子と同じものを購入している事実がわかった。この場合、4歳児の供述を根拠として、通常逮捕状の請求ができるか。

1　結　論
　　できる。

2　関係法令
　　刑訴法第199条（逮捕状による逮捕要件）第1項

3　事例検討
　○　通常逮捕状を請求するためには、その被疑者が特定の罪を犯したと疑
　　うに足りる相当の理由を疎明し、その資料を裁判官に提出しなければな
　　らない。
　○　この場合の資料は、証拠能力があるかどうかの制限を受けない。
　○　よって、証拠法上、証拠と認められない伝聞証拠であっても、通常逮
　　捕状請求のときの疎明資料とすることができる。
　○　したがって、犯行を目撃した者が幼児であっても、その供述を疎明資
　　料とすることもできる。しかし、幼児の証言を疎明資料とする場合には、
　　幼児の判断力、理解力、供述の真実性等について、慎重に検討しなけれ
　　ばならない。
　○　事例の場合、
　　　・　甲と面識があり、人違いのおそれがないこと
　　　・　お菓子の購入の事実の裏付けがあること
　　　・　赤い財布が盗まれたという供述に整合性があること
　　などから、幼児の供述は信頼できるものと認められる。
　○　なお、過去の判例においても、満5歳11か月（名古屋高判昭35.5.25）、
　　満3歳8か月（東京地判昭48.11.14）、満8歳（東京高判平10.7.16）
　　について、幼児の証言を証拠として採用された例がある。
　○　以上のことから、事例の場合、4歳の幼児の供述を疎明資料とし、通
　　常逮捕状を請求することができる。

体格、通称名等による通常逮捕状請求の可否

警察官が、傷害事件の発生現場（Aスナック）に臨場したところ、スナックの店員が「被疑者は常連のお客さんで、自称「時田」と名乗ったので、店員は「ときたさん」と呼び、一緒にきた仲間からも「ときちゃん」と呼ばれていた。身長は170センチくらい、中肉、髪の毛は角刈りで、左耳の耳たぶが欠損しており、左手の甲に「竜」の青い入れ墨がある」と供述した。この場合、時田なる者の住所等はわからないが、この程度の特定で通常逮捕状を請求することができるか。

傷害事件の発生現場であるスナックの店員が「常連客が犯人である」と証言した

店員の証言により、住所、氏名等はわからないが、人物はある程度特定できた

1　結　論
　　できる。

2　関係法令
　　刑訴法第199条（逮捕状による逮捕要件）第1項
　　刑訴法第200条第2項・第64条第2項・第3項
　　刑訴規則第142条第2項

3　事例検討
　○　逮捕状には、原則として、被疑者の氏名と住所が記載されていなければならない。ただし、刑訴法第200条第2項・第64条第2項・第3項及び刑訴規則第142条第2項には、被疑者の氏名が明らかでない場合には、人相、体格、その他被疑者を特定するに足りる事項が記載されていればよく、被疑者の住居が不明である場合には、住所の記載を省略することができる旨が規定されている。
　○　この被疑者の特定については、

> 氏名不詳の男、年齢25、6歳、身長167.8センチ、太っていて丸顔、色浅黒、髪短く、七三に分け、薄いサングラスをかけ、黒皮ジャンパーを着たNの友達、職業、住所不詳

　　と記載した逮捕状により逮捕した恐喝事件の被疑者の勾留請求が、「被疑者の特定がされていない」ことを理由に却下されている（東京地命昭48.3.2）。
　○　これに対し、

> 通称井野上某、5尺5、6寸くらい、慎太郎刈り、22、3歳

　　と被疑者を特定した逮捕状の効力については、「被疑者を特定するに足りる」と判示している（東京高判昭38.4.18）。
　○　以上のことから、被疑者の氏名が判明しない場合の被疑者の特定については、被疑者の年齢、体格、服装だけでは足らず、通称名、身体障害、入れ墨など、他者と明らかに区別できる特徴の記載がなければならないことになる。
　○　事例の場合、体格等のほかに、通称名（ときた）、身体障害（耳たぶ欠損）、入れ墨（左手甲）等、の明確な特徴があることから、被疑者を特定する身体特徴の情報に信頼性があり、またその内容も十分であると認められる。
　○　よって、事例の場合、入手した情報をもとに、通常逮捕状の請求をすることができる。

空き巣の被害品が入質された事実のみによる通常逮捕状請求の可否

　管内の質屋において、空き巣の被害品が入質されたとの通報があった。さっそく捜査員が臨場して捜査したところ、入質した者は会社員甲であり、入質した日は、被害発生から数日後であることが判明した。しかし、その他に、指紋、ＤＮＡ、防犯カメラ映像等の資料はない。この場合、以上の事実だけで、通常逮捕状の請求ができるか。

1　結　論
　　できない。

2　関係法令
　　刑訴法第199条（逮捕状による逮捕要件）第1項

3　事例検討
　○　「罪を犯したと疑うに足りる相当な理由」の「罪」とは、警察官職務執行法第2条第1項（質問）にいう「何らかの犯罪」では足らず、特定の犯罪構成要件を充足する行為でなければならない。
　○　「罪を犯したと疑うに足りる相当な理由」の「相当な理由」とは、
　　　・　有罪判決を得るまでの高度な嫌疑である必要はない
　　　・　緊急逮捕の理由となる「十分な理由」より低い嫌疑でよい
　　とされている。しかし、その疑いの程度は、「犯人である可能性がある」というだけでは足らず、特定の者が特定の罪を犯したと認めるだけの客観的・合理的な根拠が必要であり、いわゆる「刑事のカン」や「警察官の直感」だけでは通常逮捕することはできない。
　○　事例の場合、甲が、犯罪の被害品を入質したという事実だけしかなく、窃盗を行ったという客観的・合理的な根拠がないから、窃盗の被疑事実で通常逮捕状の請求を行うことはできない。
　○　よって、通常逮捕状を請求するためには、甲の前科、前歴、経済状況、犯行に及ぶ動機、その他の資料を収集し、甲が窃盗を行ったとする「相当な理由」を明らかにするとともに、甲が逃亡又は罪証隠滅を行うおそれがあることを疎明し、逮捕の必要を明確にしなければならない。

2件の常習賭博罪の期間内に別件の常習賭博が判明した場合、再逮捕することができるか

> 甲は、1月1日と3月1日に行った常習賭博罪で逮捕され、起訴された。その後、2月1日にも常習賭博を行っていることが判明した。
> この場合、
> ① まだ有罪は確定しておらず、甲が保釈中に2月1日の常習賭博の犯行が発覚した場合には、再逮捕ができるか。
> ② 有罪が確定し、刑を終え、刑務所から出所した後に、2月1日の常習賭博罪の罪で再逮捕ができるか。

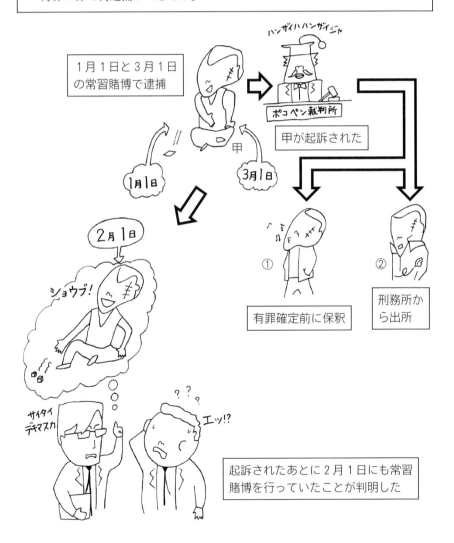

1　結　論
　　①②ともできない。

2　関係法令
　　刑訴法第199条（逮捕状による逮捕要件）第2項

3　「一罪一逮捕の原則」の意義
　　○　逮捕については、一罪一逮捕の原則がある。これは、同一の犯罪事実
　　で再逮捕する場合には、
　　　　・　新たな重要な証拠を発見した場合
　　　　・　新たに逃亡・罪証隠滅のおそれが生じた場合
　　などの特別な事情があるときに限られるという趣旨である。
　　○　一罪一逮捕の原則が守られているのは、もし仮に、同一の犯罪事実で
　　何度でも逮捕することを許したとすると、逮捕留置の時間が捜査機関の
　　自由裁量となり、逮捕留置の時間を厳格に規定した法の意味がなくなる
　　からである。

4　事例検討
　　○　常習犯罪は、その行為が数回にわたって行われた場合であっても、包
　　括して一つの常習犯を構成し、複数の常習犯罪の併合罪にはならない
　　（最判昭26.4.10）。
　　○　事例の場合のように、1月1日、2月1日、3月1日の賭博行為は、
　　包括して、常習賭博罪を構成する。
　　○　したがって、公訴提起後の保釈中の被告人が保釈前に行った犯罪行為
　　については、一罪一逮捕の原則から、再逮捕することはできない。
　　○　ただし、甲が保釈された後に、新たに賭博行為を行った場合について
　　は、一罪一逮捕の原則が適用されないから、再逮捕できる。
　　○　また、包括一罪を構成する一部の事実について確定判決があった場合
　　には、その確定判決の既判力は、包括一罪を構成する他の事実にも及ぶ
　　（一事不再理の原則・憲39条後段）。
　　○　②の場合、1月1日と3月1日の常習賭博行為について確定判決があっ
　　た以上、その間に行われた2月1日の賭博行為については訴追すること
　　ができないから、通常逮捕状の請求をすることはできず、仮に請求をし
　　たとしても逮捕状は発付されない。
　　○　ただし、新たに発覚した賭博行為が、3月1日以降に行われたもので
　　あれば、違う犯罪として訴追することができることから、通常逮捕状の
　　請求をすることができる。

228

常習賭博罪で起訴後に、新たに行った常習賭博を再逮捕できるか

　甲は、1月1日と3月1日に行った常習賭博罪で4月1日に逮捕され、起訴された後に保釈された。その後、甲は、5月1日に賭博行為を行っていることがわかった。この場合、甲を再逮捕ができるか。

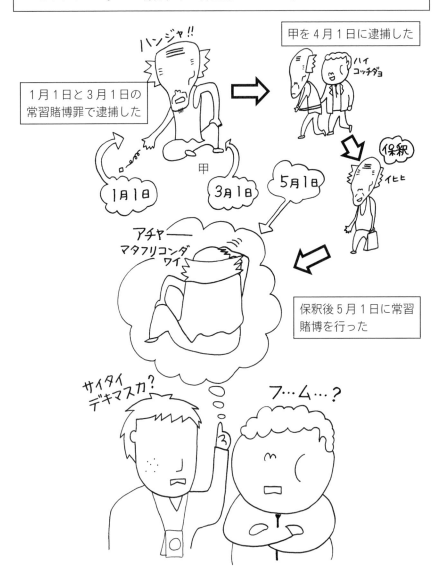

1　結　論
　　できる。

2　関係法令
　　刑訴法第199条（逮捕状による逮捕要件）第2項

3　事例検討
　○　常習賭博罪は、反復した賭博行為が構成要件となっている。よって、反復して行われた数個の賭博行為は、包括して一罪を形成することになる（最判昭26.4.10）。
　○　この場合、一罪一逮捕の原則を受ける犯罪行為の範囲は、捜査機関が常習犯を逮捕したときまでに行われた、被逮捕者が行った常習行為の全てに及ぶと解されている。
　○　したがって、1月1日と3月1日の常習賭博の犯罪事実により、4月1日に被疑者を逮捕した後に、新たに2月1日に常習賭博行為を行っていたことが明らかになったとしても、一罪一逮捕の原則により、再逮捕することはできない。
　○　しかし、事例の場合のように、4月1日の逮捕後に、新たに常習賭博行為を行った場合、4月1日の逮捕時に、5月1日に行われた賭博行為について捜査することは不可能であるから、こういった場合には一罪一逮捕の原則は適用されない。
　○　よって、この場合については、甲が行った保釈後の賭博行為について、改めて逮捕できると解される。

不起訴処分後に有力な新証拠を発見した場合、再逮捕することができるか

放火で逮捕された被疑者甲が犯行を自供し、検察官に送致したが、その後、一転して犯行を否認し、有力な証拠がなかったことから、検察官が不起訴処分とした。その後、新たな目撃者Aが現れ、その目撃者は、被疑者甲が放火をし、自宅に入るまでの様子を携帯の動画で鮮明に撮影していることがわかった。このAは、甲の近所に住む男性で、捜査員が聞き込みをして事情を聴取した際、一切、事件のことは知らない旨を供述していたが、その後、翻意し、捜査に協力する決意をし、自ら捜査機関に撮影した動画を持って警察署の捜査員に申し出たものである。このように、検察官が不起訴処分にした後に有力な証拠が発見された場合、捜査機関は、同一事実で再逮捕することができるか。

放火で逮捕したが証拠不十分で不起訴となる

その後、犯行を決定づける新証拠が出た

犯行場所の近所に住むA

1　結　論
　　できる。

2　関係法令
　　刑訴法第199条（逮捕状による逮捕要件）第3項
　　刑訴規則第142条第1項第8号

3　関係判例
　　刑訴法第199条第3項は、公共の福祉と人権の保障の調和を図るために
　設けられた規定であり、同一の犯罪事実について、前に逮捕状の請求又は
　その発付があっても逮捕状の請求を認め、この場合には、その旨を裁判所
　に通知させることによって、裁判官に、その逮捕状の請求並びに逮捕に引
　き続き行われる勾留請求が、不当な反復になるかどうかを検討のうえ、慎
　重に請求を審査させることにしていると解するのが相当である（東京地決
　昭33.2.22）。

4　事例検討
　○　刑訴法第199条第3項の規定は、同一事実について、重ねて逮捕され
　　る場合の手続について定めた規定であり、法上は、同一の事実について、
　　再逮捕できる旨が規定されている。
　○　ただし、逮捕後に釈放された被疑者を、同一の事実で逮捕する場合に
　　は、再逮捕する特別な事情がない限り許されない（一罪一逮捕の原則）。
　○　事例の場合、先の逮捕・勾留の際には、甲を起訴するだけの有力な証
　　拠がなかったが、その後、甲の犯行を裏付ける有力な証拠を入手したも
　　のであることから、甲を再逮捕することは可能である。
　○　ただし、新たに入手した証拠が、先の逮捕、勾留の際に、捜査を尽く
　　していれば入手することができた証拠ではなく（いわゆる捜査懈怠でな
　　いことが必要）、釈放後に特別な事情変更によって入手したものである
　　ことを疎明しなければ、先の逮捕・勾留時の捜査に懈怠や落ち度があっ
　　たとして、逮捕状の請求を却下されるおそれがある。
　○　そのため、被疑者を再逮捕するためには、釈放後に事情変更が生じた
　　経緯を合理的に説明する疎明資料を準備する必要がある。
　○　また、不起訴処分（嫌疑不十分）になった事件を再起訴できるかどう
　　かについては、判例は、「検察官が一旦不起訴にした犯罪を後日起訴し
　　ても、その公訴提起は一事不再理の原則（憲39条）に何ら違反しない
　　（最判昭32.5.24）」旨、判示している。
　○　以上のことから、釈放後の特別な事情を裁判官に疎明することにより、
　　逮捕状を請求することができる。

傷害致死罪で実刑判決が確定した後に殺人罪で再逮捕することができるか

Aがホームから転落するという過失致死罪が発生し、被疑者甲を同罪で送致した結果、執行猶予付きの実刑判決が確定した。その後、新事実が発覚し、本件事件は過失ではなく計画的な殺人であることが判明した。この場合、甲を殺人罪で再逮捕できるか。

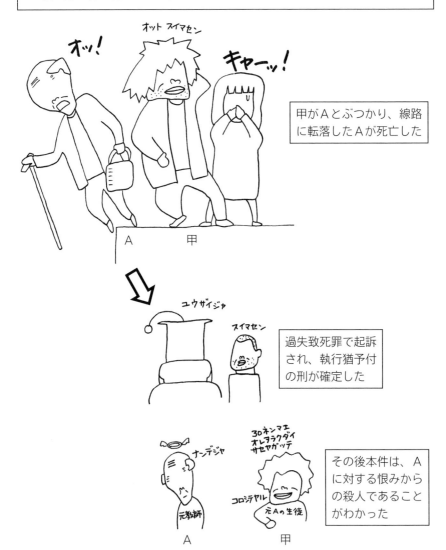

甲がAとぶつかり、線路に転落したAが死亡した

過失致死罪で起訴され、執行猶予付の刑が確定した

その後本件は、Aに対する恨みからの殺人であることがわかった

1　結　論
　　できない。

2　関係法令
　　刑訴法第199条（逮捕状による逮捕要件）第3項
　　刑訴規則第142条第1項第8号

3　事例検討
　○　憲法第39条には、二重処罰の禁止が規定されており、「同一の事件」
　　について再び公訴を提起されることはない旨が定められている。
　○　この場合の「同一の事件」とは、
　　　①　被告人の同一性（人物が同一であること）
　　　②　犯罪事実の同一性（事件が同じであること）
　　をいう。
　○　犯罪事実の同一性とは、判例（東京高判昭29.2.15、最判昭29.5.14、
　　高松高判昭26.7.30）によると、重要な事実関係が同一であること（基
　　本的事実同一説）をいうとされている。
　○　事例の場合、日時、場所、手段、方法等が全て同一であり、異なると
　　ころは主観的要件である犯意のみであるから、過失致死罪と殺人罪は同
　　一である。よって、殺人罪で逮捕することはできないと解される。
　○　ただし、仮に保険金詐欺目的の殺人であった場合、保険金詐欺につい
　　ては別個の犯罪であり、傷害致死罪との同一性がないことから、確定判
　　決の既判力（一事不再理の原則）は及ばない。よって、別罪である保険
　　金詐欺については、逮捕状を請求し、勾留することができる。

犯行場所を特定しないで通常逮捕状を請求することの可否

管内の繁華街において、Ａ女が酒に酔って帰宅途中、介抱をしていた友人の甲が発情し、Ａ女を路地裏に連れ込み、Ａ女の身体を触ったり、自己の陰部をこすり付けるなどの強制わいせつ行為を行った。犯行直後、Ａ女が警察署に出頭し、犯人が甲であることを訴えた。捜査員らは、街頭の防犯カメラ映像、甲の前歴、Ａ女の供述内容、目撃証言等から甲の犯行を特定し、通常逮捕の必要性も認めたが、犯行場所については、Ａ女が酔っていたこともあり、全く特定ができない状況であった。この場合、犯行の場所を特定しないまま、通常逮捕状の請求ができるか。

1　結　論
　　できる。

2　関係法令
　　刑訴法第200条（逮捕状の方式）第1項

3　事例検討
　　○　逮捕状請求書に記載する被疑事実の要旨については、逮捕の起訴となる罪を特定し、令状に正確に記載するべきである。しかし、その程度は、厳格な被疑事実の記載を求めるものではなく、捜査の初期の段階であることから、ある程度の不明確さはやむを得ないと解されている。

　　○　この点に関しては、検察官が記載する起訴状の公訴事実であっても、「訴因を明示するには、できる限り日時、場所及び方法を以て罪となるべき事実を特定してこれをしなければならない」と規定（刑訴256条3項）され、起訴状であっても、概括的、不確定な記載を許容している。

　　○　事例の場合、被疑者甲の犯行は明白であり、被疑者及び犯罪行為も特定されており、不明な点は犯行場所だけであるから、「○○区○○市内の番地等不明の路地裏において……」と記載し、通常逮捕状の請求をすることができる。

　　○　なお、覚醒剤事件の起訴状に関し、判例は、「……○県○郡内ないし○県○市内において、覚醒剤を自己の体内に注射し、……」と記載された起訴状に対し、この程度の日時・場所の記載であっても、訴因の特定に欠けるところはないと判示している（東京高判昭55.2.28）。

10回以上の出頭要請にも応じない場合の通常逮捕の可否

傷害事件が発生したが、被害者Aの傷害は全治一週間程度の軽微であった。事件発生当時、被疑者甲は反省の態度を示し、定まった住居をもっていたことから、任意捜査により事件送致することとし、被疑者甲については帰宅させた。その後、捜査員が取調べのため、10回以上にわたって呼出しをしたが、「仕事が忙しいからおまわりの相手なんかしてられない」「出頭してほしければ逮捕状を持ってこい」などと言って出頭に応じなかった。この場合、甲を逮捕することができるか。

傷害事件が発生したが任意捜査をすることとした

その後、何度も呼び出したが甲は出頭しなかった

1　結　論
　　逃亡又は罪証隠滅のおそれがあれば、逮捕することができる。

2　関係法令
　　刑訴法第199条（逮捕状による逮捕要件）

3　事例検討
　　○　刑訴法第199条のただし書については、
　　　　①　被疑者が定まった住居を有しないか又は正当な理由がなく出頭し
　　　　　ない場合には、逃亡又は罪証隠滅のおそれという「逮捕の必要性」
　　　　　がなくても逮捕することができる
　　　　②　逃亡又は罪証隠滅のおそれという逮捕の必要性だけでは、逮捕で
　　　　　きず、それに加えて住居不定又は正当な理由のない不出頭という事
　　　　　由があるときにはじめて逮捕できる
　　　という二つの説がある。
　　○　実務上は②説による。したがって、いわゆる軽微犯罪の被疑者を通常
　　　逮捕する場合については、逮捕の必要性（逃亡又は罪証隠滅のおそれ）
　　　だけでは逮捕できず、それに加え、住居不定又は正当な理由がなく出頭
　　　しないという理由がなければならない。
　　○　したがって、
　　　　①　軽微犯罪以外の罪を逮捕する場合
　　　　　逃亡又は罪証隠滅のおそれ
　　　　②　軽微犯罪を逮捕する場合
　　　　　逃亡又は罪証隠滅のおそれ＋住居不定又は正当な理由がなく出頭
　　　　しない
　　　が要件となる。
　　○　事例の犯罪事実は、傷害罪（刑204条）の刑は15年以下の懲役又は50
　　　万円以下の罰金であり、いわゆる軽微犯罪ではない。
　　　　甲を通常逮捕するためには、
　　　　A　逃亡
　　　　B　罪証隠滅
　　　のいずれかが必要となり、ただ単に「正当な理由がなく出頭しない」こ
　　　とだけを理由に逮捕を請求することはできない。
　　○　しかし、正当な理由がなく出頭に応じないことにより、逃亡又は罪証
　　　隠滅のおそれがあると認められる場合には、AあるいはBの要件を充足
　　　することになるから、通常逮捕することも可能となる。
　　○　事例の場合、被疑者甲は、正当な理由なく出頭に応じず、出頭拒否も
　　　10回以上に及ぶなどのことから、社会通念上、このような場合には、逃
　　　亡又は罪証隠滅のおそれがあると認められる。よって、甲を通常逮捕す
　　　ることは可能である。
　　○　実務上、一般的には、正当な理由なく4から5回以上の要求に応じな
　　　い状況があれば、逃亡のおそれがあるとし、逮捕の必要性を認定してい
　　　る。
　　○　ただし、逮捕の必要性の認定については、出頭要求の回数だけに限ら
　　　れることなく、被疑者の前歴、犯行の悪質性、定住状況、職業、性格、
　　　再犯性等を検討し、慎重に判断しなければならない。

別警察署で勾留中の被疑者に対する逮捕状の請求方法

A警察署の管内で発生した強盗事件の被疑者甲に対する通常逮捕状を請求しようとしたところ、甲は、別事件の傷害事件でB警察署で現行犯逮捕され、現在は勾留中であることが判明した。この場合、A警察署の警察官が強盗事件の犯罪事実で通常逮捕状を請求する際、B警察署において傷害罪で逮捕されていることと、強盗罪の犯罪事実を記載したうえで逮捕状を請求しなければならないか。

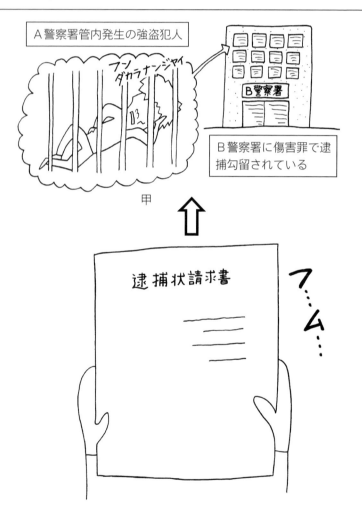

A警察署管内発生の強盗犯人

フンダカラナンジャイ

B警察署

B警察署に傷害罪で逮捕勾留されている

甲

逮捕状請求書

フ…ム…

1　結　論
記載しなければならない。

2　関係法令
○　刑訴法第199条（逮捕状による逮捕要件）第3項
○　刑訴規則第142条第1項第8号（逮捕状請求書の記載要件）

3　事例検討
○　刑訴法第199条及び刑訴規則第142条第1項第8号の規定は、同一の犯罪事実について、逮捕と釈放を繰り返したり、あるいは、数個の犯罪事実について一回の逮捕で捜査をすることが可能であるにもかかわらず逮捕を繰り返し、被疑者を不当に長く勾留することを防ぐために設けられた規定である。
○　この趣旨からすると、現に身柄拘束中の甲が現行犯逮捕であるため過去において逮捕状を発付されたことがない場合であっても、逮捕の不当な蒸し返しではないことを疎明するため、その旨を記載しておくべきである。
○　なお、刑訴規則に定める「現に捜査中である他の犯罪事実」とは、自署で現に捜査している他の犯罪事実だけをいうのではなく、他署あるいは他の捜査機関が現に捜査している犯罪事実も含まれると解されている。
○　よって、事例の場合、B警察署に傷害で逮捕されている旨及び強盗の犯罪事実について記載しなければならない。

窃盗罪で通逮後、盗品等処分あっせん罪であることが判明した場合の措置

　窃盗罪の犯罪事実で被疑者甲の通常逮捕状の発付を得て、同日、被疑者甲を通常逮捕し、取調べを実施した。その結果、甲は窃盗の被疑者ではなく、窃盗被疑者乙から盗品（高級カメラ）を渡されて「これを質入れして金に換えてくれ」と依頼され、断り切れずに当該カメラが盗品と知りながら質入れしたもので、甲の犯した犯罪は盗品等処分あっせん罪であることが判明した。この場合、改めて盗品等処分あっせん罪の逮捕状の発付を得る必要があるか。

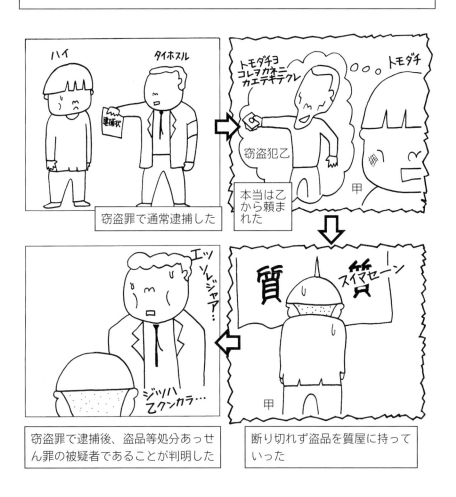

窃盗罪で通常逮捕した

トモダチヨ コレヲカネニカエテキテクレ
窃盗犯乙
本当は乙から頼まれた
○○○ トモダチ
甲

質 スイマセーン
甲

窃盗罪で逮捕後、盗品等処分あっせん罪の被疑者であることが判明した

エッソレジャア…
ジツハ乙クンカラ…

断り切れず盗品を質屋に持っていった

1　結　論

　必要ない。

2　関係法令

　刑訴法第200条（逮捕状の方式）第1項

3　関係判例

　昭和25年10月14日に、静岡県下にある○○ホテルにおいて背広等を窃取したという窃盗と、ぞう物であることを知りながら、同月19日に、東京都内の質屋において質入れをして現金を取得した行為（盗品等処分あっせん罪）とは、同一性の範囲内に属する（最判昭29.5.14）。

4　事例検討

　○　逮捕状に記載された犯罪事実と逮捕後の捜査によって判明した犯罪事実が異なる場合の判断基準については、通説・判例は「基本的事実同一説」をとっている。「基本的事実同一説」とは、逮捕状に記載された犯罪事実と実際に行われた犯罪行為が完全に一致していなくても、基本的な事実が同一であれば、事実の同一性を認めるというものである（最判昭29.5.14）。

　○　事例の場合、

　　　・　窃盗の被害品のカメラを入質したものであること

　　　・　窃盗と盗品等処分あっせんは、罪質上、密接な関係があること

　　　・　両罪の犯行の日時、地理的関係等が近接していること

　などからすれば、本件窃盗と盗品等処分あっせんとは、基本的事実関係が同じであり、上記判例からも、犯罪事実の同一性の範囲内にあると考えられる。

　○　よって、改めて盗品等あっせん罪の通常逮捕状を請求する必要はなく、そのまま甲を留置し、盗品等あっせん罪の被疑事実により検察官に送致することができる。

抵抗する被疑者に逮捕状を提示せずに逮捕した場合の措置

傷害事件の被疑者甲の逮捕状の発付を得て所在を捜査中、A飲食店にいるという情報が入ったことから、直ちに現場に急行し、店内に入った。すると甲が警察官の姿を見るや脱兎のごとく逃走したことから、警察官がこれを追跡し、A店から数メートル離れた地点で追い付いて腕をつかんだ。しかし甲は、警察官に激しく抵抗したため、警察官はやむを得ず逮捕状を示さないまま手錠をかけて甲を逮捕した。その後、周囲に人だかりができて現場が騒然としたことから、近くに駐車していた警察車両まで連行し、車内において逮捕状を提示した。この警察官の行為は、適法か。

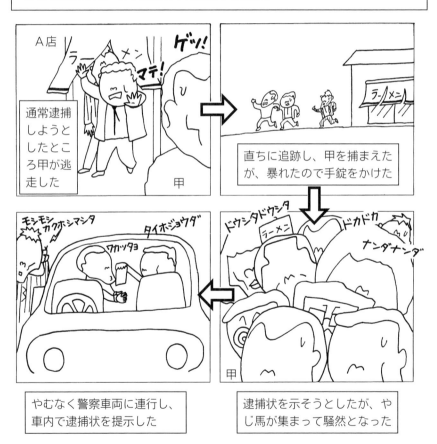

1　結　論
　適法である。

2　関係法令
　刑訴法第201条（逮捕状による逮捕の手続）

3　関係判例
　被疑者が逃走を企て、警察官に激しく抵抗するなどして逮捕時に逮捕状を示す機会がなく、被疑者においても逮捕状を見る余裕もなく、かつ、被疑者が逮捕容疑を知っていると認められる場合には、逮捕に近接した時点で、逮捕現場とほぼ同一場所と目される場所で逮捕状を示しても「逮捕するに当たり逮捕状を示した」といえる（東京高判昭60.3.19）。

4　事例検討
　○　刑訴法第201条に定める逮捕状の提示は、逮捕に着手する前に行うのが原則である。この逮捕状の提示は、憲法の直接の規定に基づくものではないが、憲法第33条、第34条の趣旨を徹底するために法律に規定されたものである。
　○　ただし、上記判例のとおり、逮捕状の提示をしていたのでは被疑者が逃走するなどの特別な事情がある場合については、例外的な措置として、被疑者に逮捕状を提示することなく逮捕し、その後、直ちに逮捕状を提示したとしても、当該逮捕手続は違法ではないと解されている。
　○　事例の場合、被疑者甲が、警察官の姿を見るやいきなり逃走し、逮捕する際にも激しく抵抗するなどの状況があり、さらに、周囲に人が集まるなど被疑者奪還のおそれもあったことから、逮捕状の提示をしないまま警察車両まで連行し、車内で直ちに逮捕状の提示をしたという状況である。
　○　したがって、警察官の行為は、他に方法がないやむを得ない措置であることから、適法である。

逮捕行為を妨害しようとした友人を一時的に拘束する行為の可否

傷害事件の被疑者甲の逮捕状の発付を得て所在を捜査中、A飲食店にいるという情報が入ったことから、直ちに現場に急行し、店内に入った。すると、甲とその友人である乙がいたことから、警察官は甲に逮捕状を提示し、甲を逮捕しようとしたところ、乙が「てめえ、何しやがる」と激高し、警察官につかみかかるなどして逮捕行為を妨害しようとした。このため、警察官が乙の前に立ちはだかり、甲の逮捕が完了するまでの間、乙の身体を壁に押し付けるなどして自由を拘束した。警察官が乙の身体を拘束した行為は、適法か。

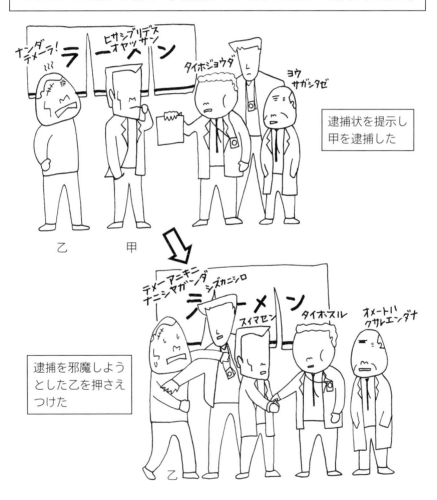

逮捕状を提示し甲を逮捕した

逮捕を邪魔しようとした乙を押さえつけた

1　結　論
　適法である。

2　関係法令
　刑訴法第201条（逮捕状による逮捕の手続）

3　関係判例
　○　第三者によって被疑者に対する逮捕状の執行が妨害されるおそれがあり、特に、逮捕状の執行に従事する捜査官の生命・身体に危害が加えられるおそれがある場合には、緊急やむを得ない措置として、相当な方法により、一時的に第三者の自由を制限することができると解するのが相当である（東京高判昭53.5.31）。
　○　公務執行妨害罪で現行犯逮捕する際に、妨害しようとした者を制止し、なおも暴行を働こうとするその者の体を抱えて歩道上まで連行した行為は、社会通念上、逮捕のために必要かつ相当な実力の行使であるから、その行為によって、約1週間の負傷をしたとしても、警察官に責任があるとはいえない（東京地判平8.3.29）。

4　事例検討
　○　事例の場合、甲を逮捕しようとしたところ、乙が警察官につかみかかるなどして逮捕行為を妨害しようとしたのであるから、上記判例からして、甲を逮捕するまでの間、必要最小限度の実力を行使して乙を拘束する行為は適法である。
　○　なお、乙の行為が、公務執行妨害罪（刑95条）、被拘禁者奪取罪（刑99条）、逃走援助罪（刑100条）が成立する場合には、当然に逮捕できるが、乙の行為がそれらの別罪を構成するまでに至らない軽微なものである場合については、被疑者甲に対する逮捕に伴う実力行使よりもはるかに軽度なものでなければならないことは当然である。

逮捕・同行中の車両から逃走した被疑者を発見した場合の措置

路上において、傷害事件の被疑者甲を通常逮捕し、両手錠をかけ、警察車両に乗せて警察署まで同行を開始した。その途中、甲が車のドアを開け、手錠をかけられたまま逃走した。直ちに警察官らが追跡したが見失ったため、緊急配備をかけて検索を開始したところ、甲が逃走してから約20分後、逃走場所から約１キロ離れた路上で甲を発見した。この場合、甲を逮捕状の効力により、身柄拘束ができるか。

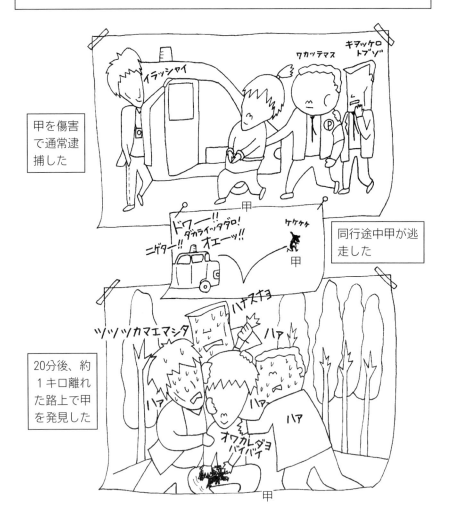

1　結　論
　　できない。

2　関係法令
　　刑訴法第201条（逮捕状による逮捕の手続）

3　「逮捕状一回性の原則」とは
　○　逮捕状の効力については、
　　　①　逮捕行為を完了した時点で効力を失う
　　　②　引致が終わった時点で効力を失う
　　　③　検察官に送致の手続をとった時点で効力を失う
　　の3説のうち、①が通説である。実務上も①によって運用されている。
　○　逮捕状一回性の原則
　　　「逮捕状一回性の原則」とは、同一逮捕状による逮捕は1回だけ許される。
れるということである。
　　　したがって、逮捕に着手したが、逮捕を完了しなかった場合については、同一逮捕状で逮捕することができる。
　　　しかし、逮捕が完了した場合には、逮捕した直後に逃走した場合であっても、同一の逮捕状で逮捕することはできない。

4　事例検討
　○　事例の場合、甲の身柄は完全に制圧され、手錠をかけられ、警察車両によって警察署に同行されていたのであるから、逮捕行為は完了している。したがって、同一の逮捕状で再び逮捕することはできない。
　○　また、甲が逮捕後に逃走した行為については、単純逃走罪（刑97条）、加重逃走罪（刑98条）が成立しないことから、甲を現行犯逮捕することはできない。
　○　事例の場合、甲を再び逮捕するためには、
　　　①　通常逮捕する
　　　　　同一被疑事実の逮捕状をとり、通常逮捕する
　　　②　緊急逮捕する
　　　　　同一被疑事実により、緊急逮捕する
　　ことになる。

逃走した逮捕被疑者を追跡して取り押さえた場合の措置

路上において、傷害事件の被疑者甲を通常逮捕し、両手錠をかけ、警察車両に乗せて警察署に同行し、取調室に入れ、両手錠をはずし、椅子に座らせて弁解録取書を録取した後、取調べを開始した。取調べを開始してから1時間が経過したところで、甲が隙をみて取調室から逃走し、階段を駆け下り、署の玄関から路上に走り出した。警察官は直ちに追跡し、甲を見失うことなく追跡し、署から約200メートル離れた地点で警察官に取り押さえられた。この場合、新たに逮捕状を請求し、逮捕状の効力により逮捕する必要があるか。

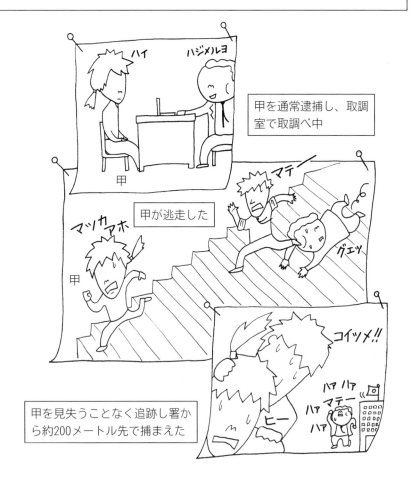

1　結　論
　逮捕状を請求する必要はない。

2　関係法令
　刑訴法第201条（逮捕状による逮捕の手続）

3　「逮捕状一回性の原則」とは
　○　逮捕状の効力については、
　　①　逮捕行為を完了した時点で効力を失う
　　②　引致が終わった時点で効力を失う
　　③　検察官に送致の手続をとった時点で効力を失う
　　の3説のうち、通説は①である。実務上も①によって運用されている。
　○　逮捕と勾留状の効力について
　　①　逮捕状
　　　同一逮捕状による逮捕は、1回だけ許される。
　　　したがって、逮捕留置中の被疑者が逃走し、完全に警察の実力支配
　　から離脱した場合には、当初の逮捕状により逮捕することはできない。
　　②　勾留状
　　　勾留は、一定期間の身柄の拘束が認められていることから、逮捕状
　　とは異なり、その期間であれば、同一の勾留状で何度でも身柄の拘束
　　をすることができる。
　　　したがって、勾留中の被疑者が逃走し、警察の実力支配から完全に
　　離脱した場合であっても、改めて勾留状の発付を得る必要はなく、当
　　初の勾留状の効果により身柄を拘束できる。

4　関係判例
　逃走した被疑者を看守の巡査が直ちに発見追跡し、途中、一、二度姿を
見失ったが、結局、まもなく同所から約六百数十メートル離れた地点で逮
捕した場合、看守者の実力的支配を全く離脱したものということはできな
い（福岡高判昭29.1.12）。

5　事例検討
　○　逮捕留置中の被疑者が逃走し、警察の実力支配を逃れた場合には、当
　　初の被疑事実についての新たな逮捕状を請求するか、又は緊急逮捕をし
　　なければならない。
　○　この場合、逮捕の効力が失われるのは、被疑者が警察の事実上の支配
　　から完全に脱したときである。
　○　したがって、逃走をしても、警察署を出ようとしたところを発見され
　　たとか、路上を逃走していても追跡され追呼されている場合は、いまだ
　　警察の実力支配を完全に脱したとはいえないから、この場合には、逮捕
　　の効力は消滅しておらず、逮捕状の効力により逃走被疑者の身柄を拘束
　　することができる。
　○　事例の場合、逃走直後から警察官が追跡し、一度も失尾することなく
　　警察署から約200メートルの地点で身柄を拘束したのであるから、甲の
　　逃走行為は完了していない。よって、当初の逮捕による身柄拘束の効力
　　は継続していることから、改めて逮捕状を請求する必要はない。

逮捕直後に犯罪事実の要旨を告知する行為の可否

傷害事件の被疑者甲の逮捕状の発付を得て指名手配した。その後、警察官が別事件で聞き込み中、甲がA飲食店にいるという情報が入った。警察官は、逮捕状の緊急執行による逮捕を行うため、直ちに現場に急行し店内に入ったところ、甲が警察官らの姿を見るや脱兎のごとく逃走した。警察官はこれを追跡し、A店から数メートル離れた地点で追い付いて腕をつかんだところ、甲が激しく抵抗したため、やむなく「傷害罪で逮捕状が出ている」と告知して両手錠をかけ、その直後に犯罪事実の要旨を告知した。この警察官らの行為は、適法か。

1　結　論
適法である。

2　関係法令
○　刑訴法第201条（逮捕状による逮捕の手続）
○　刑訴法第73条（勾引状・勾留状の執行手続）第3項

3　関係判例
　被疑者が逃走を企て、警察官に激しく抵抗するなどして逮捕時に逮捕状を示す機会がなく、被疑者においても逮捕状を見る余裕もなく、かつ、被疑者が逮捕容疑を知っていると認められる場合には、逮捕に近接した時点で、逮捕現場とほぼ同一場所と目される場所で逮捕状を示しても「逮捕するに当たり逮捕状を示した」といえる（東京高判昭60.3.19）。

4　事例検討
○　逮捕状が出ているが、所持していないために提示することができない場合、被疑者に対し、被疑事実の要旨と逮捕状が発せられている旨を告知して逮捕することができる。
○　この逮捕状の緊急執行における要件は厳守しなければならない重要な手続であるから、被疑事実等を告知しないで被疑者を逮捕した場合には、違法行為とされ、仮に被疑者が警察官に対し暴行等を行ったとしても、公務執行妨害罪は成立しないこととなる。
○　ただし、通説では、法は不可能を強いるものではないから、告知をしていると被疑者に逃走されるなどの特別な事情がある場合には、告知前に被疑者を逮捕し、逮捕後に告知をすることも許されると解されている。
○　また、上記判例は、通常逮捕における逮捕状の提示についての判例であるが、逮捕状の緊急執行の場合にも当てはまると解されている。
○　事例の場合、甲は、逮捕の際、逃走し、抵抗も激しく、その場で逮捕しなければそのまま逃走するおそれが十分にある状況であり、甲の抵抗の程度並びに警察官の人数等からして、犯罪事実等を告知していたのでは甲に逃走されるおそれが十分に認められる。よって、通説、上記判例からして、警察官の行為は適法であると解される。

逮捕状のコピーを提示して逮捕することの可否

　傷害事件の被疑者甲の逮捕状の発付を得て指名手配をして所在を捜査中、甲がB飲食店かA飲食店のどちらかにいるという情報が入ったことから、警察官が二組に分かれ、一組が逮捕状を持ってB飲食店に行き、もう一組が逮捕状のコピーを持ってA飲食店に行った。その結果、甲は、A飲食店にいたことから、警察官が甲に近づいたところ、甲は気配を察して逃走しようとした。この場合、警察官は甲を逮捕することになるが、逮捕状のコピーを見せて逮捕するべきか。

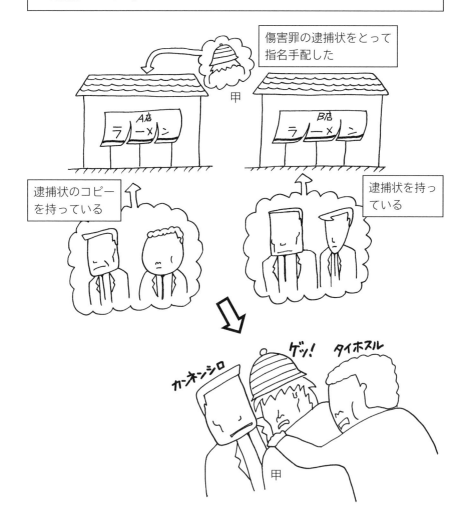

1　結　論
　緊急執行の手続をとるべきである。

2　関係法令
　○　刑訴法第201条（逮捕状による逮捕の手続）
　○　刑訴法第73条（勾引状・勾留状の執行手続）第3項
　○　刑訴規則第146条（数通の逮捕状）

3　事例検討
　○　1通の逮捕状が発付された場合には1通、数通が発付された場合には発付された数の逮捕状だけが原本であり、コピーした逮捕状は何ら効力がない。よって、逮捕状のコピーを甲に示しても、刑訴法第201条に規定されている「逮捕状を示した」ことにはならない。
　○　事例の場合、逮捕状の原本を持たず、被疑者が逃走しようとしていることから、逮捕状を示すことができない状況にあり、かつ、急速を要するときに当たる。
　○　よって、いわゆる緊急執行の手続（刑訴73条）に基づき、犯罪事実の要旨及び令状が発せられている旨を告げて甲を逮捕することになる。

遠隔地で被疑者を警察署へ任意同行し、所属警察署で請求して発付された逮捕状の緊急執行を行うことの可否

管内で発生した詐欺事件を捜査中、犯人は甲であり、遠隔の他県ホテルに宿泊しているという情報を得たことから、甲をホテル近くの他県警察署に任意同行し、取調べ後に逮捕状を請求するという捜査方針を立てた。そして後日、甲を他県最寄り警察署に任意同行し、取調べを行ったところ、甲が犯行を自供したことから、当該捜査員が所属する警察署で逮捕状請求がされ、逮捕状が発付された。この場合、甲の身柄が遠隔地にあるという理由だけで、逮捕状の緊急執行ができるか。

1　結　論

緊急執行せず、逮捕状を取り寄せて執行するべきである。

2　関係法令

○　刑訴法第201条（逮捕状による逮捕の手続）

○　刑訴法第73条（勾引状・勾留状の執行手続）第3項

3　関連判例

指名手配中の被疑者の居所を逮捕前日の夜に確認し、被疑者が同棲中の愛人方から出てきたところを逮捕する方針で、逮捕当日の午前2時頃から張込みを始め、同日午前7時30分頃に同人方の玄関を叩くなどして被疑者に出てくるように促し、午前8時10分、同人の承諾を得て室内に入り、被疑者に任意同行を求め、午前9時40分に付近に駐車中の警察車両内で逮捕状を緊急執行した事案について、所在確認後、逮捕に向けた行動を取るまでに逮捕状を取り寄せる時間的余裕も十分存在し、それを困難にする事情は認められないのであるから、逮捕状を取り寄せる努力を怠り、緊急執行の手続で被疑者を逮捕したのは、「急速を要するとき」の要件を満たしておらず、違法とみる余地がある（東京地判平15.4.16）。

4　事例検討

○　甲の身柄が遠隔地の警察署にあっても、逮捕状を取り寄せれば通常の執行手続を執ることができるから、「急速を要するとき」には該当しない。

○　よって、事例の場合、甲の身柄が遠隔地の警察署にあることのみを理由として、逮捕状の緊急執行を行うことはできない。

○　ただし、甲の態度等から、逃亡のおそれがあり、緊急執行をしなければ、事後、逮捕が不可能又は著しく困難になると認められる場合には、当該手続を執ることができる。

○　なお、逮捕状の緊急執行後、逮捕状をできるだけ速やかに示すことが求められるところ、被疑者の勾留は適法な逮捕を前提として行われることから、遅くとも勾留請求時までに逮捕状を提示しなければならない。

緊急執行による逮捕後、逮捕状の原本が紛失していることが判明した場合の措置

> 傷害事件の被疑者甲の逮捕状の発付を得て指名手配した。その後、警察官が別事件で聞き込み中、甲がA飲食店にいるという情報が入った。警察官は、逮捕状の緊急執行による逮捕を行うため、直ちに現場に急行し店内に入り、緊急執行の手続により甲を逮捕し、警察署に連行した後に逮捕状を示そうとしたところ、逮捕状の原本を紛失していることが判明した。この場合、甲の身柄を釈放しなければならないか。

1　結　論
釈放しなければならない。

2　関係法令
○　刑訴法第201条（逮捕状による逮捕の手続）
○　刑訴法第73条（勾引状・勾留状の執行手続）第3項

3　事例検討
○　上記関係法令のとおり、逮捕状の緊急執行の手続により被疑者を逮捕する場合には、逮捕後、できる限り速やかに逮捕状を被逮捕者に示すことが要件となっている。これは法に定められた厳格な要件であるから、この手続を踏まない逮捕行為は違法との判断を受ける。

○　したがって、被疑者を緊急執行により逮捕した後、原本たる逮捕状を紛失していることが判明した場合には、その段階で被疑者を釈放しなければならない。

○　なお、「逮捕状発付証明書」をもって逮捕状に代えることはできないから、この点、注意を要する。

○　事例の場合、実務上の措置としては、被疑者に対する逮捕状の再請求をし、逮捕状の再発付を得た後通常逮捕することが一般的である。ただし、被疑者が住居不定でこのまま釈放すれば、再度身柄を確保することが著しく困難な状況にあるなどの場合には、法的要件が充足するのであれば、緊急逮捕することも可能である。

釈放後に再逮捕する場合の逮捕方法

A飲食店の窓ガラスを割った甲を器物損壊の被疑者として現行犯逮捕し、警察署の留置施設に留置したが、A店の店長が告訴をしない旨を申し立てたことから、送致前釈放をすることになった。しかし、釈放前に、甲は、数日前に発生した重傷傷害事件の被疑者であることが判明したため、逮捕状の発付を得て、通常逮捕することになった。この場合、取調室で両手錠を外し、一旦所持品を還付した後、同室で逮捕状を執行することとした。この手続は、適法か。

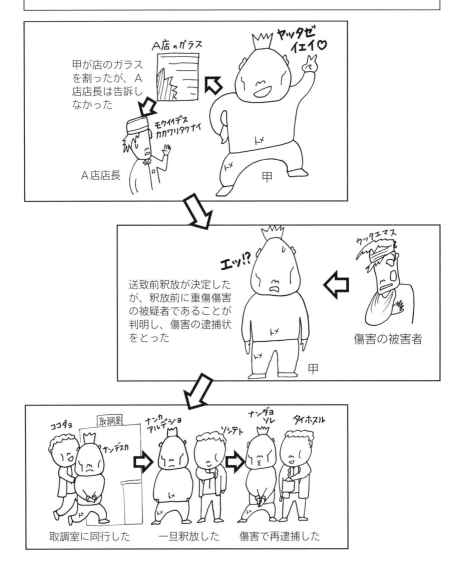

1　結　論
　適法である。

2　関係法令
　刑訴法第201条（逮捕状による逮捕の手続）

3　関係判例
　通常逮捕状の執行に際し、逮捕者である警察官がすぐそばにいて監視し、逃亡を防ぐ手段を講じていたのだから、この段階では、なお申立人の身体は拘束されている状態にある。しかし、取調べ終了後、検察官は、手錠を外された状態にあった申立人に対し、口頭で釈放する旨を告知しているのであるから、申立人はこの告知後、いつでも任意に行動する可能性を与えられたというべきであって、たとえその場所が検察庁の構内であっても、本件のような事案においては、申立人の身体の自由は一応回復されたものと認められる。したがって、警察官は、釈放後、遅滞なく、釈放した場所で、逮捕令状を申立人に示したうえで、逮捕手続をとっているが、これは釈放という結果が発生した後のことであり、本件手続に違法とする点はない（札幌地決昭36.10.2）。

4　事例検討
　○　上記判例は、準抗告（勾留の裁判）に関するものであるが、おおむね現在の実務上も上記判例の趣旨に沿って行われている。
　○　釈放とは、身体の自由を回復することをいうところ、一般に、留置施設の中にいる被疑者に対し、口頭により釈放する旨を伝達するだけでは身体の自由を回復したことにはならない。
　○　しかし、かといって、釈放後に再逮捕する場合に、所持品を返還して警察署の玄関から路上に一旦出し、被疑者が歩き出すなどをして身柄を完全に釈放した後、すぐさまその場で逮捕状を執行して再び警察署の中に連行するといった行為は社会通念上の見地からみて、あるいは被疑者が逮捕されるのを一般人が目撃する機会を与えるなどから、適切な行為だとはいえない。
　○　よって事例にある警察官の行為は、上記判例等からして適法かつ適切である。
　○　なお、釈放の際に被疑者の所持品を返還し、還付の手続をとって書類にその経過を明確にしておくことは、被疑者の身柄の釈放を担保するうえで必要な手続であるから、確実に行わなければならない。

緊急逮捕

緊 急 逮 捕

1　緊急逮捕の意義と合憲性

 注目.//

　不審者を職務質問した。その男は10時間前に窃盗罪を犯したことを自供した。被害事実も確認できた。これにより、その男が窃盗罪の被疑者であることが分かった。ところが、Ｂ号照会をしてみたが逮捕状は発付されていない。しかも被疑者は住居不定である。今にも逃走しそうな気配もある。

　実務上、このような場面に遭遇することがある。

　この場合、この被疑者は現行犯人（準現行犯人）としての要件を備えていないから、現行犯逮捕することはできない。また、裁判官から逮捕状の発付を得るという手続をとっていれば、その間に被疑者が逃走し、通常逮捕することも不可能である。かといって、重罪を犯した被疑者をそのまま放置しておくわけにもいかない。

　このようなときにとられる逮捕手続が、刑訴法第210条に規定されている緊急逮捕である。緊急逮捕とは、

① 　死刑又は無期若しくは長期３年以上の懲役若しくは禁錮に当たる罪を犯した場合

② 　罪を犯したことを疑うに足りる充分な理由がある

③ 　急速を要し裁判官の逮捕状を求めることができない

という三つの要件（実質的要件）があれば、令状なしで被疑者を逮捕できるというものである。この場合、直ちに裁判官の逮捕状を求める手続（形式的要件）をしなければならない。

　この緊急逮捕は、刑訴法によって認められ、かつ、実務上も重要な役割を果たしている。

　しかし、憲法第33条が、「何人も、現行犯として逮捕される場合を除いては、権限を有する司法官憲が発し、且つ理由となつてゐる犯罪を明示する令状によらなければ、逮捕されない」と規定していることから、緊急逮捕は「合憲」か「違憲」かという問題がある。

　通説は、緊急逮捕は合憲とし、最高裁の判例も、「刑訴法第210条は……かような厳格な制約の下に、罪状の重い一定の犯罪のみについて、緊急やむを得ない場合に限り、逮捕後直ちに裁判官の審査を受けて逮捕状の発行を求めることを条件とし、被疑者の逮捕を認めることは、憲法第33条規定の趣旨に反するものではない」（最大判昭30.12.14）旨判示している。

2　緊急逮捕の実質的要件

　緊急逮捕が許されるためには、被疑者について「重罪性」と「逮捕の充分な理由」と「逮捕の緊急性・必要性」という三つの「実質的要件」が存在しなければならない。

 注目！！

〔刑訴法第210条〕

　司法警察職員は、死刑又は無期若しくは長期３年以上の懲役若しくは禁錮に当たる罪を犯したことを疑うに足りる充分な理由があり（逮捕の充分な理由）、かつ、急速を要し、裁判官の逮捕状を求めることができない（逮捕の緊急性・必要性）場合には、その理由を告げて被疑者を逮捕することができる。

⑴　逮捕の充分な理由

　緊急逮捕できる罪は、「死刑又は無期若しくは長期３年以上の懲役・禁錮」に当たる罪である。

　ここにいう「罪」とは、刑法等の罰則規定に規定された法定刑を意味し、処断刑や宣告刑等を意味しない。

　したがって、法定刑が死刑又は無期若しくは長期３年以上の懲役・禁錮の罪に当たる犯罪であれば、中止未遂者や幇助者も緊急逮捕することができる。

　なお、法律上、「３年以上」、「３年以下」という場合には３年ちょうども含まれる。

　よって、法定刑が３年以下の懲役・禁錮に該当する罪（例えば、住居侵入罪や器物毀棄罪等）も緊急逮捕することができる。

刑法上の非緊急逮捕罪名

○外国国章損壊等罪	○（わいせつ目的で）16歳未満の者に対する性交等姿態映像送信要求罪
○証人等威迫罪	
○騒乱不和随行罪	
○多衆不解散罪（首謀者を除く。）	○重婚罪
○自己所有建造物等以外放火罪	○賭博罪
○放火予備罪	○富くじ発売罪
○失火罪	○富くじ取次罪
○過失激発物破裂罪（業務上、重過失の場合を除く。）	○富くじ授受罪
○過失建造物等（同以外）浸害罪	○礼拝所不敬罪
○水利妨害及び出水危険罪	○説教等妨害罪
○往来妨害（同致死傷を除く。）罪	○墳墓発掘罪
○過失往来危険（業務上の場合を除く。）罪	○変死者密葬罪
○信書開封罪	○公務員職権濫用罪
○秘密漏示罪	○殺人予備罪
○あへん煙等所持罪	○現場助勢罪
○浄水汚染罪	○暴行罪
○偽造通貨収得後知情行使等罪	○凶器準備集合罪
○免状等不実記載罪	○過失傷害罪
○不実記載免状等行使罪	○過失致死罪
○無印私文書偽造罪	○堕胎罪
○偽造無印私文書行使等罪	○同意堕胎罪
○不正指令電磁的記録取得・保管罪	○遺棄罪
○公然わいせつ罪	○脅迫罪
○わいせつ物頒布等罪	○身の代金目的略取等予備罪
○（わいせつ目的で）16歳未満の者に対する面会要求罪	○侮辱罪
○強盗予備罪	
○遺失物等横領罪	
○（わいせつ目的で）16歳未満の者に対する面会罪	○信書隠匿罪

注目!!

　緊急逮捕の対象犯罪は、刑法に規定されている犯罪だけに限らないから、例えば、火炎びん製造罪（火炎びんの使用等の処罰に関する法律）、覚醒剤不法所持罪（覚醒剤取締法）、道路標識損壊罪（道路交通法）などの特別法犯であっても、それが死刑又は無期若しくは長期3年以上の懲役・禁錮に当たる罪である以上、当該犯罪の被疑者を緊急逮捕することができる。

(2)　「充分な理由」の意義

　「充分な理由」とは、通常逮捕状の請求要件である「相当な理由」よりも一層嫌疑の程度が高度であることをいう。

　通常逮捕の場合には、裁判官が事前に審査を行うが、緊急逮捕の場合には、裁判官による審査がない。このため、緊急逮捕の場合には、犯罪の嫌疑がより高度であることを要求されるのである。

　しかし、緊急逮捕が捜査段階に行われることから、その嫌疑は、

　　○　裁判所が有罪判決をなし得る
　　○　検察官が公訴を提起し得る

までの高度な嫌疑であることは必要としない。

　それでは、具体的にどの程度の嫌疑であれば「充分な理由」に該当するかとなると、「充分な理由」と「相当な理由」の差は、明確な基準を一律に設けることは不可能であり、具体的事案ごとに判断するほかはない。

　例えば、被疑者が犯行を自供している場合、その自供だけをもって「充分な理由」があるといえるかについて検討すると、刑訴法第319条第2項が、「その自白が自己に不利益な唯一の証拠である場合には、有罪とされない」とし、自白には補強証拠が必要であることから、被疑者の自供だけで「充分な理由がある」とすることはできない。

　例えば、窃盗事件の場合であれば、被疑者の自供に加え、

　　○　被疑者が盗品を所持している
　　○　自供と符合する被害者の申告がある
　　○　第三者の目撃証言がある

などの補強証拠によって、被疑者の自供の信ぴょう性が裏付けられていることが必要である。したがって、被疑者の自供しかない場合には、犯行現場の確認、目撃者の発見等など、自供を補強する客観的事実を明らかにしなけれ

ばならない。

 注目!!

〔緊急逮捕状、却下事例〕

　午後9時頃、公衆浴場横の道路上において、通行人にぶつかり同人のスポーツシャツ胸ポケット内から現金1万円を抜き取った男（50歳）を窃盗容疑で緊急逮捕した。しかし、被害者は「2万8,000円の被害に遭った」としているのに、被疑者は逮捕時1万円を差し出していた。この事例では、裁判所は「被疑者が罪を犯したと疑うに足りる充分な理由がない」と判断し、逮捕状の請求を却下した。

(3)　**逮捕の緊急性・必要性**

　ア　**逮捕の緊急性**

　　緊急逮捕は、「急速を要し、裁判官の逮捕状を求めることができないとき」でなければ許されない。

　　「急速を要する」とは、あらかじめ裁判官の逮捕状を求める時間的な余裕がないことをいい、被疑者が「死刑又は無期若しくは長期3年以上の懲役・禁錮に当たる罪」を犯したことは明らかであるが、現行犯に当たらず、通常逮捕の手続をとれば逮捕状が発付される前に被疑者が逃亡し、又は罪証を隠滅するおそれがある場合をいう。

　　緊急逮捕は、このような緊急性がある場合において、逮捕状発付の前に被疑者を逮捕することが許される逮捕手続であるから、通常逮捕の手続によって逮捕するだけの時間的余裕がある場合には、緊急逮捕は許されない。

 注目!!

〔緊急逮捕状、却下事例〕

　被疑者の母親から「息子（18歳）が勤め先の同僚から殴られているようです。なんとかしてください」との相談を受けたため、息子本人の出頭を求めて事情聴取したところ、暴行、傷害等の事実はなかったが、反対に同人が道路上に駐車中の原動機付自転車1台（1万円相当）を盗んだ旨自供し、自宅を調べたところ、盗品が発見されたため、息子を窃盗容疑で緊急逮捕した。

　緊急逮捕する時点では、既に警察で取調べができており、あらかじめ逮捕状を請求することができないほどの緊急性はなかったとして却下された。

〔緊急逮捕状、却下事例〕

　運送会社が運送の委託を受けて保管中の反物等15点（50万円相当）を同社の営業所構内から窃取した男（32歳）を同行して同被疑者宅に行き、被害品の任意提出を受けた後、更に同被疑者を警察署まで同行し、警察署において窃盗容疑で緊急逮捕した。

　被疑者宅で被害品の存在を確認した時点で逮捕することなく、警察署に帰ってから逮捕したのは緊急性があったとは認め難いとして却下された。

イ　逮捕の必要性

　通常逮捕を規定している刑訴法第199条には、令状請求を受けた裁判官がこれを却下する場合として「明らかに逮捕の必要がないと認めるとき」と規定されている（刑訴199条2項ただし書）。この文言からみて、逮捕の必要性が通常逮捕の要件であることは明白である。

　これに対し、緊急逮捕を規定している刑訴法第210条には、刑訴法第199条第2項ただし書に相当する文言、つまり、逮捕の必要性を緊急逮捕の要件とする旨の明文規定が設けられていない。この点は、立法上の不備であるとされている。しかし、だからといって、逮捕の必要性は緊急逮捕の要件でないと解すべきではなく、逮捕の必要性は通常逮捕にだけ要求される要件ではなく、緊急逮捕にも当然に必要とされるものである。

　逮捕の必要性とは、

○　逃亡のおそれがあること

○　罪証隠滅のおそれがあること

をいう。

　具体的に「逮捕の必要性」を判断する事項は、次のようなものがある。

○　被疑者の年齢

○　被疑者の境遇

○　犯罪の軽重

○　被疑者の健康状態（病状・負傷程度等）

○　被害の回復状況、示談成立の有無

○　発見時、職務質問時などにおける被疑者の態度

○　被疑者の家庭事情（家族の中に重病人・高齢者幼児など要扶助者がいるなど。）

注目 ∥

〔緊急逮捕状、却下事例〕

　午前 0 時10分頃、酒に酔って普通乗用車を運転中に自転車に衝突させて、自転車に乗っていた人に傷害を負わせたまま逃走したゴルフ場従業員の男（36歳）が、妻に付き添われて事故現場に出頭してきたので、自動車運転過失傷害と道路交通法違反容疑で緊急逮捕した。

　被疑者の出頭状況に照らし、逃走・証拠隠滅のおそれは比較的少ないので緊急逮捕の必要性が認められないとして却下された。

3　緊急逮捕の形式的要件

　被疑者を緊急逮捕した場合には、直ちに裁判官の逮捕状を求める手続をしなければならない（刑訴210条 1 項後段）。この逮捕状の請求手続を行うことが、緊急逮捕における「形式的要件」である。

⑴　緊急逮捕の手続

ア　理由の告知

　緊急逮捕をする場合、逮捕者は、被疑者に対し「その理由」を告げなければならない（刑訴210条 1 項前段）。

　「その理由」とは、

　○　被疑者が罪を犯したことを疑うに足りる充分な理由（逮捕の理由）

　○　急速を要し、裁判官の逮捕状を求める余裕がないこと（急速を要する事情）

の二つである。ただし、法は、不可能を強いるものではないから、告知の余裕が全くないとか、告知を行っていては逮捕者の生命・身体に危害が加えられるなどの場合には、例外的に、被疑者の身柄を確保した後に告知することも許される。

 注目 ∥

　なお、特別な事情がないにもかかわらず、逮捕時から約 4 時間半後に告知を行った事案につき、「緊急逮捕時に告知しなかったことは重大な瑕疵であり、その瑕疵は事後に逮捕状が発付されたとしても治癒されない」旨判示し、勾留請求を却下した例がある（大阪地決昭35.12.5）。

イ　告知の程度

　緊急逮捕に際し、どの程度に告知すればよいかについては、逮捕状の緊急執行に関する次の二つの判例が参考となる。

- 〇　罪名を告げただけでは被疑事実の要旨を告げたことにならない（福岡高判昭27.1.19）。
- 〇　被疑事実の要旨の告知といっても、必ずしも被疑事実の要旨一切を逐一告げることを要するものではなく、被疑者に対し「理由なく逮捕するものでないことを一応理解せしめる程度」に告げることで足りる（東京高判昭28.12.14）。

　これらの判例によると、緊急逮捕の「理由の告知」も、「いつ、どこで、何をした」という内容を告知することにより、被逮捕者が逮捕事実を認識できる程度に具体的に告知すべきである。

　また、「急速を要し、裁判官の逮捕状を求めることができない旨」の告知は、例えば、

- 〇　今、ここで逮捕しなければ、逃走されるおそれがあるから逮捕する
- 〇　後で逮捕状を請求する

といった程度の内容を告知するべきである。

注目!!

　外国人被疑者を緊急逮捕する場合にも、理由の告知が必要である。日本語を解さない外国人の場合であっても、通訳人を用意するまでは必要なく、日本語等で告知すれば足りる。

(2)　逮捕状の請求権者

　通常逮捕状の請求は「指定司法警察員」（警部以上の警察官）が行う（刑訴199条1項、犯捜規119条）。通常逮捕状の請求権者が「指定司法警察員」に限定されているのは、警部以上の者が逮捕の理由、必要性等を的確に判断することによって、適正な逮捕権の運用を行うためである。

　これに対し、緊急逮捕状の場合は、刑訴法上そのような制限をしていない。よって法律上は、司法巡査でも逮捕状の請求を行うことができる。その理由は、既に逮捕自体は完了しているのであるから、請求権者を制限する必要はなく、むしろ、できる限り早く逮捕状を求める手続をすることが重要だからである。しかし、実務上は、逮捕権の適正な運用を図るため、なるべく「指

定司法警察員」若しくは「司法警察員」が請求することが望ましいとされている（犯捜規120条１項）。

⑶　「直ちに」とは

　刑訴法第210条は、被疑者を逮捕した場合には、「直ちに」裁判官の逮捕状を求める手続をとらなければならないと定めている。

　ここにいう「直ちに」とは、「即刻」ほど厳格に解する必要はなく「可能な限りできるだけ速やかに」という意味である。実務上、「直ちに」逮捕状の請求がなされたかどうかについては、逮捕状の請求が裁判所にされるまでの時間の長短によって判断されるものではなく、事件の複雑性、共犯者の数、警察署から裁判所までの距離、交通事情等、具体的事案に応じ、逮捕状請求のために必然的かつ客観的に妥当な範囲の時間になされたかどうかによって判断されるべきであり、「他の事務に優先して直ちに」行われたどうかによって判断される。

　したがって、緊急逮捕した場合、

○　刑訴規則第142条に定められた要件を記載した逮捕状請求書

○　逮捕の理由及び逮捕の必要性があることを認めるべき資料（刑訴規143条）

等の作成については、「他の事務に優先して直ちに」行わなければならず、警察官の事情によっていたずらに書類作成の時間が長くなることは許されない。

　なお、裁判官の中には、逮捕から逮捕状請求までの時間がおおむね３時間を超えた場合には、請求時間帯が昼間帯であるか夜間帯であるかを問わず、「直ちに」逮捕状の請求が行われたとはいえないとする裁判官もいる。

　したがって、「直ちに」に対する裁判官の解釈は非常に厳しいものであることを認識し、２時間で請求できるにもかかわらず「３時間以内に請求すれば却下されない」といった安易な考えで請求を遅延するようなことが絶対にあってはならない。

 注目！！

〔判例〕

　建造物放火の被疑者を緊急逮捕して火災現場に立ち会わせ、実況見分を行ったうえ、本署において実況見分調書を作成するとともに、取調べを行って供述調書

を作成し、逮捕時から約6時間40分が経過した後、これらを疎明資料として緊急逮捕状の請求を行った事案につき、逮捕状は発付されたが、控訴審において「直ちに」の形式的要件を欠く違法な逮捕手続であるとされた（大阪高判昭50.11.19）。

(4)　逮捕状請求の疎明資料

緊急逮捕状を請求するには、

○　被疑者が罪を犯したことを疑うに足りる充分な理由があったこと

○　逮捕の必要があったこと

○　急速を要し逮捕状を求めることができない理由があったこと

を疎明する逮捕手続書・被害届その他の資料を請求書に添えて行わなければならない（刑訴規143条、犯捜規122条2項）。

この場合、緊急逮捕は、上記の要件がそろったときに初めて許されるものであるから、逮捕する時点で上記の要件が存在していなければならない。つまり、逮捕者が逮捕の時点において得た資料のみが、逮捕状請求のための疎明資料となり、逮捕後に生じた状況を資料とすることは許されないのである。よって、引致後の取調べによって得た供述調書等を疎明資料とすることはできない。

しかし、逮捕状請求に添付する資料が、被疑者の逮捕後に作成されたものであってはならないということではない。逮捕時に既に存在し、逮捕者がその当時に認識し得た事情である限り、逮捕後にこれを書面化して疎明資料とすることは何ら差し支えない。

例えば、逮捕の直前の照会などにより被害が確認された場合における被害届・参考人供述調書等は、これらの資料が逮捕後に作成されたものであっても疎明資料となる。逮捕状請求の疎明資料としては、これらのほかに、捜査報告書・答申書・診断書等が挙げられる。

弁解録取書は、引致後において作成する書面であり、緊急逮捕の実質的要件が逮捕時点であったかどうかを判断するための資料とはならない。しかし、被疑者に対する身柄の拘束を継続する必要があるかどうかを判断するための資料として必要な資料であるため、裁判官のほとんどが逮捕状請求の際に弁解録取書を持参するように要求している。したがって、実務上は、弁解録取書を請求書に添付したうえで逮捕状の請求が行われている。

272

注目!!

2段階の審査という構造を理解すれば、どんな疎明資料が使えるか分かる。

〈第1段階〉

先行する逮捕手続の適法性のチェック ← この疎明資料は、逮捕時点で、逮捕者に認識されたものでなければダメ
（逮捕時点でその事実を認識していれば、逮捕後、その事実を記載した書類を作成し、疎明資料とすることができる。）

〈第2段階〉

被疑者の身柄の留置を継続する必要性のチェック

逮捕後の身体捜検によって発見された盗品や、弁解録取書を裁判官に提出するのは、第2段階の必要性を確認するため（弁解録取書は、<u>逮捕者が逮捕時点で認識していた事実ではないので</u>、身柄拘束の必要性の判断にしか使えない。）。

身柄拘束が必要なくなっても、緊急逮捕状の請求が必要なのは、この事後的なチェックのためである（(5)で詳しく扱う。）。
ちなみに、被害者が死亡するなどで逮捕後に罪名が変わったときでも、逮捕時の罪名で逮捕状を請求する。傷害罪で緊急逮捕したならば、逮捕状の罪名は傷害罪である（送致罪名（傷害致死）と混同しないように。）。

注目!!

なお、緊急逮捕状の請求に当たり、完全な疎明資料を作成しようとすれば多くの時間を要し、その結果、逮捕状の請求が「直ちに」行われないという弊害を生ずる。

そうなると、いかに疎明資料が完全であっても、「直ちに」逮捕状請求を行ったとはいえないことを理由とし、逮捕状の請求が却下されることになりかねない。

したがって、疎明資料の作成に当たっては、緊急逮捕の要件が存在していたことを疎明できる必要最小限度の資料にとどめ、他は請求者が裁判官に対する口頭説明によって補足するようにしなければならない（刑訴規143条の2）。

⑸　**緊急逮捕後、被疑者を釈放した場合（被疑者に逃走された場合）の逮捕状の請求**

被疑者を緊急逮捕した後、

○　誤認逮捕であることが判明した

○　身柄拘束を続ける必要性がなくなった

等の場合には、逮捕状の請求前であっても被疑者を直ちに釈放することになる。このように、逮捕状を請求する前に被疑者を釈放した場合、「被疑者の身柄拘束がなくても緊急逮捕状の請求をしなければならないか」という点について、通説は、「緊急逮捕は、法の厳格な要件の下に緊急を要する例外的場合として、令状を持たずに逮捕が許される場合であり、逮捕行為が行われたときは、直ちに裁判官に逮捕状を求める手続がなされなければならない。したがって、現実の身柄の拘束が行われ、被逮捕者が逮捕者の支配内に入った以上、既に逮捕行為が完了したのであるから、その後、被逮捕者が逃走、釈放等により上記の支配から脱したときは、それまでになされた逮捕行為の当否について、裁判官の審査を経なければならない」とし、たとえ逮捕状請求前に被疑者を釈放した場合であっても、逮捕状の請求は行わなければならないとしている。

このようなことから、実務上も、緊急逮捕後、逮捕状の請求前に被疑者を釈放した場合であっても、逮捕状の請求は行わなければならない（犯捜規120条3項）とされている。

以上のとおり、緊急逮捕の場合は、緊急逮捕の実質的要件を満たしているだけでなく、逮捕後の逮捕状請求という形式的要件を満たすことによって、初めて逮捕の合法性が是認されるのであるから、逮捕後に被疑者を釈放した場合はもとより、被疑者に逃走された場合でも、逮捕状の請求を行わなくてはならない。

もし、この請求手続を怠った場合には、たとえ逮捕時に実質的要件があったとしても、逮捕行為自体が違憲・違法な逮捕としての評価を受け、逮捕者が特別公務員職権濫用罪（刑194条）の刑責を負わされることもあり得るので十分注意しなければならない。

注目.*!!*

　もっとも、裁判官に対して適法に逮捕状の請求を行っても、必ずしも逮捕状が発付されるとは限らない。その理由は、裁判官の多くは「緊急逮捕行為が適法であれば、逮捕状請求時に被疑者の身柄が現に拘束されているかどうかに関係なく逮捕状を発付する」という見解をとっているのであるが、中には、「釈放後の緊急逮捕状の請求に対しては、却下の理由の中で緊急逮捕自体の適否を明示すれば足り、緊急逮捕状は発付する必要はない」とする見解もあるからである。

　しかし、少なくとも、逮捕行為自体は適法であると認められた限り、たとえ逮捕状が発付されなくても、そこには違法逮捕の責任が生じないことはいうまでもない。

(6)　逮捕状の請求を却下された場合の措置

　緊急逮捕状の請求がなされた場合、裁判官は、提出された疎明資料（口頭による補充説明を含む。）に基づいて緊急逮捕の適否を審査する。そして審査の結果、

①　逮捕時に緊急逮捕の実質的要件を欠いている

②　逮捕状請求時に通常逮捕の要件を欠いている

③　逮捕状の請求が直ちに行われていない

④　逮捕状請求書の記載要件に不備がある

などを理由にその請求を却下することがある。

　この場合、捜査機関としてとるべき措置は、次のとおりである。

ア　被疑者の釈放

　逮捕状が発せられないときは、直ちに被疑者を釈放しなければならない（刑訴210条1項後段）。

　緊急逮捕状の請求を却下された場合、捜査機関側としては、たとえその処分に不服があっても、勾留・保釈等に関する裁判に対する準抗告（刑訴429条）のように、その取消し又は変更を請求することは認められていない。したがって、逮捕状の請求を却下された場合、その時点で「直ちに」被疑者を釈放しなければならない。もっとも、逮捕状の請求を却下されたことにより被疑者を釈放したからといって、その後、同一被疑事実についての捜査が全く許されないというものではなく、任意の手段によって取調べを行うことはもとより、事情によっては、通常逮捕状の発付を受けて被

疑者を再逮捕することも可能である。

注目 ‼

ただし、再逮捕が可能とはいっても、

○　緊急逮捕の要件の判断又は手続の重要な部分において、捜査機関に瑕疵が
ある場合には再逮捕を許すべきではない

○　瑕疵が比較的軽い場合について再逮捕を認めるとしても、一度違法な逮捕
がなされたということを考慮に入れて、逮捕の必要性について普通の場合よ
りも厳格に取り扱うべきである

といった見解がある点を考慮し、緊急逮捕について重大な瑕疵がなかったこと、
再逮捕を必要とするやむを得ない事情があること、などを十分に疎明した上で逮
捕状の請求を行わなければならない。

イ　逮捕の現場で差し押さえた押収物の措置

　　緊急逮捕の場合も、その現場で証拠物等を差し押さえることができる
（刑訴220条1項・3項）旨が規定され、同条第2項では、緊急逮捕状が得
られなかったときは「差押物を直ちに還付しなければならない」と明示さ
れている。

　　この場合、条文上は、単に「逮捕状が得られなかったときは」とされて
いるため、緊急逮捕後に逮捕状が得られなかった場合には、逮捕状請求却
下の理由のいかんを問わず、全て差押物を還付しなければならないのかど
うかという問題が生じる。

　　既に説明したとおり、逮捕状の請求を却下されるケースには、

①　緊急逮捕行為そのものの違法を理由として却下される場合

②　緊急逮捕行為は適法であるが、逮捕状請求時において被疑者の身柄
拘束がないとか、通常逮捕の要件を欠いていることなどを理由として
却下される場合

があり、①の場合であれば、差押物を直ちに還付しなければならない。

　　その理由は、逮捕の現場における「令状によらない差押え」は、適法な
逮捕を前提として認められているものであり、裁判官が緊急逮捕行為を違
法と判断した以上、違法な逮捕行為に伴って行われた差押えも違法となり、
違法行為により押収を継続することは許されないからである。

　　しかし、②の場合には、たとえ逮捕状の請求を却下されたとしても、緊

急逮捕行為そのものは適法であると認められたのであるから、それに伴う差押えも当然に適法である。

よって、②の場合には、押収物を還付する必要はない。

 注目!!

　なお、緊急逮捕が違法であることを理由に逮捕状の請求を却下されたため、押収物を還付した場合であっても、被疑者から任意提出を受けるとか、あるいは、差押許可状の発付を得て差し押さえることは可能であるから、必要があれば任意提出によって証拠物等を押収することができる。

窃盗罪で緊逮する場合の判断と留意点

　警察官が立番中、原付バイクを押して歩いている甲を発見したので職務質問しようとしたところ、甲はバイクをその場に置いて慌てて逃げようとした。警察官が直ちに呼び止めて質問したところ「友人のバイクが故障したのでバイク屋に持って行くところです。別に逃げていません」と申し立てたが、甲の態度に落ち着きがなく、バイクの鍵も持っていないうえ、バイクにはAの名前のシールが貼ってあり、しかもその場から立ち去ろうとするなど極めて不審な態度だったことから、交番に任意同行した。その後、バイクのナンバー照会をして所有者Aに連絡をとったところ、Aが「15分くらい前にパチンコ屋（職務質問した場所から500メートルほど離れた場所）の前に鍵をせずに停めていたところ盗まれた」と申し立てた。この場合、甲を緊急逮捕することができるか。

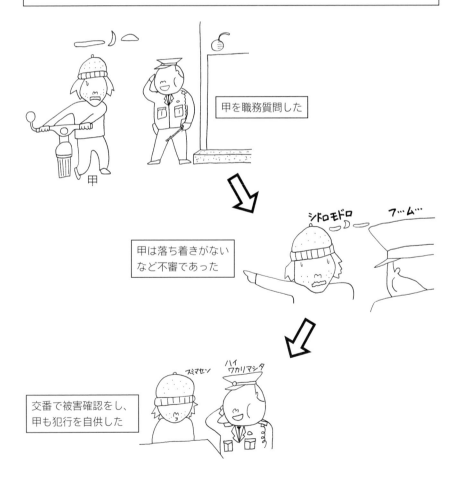

甲を職務質問した

甲は落ち着きがない
など不審であった

交番で被害確認をし、
甲も犯行を自供した

1　結　論
　　できる。

2　関係法令
　　刑訴法第210条（緊急逮捕）

3　関係判例
　　被告人は「自転車は氏名不詳の男から……預かったものである」という
　が、自転車が盗難品であること、預かった相手方の住所・氏名が分からず
　被告人の供述を裏付ける資料が全くないこと、被告人が窃取したものであ
　ろうと推認できる各般の事実があることなどから、被告人の窃取事実を認
　定することに不条理な点は認められない（仙台高判昭27.3.14）。

4　事例検討
　○　窃盗罪は、10年以下の懲役又は50万円以下の罰金であり「長期3年以
　　　上の懲役若しくは禁錮」の罪に当たることから、緊急逮捕することがで
　　　きる罪である。
　○　ただし、いわゆる占有離脱物横領罪（遺失物等横領）は「1年以下の
　　　懲役又は10万円以下の罰金若しくは科料」であるから、緊急逮捕するこ
　　　とはできない。
　○　よって、事例のように、占有離脱物横領罪である可能性がある被疑者
　　　を緊急逮捕する場合には、特に慎重な検討をしなければならない。
　○　事例の場合、
　　　・　盗難後、間もない盗品（バイク）を押して歩いていたこと
　　　・　盗難場所から500メートル、盗難から15分後に職務質問されてい
　　　　ること
　　　・　バイクの鍵を持っていない、警察官の姿を見るやバイクを置いて
　　　　逃げようとした、態度に落ち着きがないなどの不審点がある
　　　・　バイクの所有者の被害確認がとれている
　　ことなどから、甲が、窃盗を行ったと疑うに足りる「充分な理由」があ
　　ると解される。

死体の発見がない殺人事件で緊急逮捕することができるか

　深夜、血痕が付いた服を着て急ぎ足で歩いていた甲を発見したことから、警察官が警察署に任意同行し、血痕について追及すると、「自宅で両親を殺害し、海に捨てました」と供述したことから、甲を同道して自宅に行った。すると、甲が言うとおり、自宅内は血が飛び散り、凶器の包丁も血だらけで落ちており、死体を引きずった跡、死体を運んだという車内にも血だまりがあるなど、甲の供述を裏付ける客観的な状況があった。しかし、死体を捨てたという海を捜索したが、死体の発見に至らず、甲の犯行を目撃した者もいない。また、甲は、逃走用の列車の切符を購入し、所持しており、警察官の職務質問を受けなければ、深夜発の列車で逃亡する予定であった旨を供述している。この場合、甲を殺人罪で緊急逮捕することができるか。

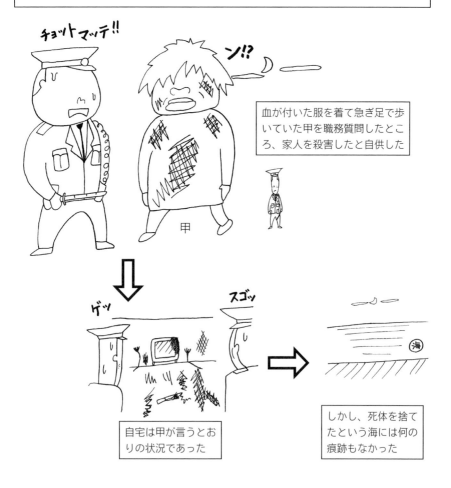

チョットマッテ!!

ン!?

血が付いた服を着て急ぎ足で歩いていた甲を職務質問したところ、家人を殺害したと自供した

甲

ゲッ

スゴッ

自宅は甲が言うとおりの状況であった

しかし、死体を捨てたという海には何の痕跡もなかった

1　結　論

できる。

2　関係法令

刑訴法第210条（緊急逮捕）

3　事例検討

○　緊急逮捕の要件である「充分な理由」とは、通常逮捕の「相当な理由」よりも嫌疑の程度が高いことを要する。

○　しかし、捜査中の嫌疑であるから、有罪判決を確実に得る見込みがあるほど高度な嫌疑である必要はない。また、検察官が公訴を提起するに足りるほどの十分な嫌疑であることも要しない。さらに、身柄拘束の期間が長期にわたる勾留の要件としての「相当な理由」（刑訴60条）よりも嫌疑の程度は低くてもよいと解されている。

○　「充分な理由」があるとするためには、単に自供だけでは足らず、その供述内容を担保する有力な証拠（自白の補強証拠）がなければならない。具体的には、犯行場所の確認、犯行の痕跡、凶器の有無、犯行の実現可能性、供述内容の時間的・場所的な整合性、被疑者の逃走のおそれ等の有無などを総合的に判断し、緊急逮捕の可否を検討しなければならない。

○　事例の場合、殺人罪は、緊急逮捕することができる犯罪であり、かつ、自宅内は血が飛び散り、凶器の包丁も血だらけで落ちており、死体を引きずった跡、死体を運んだという車内にも血だまりがあるなど、甲の供述を裏付ける客観的な状況があること（充分な理由）及び甲が列車を使って逃走しようとしている（急速を要し、裁判官の逮捕状を求めることができない）のであるから、死体が発見に至っていなくても甲を緊急逮捕することができると解される。

被害者が不在で被害事実を確認できない場合の緊逮の可否

　深夜、警察官が警ら中、住宅街を歩いている甲を発見したことから職務質問したところ、いきなり甲が逃走したのでこれを追尾し、追い付いて職務質問を実施した。甲は、「友人の家から帰る途中です」と申し述べたが、態度に落ち着きがなかったことから、任意により所持品検査を実施したところ、甲はしぶしぶポケットから多額の現金と貴金属並びにガラス切りと軍手を出した。警察官は甲を交番に任意同行し、現金等について追及したところ、「職務質問をされる3時間ほど前、3キロほど離れた一軒家（A宅）に1階の応接室側の窓ガラスを切って侵入し、現金と貴金属を盗んだ。家は留守だった」旨を供述した。直ちに警察官が甲の供述した犯行場所（A宅）に臨場すると、甲が言うとおり、1階の応接室側の窓ガラスが切られ、窓が開いており、外から見ると室内が物色されていた。警察官らは、被害確認をするため、Aに連絡をとろうとしたが、家族全員で長期旅行中であったため、被害の確認ができなかった。この場合、甲を緊急逮捕することができるか。

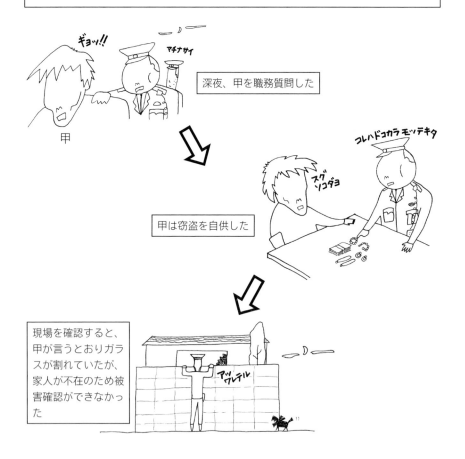

深夜、甲を職務質問した

甲は窃盗を自供した

現場を確認すると、甲が言うとおりガラスが割れていたが、家人が不在のため被害確認ができなかった

1　結　論
　　できる。

2　関係法令
　　刑訴法第210条（緊急逮捕）

3　事例検討
　○　窃盗犯人を緊急逮捕する場合、単に被疑者の自供があるだけでは「充分な理由」があるとはいえず、
　　　・　被疑者が現実に盗品を所持している
　　　・　自供と被害場所の状況が整合する
　　　・　第三者の確実な目撃情報がある
　　など、被疑者を緊急逮捕の対象犯罪の被疑者と認めるに足りる証拠がある場合に、初めて被疑者が罪を犯したと疑うに足りる「充分な理由」があるといえる。
　○　事例の場合、甲の供述のとおり、1階の応接室側の窓ガラスが切られ、窓が開いており、外から見ると室内が物色されており、更に盗品と思われる現金や貴金属並びにガラス切りと軍手などの侵入用具も所持していたのであるから、甲がA宅に侵入し、現金等を盗んだと疑うに足りる充分な理由がある。
　○　加えて、甲は警察官の姿を見て逃走したことなどから、今逮捕しなければ逃走されるおそれが十分に認められる。
　○　よって、A宅が不在で被害事実は確認できないが、甲を緊急逮捕することができる。

犯意の立証が被疑者の供述だけの場合、罪名は強盗傷人罪か傷害罪か

警察官が立番中、「いきなり刃物で切り付けられて負傷した」という110番が入電した。警察官は直ちに付近を検索中、手配された人着と酷似する甲を発見したが、甲は駆け足で逃走したため、警察官が追尾して呼び止めた。甲は「俺は何もしていない」と犯行を否認したが、所持品検査をした結果、血痕が付いたナイフを持っていたことから、警察署に同行し、捜査幹部に引き継いだ。その後、被害者の面通しの結果、ナイフで刺した被疑者に間違いない旨を申し立て、甲も本件犯行を自供した。その後、甲から犯行状況を聴取した結果、「歩いていた会社員A（男性）を甲がいきなり刃物で刺した。刺した理由は、お金がなくて困っていたので、強盗するためにまずナイフで傷害を与え、それからお金を強奪しようとした」と供述し、強盗致傷罪が成立することがわかった。しかし、本件については、強盗致傷行為の犯意を立証するのは甲の供述だけである。この場合、緊急逮捕する際の罪名は、強盗傷人罪か傷害罪か。

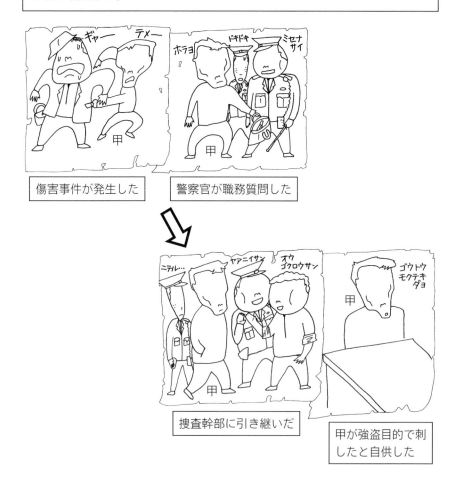

傷害事件が発生した

警察官が職務質問した

捜査幹部に引き継いだ

甲が強盗目的で刺したと自供した

1　結　論
　強盗傷人罪で緊急逮捕することができる。

2　関係法令
　刑訴法第210条（緊急逮捕）

3　事例検討
　○　緊急逮捕の実質的要件は、
　　①　被疑者が死刑又は無期若しくは長期3年以上の懲役若しくは禁錮に当たる罪を犯したと疑うに足りる充分な理由があること
　　②　逮捕の必要性があるほか急速を要し、裁判官の逮捕状を求めることができない
　であり、逮捕時に存在することが必要である。
　○　さらに、要件の充足の有無を判断する資料は、逮捕者が認識した具体的状況に基づくことを要し、しかも、その判断資料は、逮捕後に生じた状況を資料とすることはできない。
　○　事例の場合、甲を警察署において取り調べた結果、甲の自白により初めて強盗であることが判明したものであり、他に強盗の故意を立証する補強証拠はない。こういった場合、甲の自白を判断資料とすることができるかどうかが問題となる。
　○　証拠法上は、刑訴法第319条第2項のとおり、犯罪の客観的要件（行為・結果・因果関係）については、自白を証拠とする場合には補強証拠が必要となるが、判例上、主観的要件（故意・不法領得の意思・知情性・共犯間の連絡等）については、補強証拠は必要とせず、被疑者（被告人）の自白だけで証拠とすることができる。
　○　事例の場合、被害者の面通しの結果、被疑者であることは間違いないこと、被疑者が血痕の付いたナイフを所持していることから、甲がAにナイフで傷害を負わせた事実については明らかであると認められる。
　○　また、甲は、強盗目的でAに傷害を負わせた旨を供述しており、この強盗の故意については、主観的要件であることから、他に補強証拠は必要としないし、緊急逮捕前の取調べによって得た被疑者の供述をもとに事件認定を行い、認定した罪名によって被疑者を緊急逮捕することも問題がない。
　○　さらに、甲は、警察官の姿を見て逃げようとしているし、住居不定でもあることから、逃走のおそれも認定でき、上記②の要件も充足する。
　○　よって、甲を強盗傷人罪で緊急逮捕することができる。

まだ告訴がされていない器物損壊罪の被疑者を緊逮することの可否

酔っ払いの寝込みの110番を入電したことから、警察官が急行したところ、A飲食店の看板が壊れており、その隣で寝ている甲を発見した。当該飲食店は開店前で店の者はいないが、隣のB店の店主であるBが「この男は通りすがりの酔っ払いで3時間ほど前にA店の看板を足で蹴って壊していました」と申し述べた。そこで警察官が甲を起こしたところ、甲は警察官の姿を見るや駆け足で逃走したため、警察官が停止させると「むしゃくしゃしたのでA店の看板を壊した」と自供したことから、甲を器物損壊罪で緊急逮捕した。この場合、まだ告訴がされていない親告罪（器物損壊罪）の被疑者を緊急逮捕することができるか。

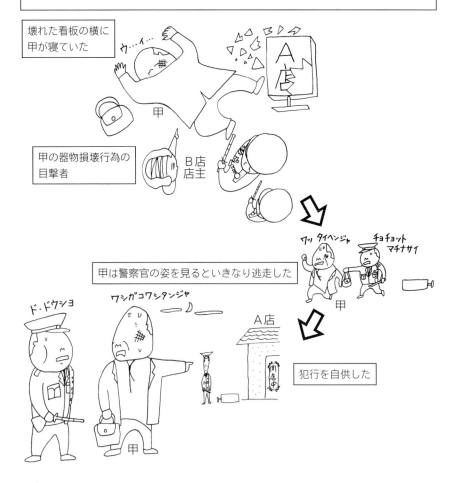

壊れた看板の横に甲が寝ていた

甲

甲の器物損壊行為の目撃者

B店店主

ワッ タイヘンジャ

チョチョット マチナサイ

甲は警察官の姿を見るといきなり逃走した

甲

ワシガコワシタンジャ

ド・ドウショ

A店

犯行を自供した

甲

1　結　論

できる。

2　関係法令

○　刑訴法第210条（緊急逮捕）

○　犯罪捜査規範第70条（親告罪の要急捜査）

3　事例検討

○　器物損壊罪（刑261条）の刑は、3年以下の懲役又は30万円以下の罰金若しくは科料であるから緊急逮捕できる罪である。

○　さらに、親告罪における告訴は、犯罪の成立要件ではなく、訴訟条件にすぎない。よって、捜査機関は、犯罪が発生した場合において、それが仮に親告罪であっても、犯罪捜査規範に定めるとおり、看過することなく、適切な捜査を開始しなければならない。

○　事例の場合、甲を現行犯逮捕ができない状況である中、甲が器物損壊を行ったことを疑うに足りる充分な理由があり、かつ、甲が逃走するなど急速を要し、裁判官の逮捕状を求めるいとまがない状況があることから、甲を緊急逮捕することができる。

被疑者の自供を端緒として犯罪が確認された場合の逮捕種別

　深夜、警察官が警ら中、住宅街を歩いている甲を発見したことから職務質問したところ、いきなり甲が逃走したのでこれを追尾し、職務質問を実施した。甲は、「友人の家から帰る途中です」と申し述べたが、態度に落ち着きがなかったことから、任意により所持品検査を実施したところ、甲はしぶしぶポケットから多額の現金と貴金属を出した。警察官は甲を交番に任意同行し、現金等について追及したところ、「たった今10メートル離れた一軒家（A宅）の窓が開いてたことから侵入し、現金と貴金属を盗んだ。家人は寝ていた」旨を供述した。直ちに警察官が甲の供述した犯行場所（A宅）に臨場し、家人に被害確認をすると、甲の供述のとおり被害が確認された。甲の犯行時間は深夜0時で、職務質問したのが0時5分、被害確認が0時10分であった。この場合、甲の逮捕は、現行犯逮捕か、緊急逮捕か。

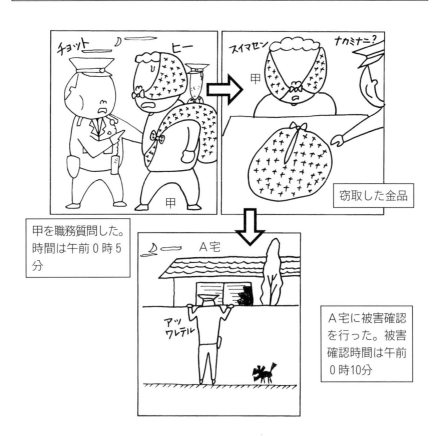

甲を職務質問した。時間は午前0時5分

窃取した金品

A宅に被害確認を行った。被害確認時間は午前0時10分

1　結　論

現行犯逮捕はできない。緊急逮捕しなければならない。

2　関係法令

○　刑訴法第210条（緊急逮捕）

○　刑訴法第212条（現行犯人）

3　現行犯逮捕の要件

現に罪を行い、又は現に罪を行い終わったか、現に罪を行い終わって間がないことが、現場の状況等から外部的に明白でなければならず、しかも、この外部的明白性は、現場の状況等から逮捕者が直接覚知できるものでなければならない。

4　関係判例

準現行犯逮捕が許されるためには、原則として、被疑者の挙動、証跡、その他の客観的状況（被害者等の事前の通報等を含む）により、誰の目にも罪を行い終わってから間もないことが明らかであることを要するものと解すべきである。したがって、職務質問（一種の任意の取調べと解される）等によって初めて犯罪が明らかになった場合には、緊急逮捕の手続により、犯罪の嫌疑の有無等について裁判所の審査を受けさせるのを相当とする。ただし、客観的状況からみて、罪を行い終わってから間がない疑いが極めて高い場合、簡単な、いわば確認的な職務質問を行い、その結果、罪を行い終わってから間がないことが明らかと認められるに至ったときは、準現行犯逮捕が許されると解される余地がないでもない（東京地決昭42.11.9）。

5　事例検討

○　被疑者の自供を端緒として捜査を開始し、その結果、初めて犯罪が確認されたような場合には、それがいかに犯行と時間的接着があったとしても、外部的に明白であったとはいえず、現行犯、準現行犯の要件を充足するとはいえない。

○　事例の場合、甲が自供し、それを端緒として初めて甲の窃盗行為が判明したものであるから「たぐり捜査」に当たる。

○　よって、甲を現行犯逮捕することはできず、緊急逮捕しなければならない。

被害者が一旦自宅に戻った場合の逮捕種別①

　不同意性交等未遂にあったＡ女は一旦自宅に戻ってから110番通報した。直ちに警察官はＡ宅へ臨場し、Ａ女をパトカーに乗せて付近を検索したところ、犯行から２時間後、犯行現場から約１キロ離れた場所でＡ女が被疑者甲を発見し、「あの男が犯人です」と指示した。そのとき、甲は逃げようとしたが、警察官が追尾して呼び止め、職務質問を行ったところ、犯行を自供した。この場合、甲の逮捕は、現行犯逮捕か、緊急逮捕か。

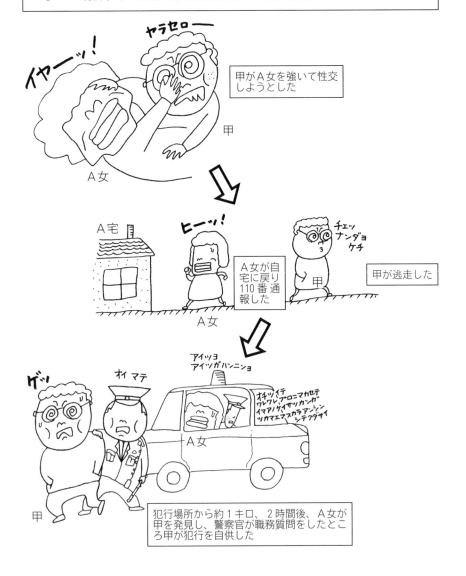

1　結　論

　　現行犯逮捕はできない。緊急逮捕しなければならない。

2　関係法令
　○　刑訴法第210条（緊急逮捕）
　○　刑訴法第212条（現行犯人）

3　関係判例
　○　犯行から約40分後、現場から約20メートル離れた場所で発見された犯人は、罪を行い終わった現行犯人に当たる（最決昭31.10.25）。
　○　犯人として追呼されているときとは、犯人であることを認識している者により、逮捕を前提として追跡ないし呼号されており、その状況が逮捕者にとって外見上明らかな場合をいう（仙台高判昭44.4.1）。
　○　被害者が被害後に警察に行き、被害事実を申告し、約30分後に警察官と被害現場に行ったところ、付近の喫茶店内にいる犯人を発見し被害者が指示した場合、被逮捕者が犯人を追呼しているとはいえない（東京地決昭43.9.7）。

4　事例検討
　○　一般に罪を行い終わった現行犯人といえる時間的制限は、30分ないし40分とされている。事例の場合、犯行から2時間後に発見したのであるから、時間的制限を超えている。よって、甲は、罪を行い終わった現行犯人（固有の現行犯人）とはいえない。
　○　また、A女は、被害を受けた後、一旦自宅に戻って両親と相談し、そのうえで110番通報したのであるから、その間、犯人を全く見失っていることになり、A女と甲との接続状態は同女が帰宅した段階で断たれている。したがって、A女が甲を「あの男が犯人です」と指示した行為は、準現行犯の要件である「追呼」には該当しない。よって、罪を行い終わって間がない現行犯人（準現行犯人）には当たらない。
　○　不同意性交等罪は緊急逮捕の対象事件である。かつ、甲が当該犯罪を犯したと疑うに足りる充分な理由がある。さらには、犯行後逃走するなどから「急速を要する事情」もある。よって、事例の場合、甲を緊急逮捕することができる。

被害者が一旦自宅に戻った場合の逮捕種別②

　デパート内で強制わいせつを受けたＡ女が自宅に戻り、家人を伴ってデパートに行き、犯人甲がいることを確認したうえで110番通報した。そして、駆けつけた警察官と表で待ち合わせ、犯行から１時間後、デパートから出てきた甲をＡ女が「あの男が犯人です」と指示した。それを見た甲が逃げようとしたため、警察官が呼び止めて職務質問した結果、甲はＡ女に対する犯行を自供した。この場合、甲の逮捕は、準現行犯逮捕か、緊急逮捕か。

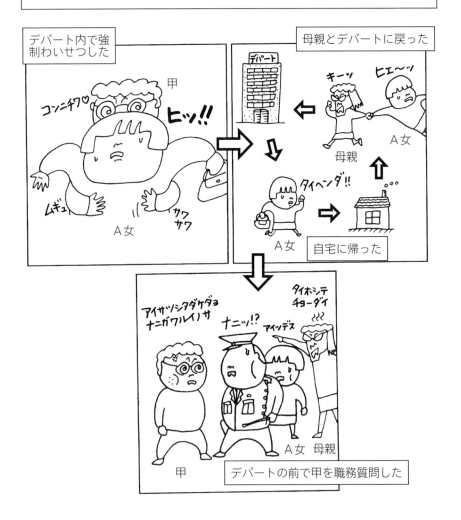

1　結　論

準現行犯逮捕はできない。緊急逮捕しなければならない。

2　関係法令

○　刑訴法第210条（緊急逮捕）

○　刑訴法第212条（現行犯人）

3　関係判例

映画館内で公然わいせつ被害を受けた者が、映画館を出て自宅に帰ったうえ、家人を伴って映画館へ引き返し、いまだ犯人が館内にいる事実を確かめて警察に通報するとともに、やがて館内から出てきた犯人を警察官に指示したという場合、当該犯人を準現行犯人と認めることはできない（大阪高決昭43.9.7）。

4　事例検討

○　事例の場合、警察官がA女の指示に基づき、甲を発見した時間が、犯行から30分ないし40分以内であれば、刑訴法第212条第1項後段に定める「現に罪を行い終わった者を現行犯人とする」に該当し、甲を現行犯人逮捕することは可能である。しかし、既に犯行から1時間以上を経過していることから、いわゆる固有の現行犯人（刑訴212条1項）として逮捕することはできない。

○　事例の甲は、警察官が職務質問した時点で発生から1時間後であるから、刑訴法第212条第2項に定める、いわゆる準現行犯人の時間的制限にある。しかし、上記判例のとおり、A女は一旦帰宅しているため、その間、A女は甲を見失っていることになり、追跡を継続しているわけでもないことから、A女が甲を発見して指示した行為は、刑訴法第212条第2項第1号の「追呼」には当たらない。よって、甲を準現行犯逮捕することはできない。

○　事例の場合、不同意わいせつ罪は緊急逮捕対象事件であり、A女が犯人を指示し、甲も犯行を認めるなど、犯罪を犯したことを疑うに足りる充分な理由があり、かつ、逃走のおそれもあることから、警察官は、甲を緊急逮捕することができる。

アパート管理人から連絡を得て緊急する捜査の可否

管内で発生した傷害事件の被疑者を捜査していたところ、被疑者は、管内に居住する甲であることが判明した。甲は、アパートに居住しており、所在を確認したところ、長期旅行中であることが明らかとなった。警察官は、アパートの管理人に依頼し、甲が帰宅し次第、警察に通報してもらうよう依頼し、管理人も了承した。これにより警察官は、アパート管理人から連絡があった段階でアパートに急行し、甲を傷害罪で緊急逮捕することとした。警察官のこの捜査は、適切か。

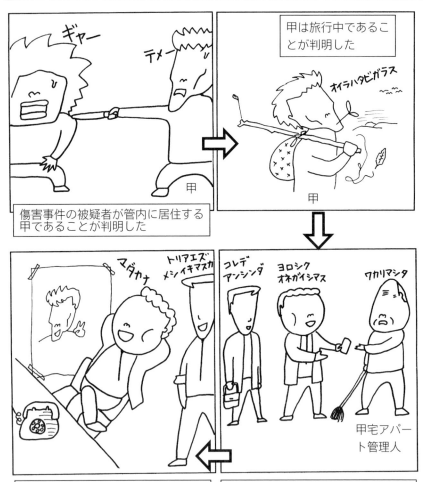

1　結　論
適切でない。通常逮捕しなければならない。

2　関係法令
刑訴法第210条（緊急逮捕）

3　事例検討
　○　緊急逮捕の要件は、
　　　①　凶悪犯罪（死刑・無期・長期３年以上の懲役又は禁錮）である。
　　　②　犯罪の嫌疑が十分である。
　　　③　急速を要し、逮捕状を求めることができない。
　　である。
　○　事例の場合、傷害罪は「15年以下の懲役又は50万円以下の罰金」であ
　　るから、緊急逮捕の対象犯罪である。また、捜査の結果、被疑者を特定
　　していることから、犯罪の嫌疑も十分である。
　○　しかし、③の急速を要する場合とは、一般には、犯罪発覚後間がなく、
　　裁判官の逮捕状を求める前に被疑者を発見し、今ここで逮捕しなければ
　　被疑者が逃亡し、その後の身柄確保が困難になる場合をいう。
　○　事例の場合、甲の住居が特定されており、旅行から帰ってくる可能性
　　が極めて高く、しかも帰宅するまでに相当の期間があることから、緊急
　　逮捕における急速を要する場合には当たらない。この場合、通常逮捕状
　　の発付を得ることが十分に可能であることから、緊急逮捕ではなく、通
　　常逮捕状の請求を行い、あらかじめ裁判官の審査を受けなければならな
　　い。

被害者による面通しが不可能な場合、被疑者の自供により緊逮することの可否

　管内で発生した傷害事件の被疑者を捜査していたところ、手配人着の甲が路上を歩いているのを警察官が発見し職務質問した。職務質問を受けた甲はひどく慌てた様子で警察官の質問にしどろもどろであったので厳しく追及すると、「むしゃくしゃしたのでわたしが殴ってけがをさせました」と犯行を自供した。さらに、警察官が甲の身体等を確認すると、甲が殴ったという右手の拳に傷があり、衣服に若干の血痕も付着していた。甲は、「このけがは相手を殴ったときに負傷したもので、服に付いているのは相手がけがしたときの血です」と自供した。甲は、住居不定であり、逃走の気配もある。しかし、被害者Aは病院に行っているため、面通しによる被疑者の特定もできない。この場合、甲を緊急逮捕することができるか。

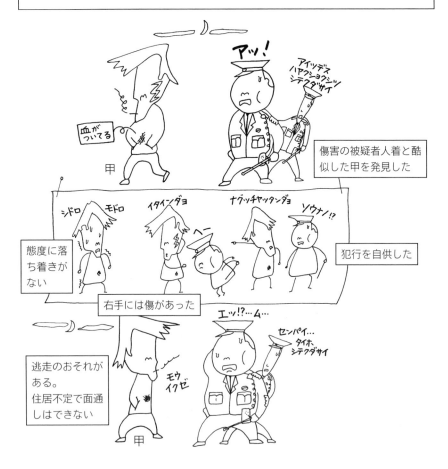

1　結　論
　　できる。

2　関係法令
　　刑訴法第210条（緊急逮捕）

3　事例検討
　○　「充分な理由」があるといえるためには、逮捕時において、
　　　・　被害の届出
　　　・　被害確認ないし被害者による被疑者の確認
　　　・　被疑者の人相、着衣が一致
　　　・　自白がある
　　　・　犯行を裏付ける客観的状況がある
　　という諸条件が全てそろっている場合にだけ緊急逮捕が許されるという
　　のではなく、捜査機関にとって、相当有力な客観的根拠に基づき確信を
　　もって特定の犯罪の被疑者であることを認める状況があれば足りるとさ
　　れている。
　○　事例の場合、犯行直後、被害者から事件の概要・犯人の特徴等を聴取
　　し、この情報をもとに被疑者を発見し、職務質問によって任意により自
　　白を得て、手のけがや血痕の付着等の客観的状況を確認した以上、被害
　　者の面通しがなくても、甲が本件事件の被疑者であることを疑うに足り
　　る充分な理由がある。
　○　また、甲は住居不定であり、逃走のおそれもあることから、被害者に
　　よる被疑者の確認を待っていたのでは、被疑者に逃走されるおそれがあ
　　り、仮に逃走された場合には、その後の身柄の確保が困難になることは
　　明らかである。
　○　よって事例の場合、甲を緊急逮捕することができる。
　○　ただし、実務上は、誤認逮捕を防ぐため、できる限り被害者に被疑者
　　本人を見せ、本件の被疑者であることを確認させ、更に被害者の負傷部
　　位、程度と被疑者の負傷部位等の整合性を検討した後に緊急逮捕するか、
　　可能であればより慎重を期し、通常逮捕することが望ましい。

緊急逮捕時における「理由」の告知の具体的内容

緊急逮捕する場合、被疑者に対し「その理由を告げて」逮捕するが、この場合、具体的にどのような内容の告知をするか。

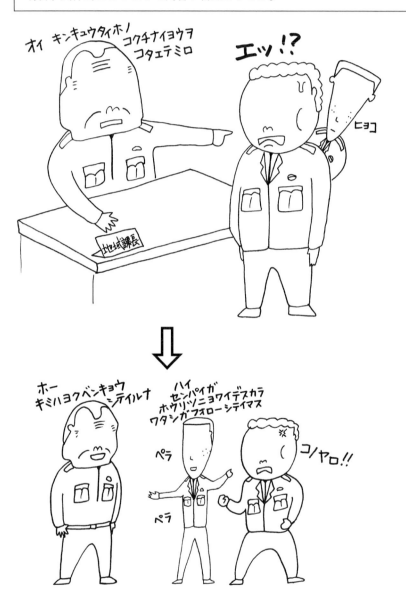

1　結　論
　①　被疑者が罪を犯したことを疑うに足りる充分な理由
　②　急速を要し、裁判官の逮捕状を求める余裕がないこと
を告知する。

2　関係法令
　刑訴法第210条（緊急逮捕）

3　関係判例
　○　通常逮捕状の緊急執行に関し、単に「窃盗の嫌疑で逮捕状が発せられ
　　ている」旨を告げた程度では、逮捕状の緊急執行の手続要件を欠如する
　　ものであり、適法な逮捕とはいえない（福岡高判昭27.7.19）。
　○　通常逮捕状の緊急執行を行う際に、逮捕状を被疑者に示さず、単に罪
　　名及び逮捕状が発せられている旨を告げたのみで、被疑事実の要旨を告
　　げずに行った逮捕は、違法な職務執行である（東京高判昭34.4.30）。
　○　緊急逮捕をする際に、逮捕の理由等を告知せずに逮捕する行為は、違
　　法である（大阪地判平3.3.7）。

4　事例検討
　○　緊急逮捕の「理由の告知」のうち、「被疑者が罪を犯したことを疑う
　　に足りる充分な理由」については、いつ、どこで、何をしたということ
　　を告げることにより、被逮捕者が逮捕される犯罪事実を具体的に告知す
　　べきである。
　○　また、「急速を要し、裁判官の逮捕状を求めることができない旨」の
　　告知については、一例を挙げると、「今ここで逮捕しなければ、逃走さ
　　れるおそれがあるから逮捕する。後で逮捕状を請求する」といった内容
　　となる。

被疑者が「逮捕状を見せてくれ」と要求してきた場合の措置

窃盗の被疑者を緊急逮捕し、甲に対する逮捕状が発付された。ところが、甲が「逮捕状を見せてくれ」と要求してきた場合、見せる必要があるか。

1　結　論
　法的には提示義務はない。しかし、実務上提示すべきである。

2　関係法令
　○　刑訴法第210条（緊急逮捕）
　○　刑訴法第211条（緊急逮捕と準用規定）
　○　刑訴法第199条（逮捕状による逮捕要件）

3　事例検討
　○　逮捕状により被疑者を逮捕するには、逮捕状を被疑者に示さなければ
　　ならない。通説によれば、逮捕状の提示義務は、刑訴法第201条に定め
　　るとおり、通常逮捕（刑訴199条）に準用され、緊急逮捕（刑訴210条）
　　には準用されないと解されている。
　○　したがって、緊急逮捕した場合、法的には、発付された逮捕状を被疑
　　者に提示する義務はないと解され、事例のように、被疑者に逮捕状の提
　　示を求められた場合、これに応じなかったとしても、違法な手続とはな
　　らない。
　○　ただし、発付された逮捕状を示すことによって捜査上の支障が生じる
　　とは考えにくく、逮捕状が発付されたことを提示することにより、被疑
　　者に対し適法な逮捕手続であることを理解させることになり、また、被
　　疑者にとっても不利になる点はなく、むしろ被疑者の権利保護になると
　　考えられる。
　○　したがって、実務上、被疑者の要求の有無にかかわらず、発付された
　　逮捕状を提示することが望ましい。

引致途中に被疑者が逃走した場合の措置

　警察官が、傷害事件の犯人である甲を現場で緊急逮捕し、警察署にパトカーで同行し引致する途中、甲がいきなり逃走し、追跡する警察官を振り切って完全に捜査機関の実力支配から離脱した。この場合、甲の身柄はなく、今後も確保できる見通しもないまま、一度逮捕した事実について、緊急逮捕状を裁判官に請求する必要があるか。

甲を緊急逮捕した

引致途中に甲が逃走した

追跡したが逃げられた

1　結　論
　緊急逮捕の逮捕状を請求する必要がある。

2　関係法令
　刑訴法第210条（緊急逮捕）

3　関係判例（緊急逮捕の合憲性）
　厳格な制約の下に、罪状の重い一定の犯罪のみについて、緊急やむを得ない場合に限り、逮捕後、直ちに裁判官の審査を受けて逮捕状の発行を求めることを条件とし、被疑者の逮捕を認めることは、憲法第33条規定の趣旨に反するものではない（最大判昭30.12.14）。

4　事例検討
　○　上記判例のとおり、緊急逮捕は、逮捕後に裁判官に逮捕状の請求をすることにより、逮捕の適法性について審査を受けることを前提として許されているのである。したがって、緊急逮捕をして逮捕が完了し、被疑者の身柄が完全に警察の支配下に入った以上、その後、引致までの間に逃走されたとしても、当該逮捕にかかる緊急逮捕状は請求しなければならない。
　○　なお、緊急逮捕したが、留置の必要がないため釈放する場合であっても、緊急逮捕状の請求は行わなければならない。しかし、緊急逮捕に着手したが、逮捕が完了する前に被疑者に逃走された場合には、被疑者を逮捕したことにはならないことから、当該緊急逮捕にかかる逮捕状の請求をする必要はない。
　○　また、事例の場合、緊急逮捕状を請求して逮捕状の発付を得たとしても、この逮捕状は甲の第1回目の逮捕に対するものであるから、逃走した甲を発見した場合であっても、発付を得ている逮捕状（第1回目の逮捕に対する令状）により逮捕することはできない。
　○　逃走した甲を逮捕する方法としては、急速を要し、裁判官の逮捕状を求めるいとまがない場合については、傷害罪の被疑事実で甲を再び緊急逮捕をすることになるが、一般的には、逮捕状の発付を得て被疑者の所在を捜査し、発見し次第、通常逮捕することになる。

任意で取調べ中の被疑者を緊逮することができるか

詐欺事件の被疑者甲を任意出頭させて取調べしたところ、詐欺事件の嫌疑を十分に立証できることが判明した。しかし、甲は、会社の社長であり、住居もしっかりしており、逃亡のおそれもないことから、任意により引き続き捜査することになった。そして、某日、甲を呼び出して取調べ中、裏付け捜査中の捜査員から、「甲の会社は倒産しており、既に会社はなく、住居だったマンションも売却され、甲は現在住居不定である。多数の債権者が甲を探している状況であり、近親者等の話では、甲は海外に逃亡する可能性がある」との情報が入った。甲も「これから出張する。行き先は言えない。もう今から出発したい」と申し述べ、部屋から出ようとした。この場合、甲を緊急逮捕することができるか。

1　結　論

できる。

2　関係法令

○　刑訴法第198条（被疑者の出頭要求・取調べ）

○　刑訴法第210条（緊急逮捕）

3　事例検討

○　刑訴法第198条（被疑者の出頭要求・取調べ）には、「司法警察職員は、犯罪の捜査をするについて必要があるときは、被疑者の出頭を求め、これを取り調べることができる。但し、被疑者は、逮捕又は勾留されている場合を除いては、出頭を拒み、又は出頭後、何時でも退去することができる」と規定されている。

○　そのため、被疑者を通常逮捕するためには、甲の取調べを引き延ばし、退席しようとする甲を説得し、押しとどめなければならない。しかし、このような行為は、刑訴法第198条に定める任意の出頭者の権利を不当に侵害する可能性がある。

○　事例の場合、甲が詐欺罪の被疑者であることは明白であり、かつ、会社が倒産し、住居不定であることを秘したまま「これから出張する。行き先は言えない」などという言動があることから緊急性もある。よって、被疑者甲を緊急逮捕するべきである。

傷害事件の凶器を護身用に携帯していた場合、緊逮の罪名は何か

管内において特殊警棒で殴打し、重傷を負わせるという事件が発生した。直ちに緊急配備を実施し、管内の警察官が検索を実施したところ、手配人着と酷似した甲を発見し、職務質問した結果、甲は、犯行を認めた。凶器の特殊警棒は現場に遺留されていたところ、この特殊警棒については、護身用にポケットに入れていつも持ち歩いていたことが判明した。この場合、傷害罪と軽犯罪法違反の両罪が成立することになるが、甲を緊急逮捕する場合、傷害罪のみで逮捕するか、両罪で逮捕するか。

隠して持ち歩いていた特殊警棒で殴り、乙に重傷を負わせた

1　結　論
　　傷害罪だけで緊急逮捕する。

2　関係法令
　　刑訴法第210条（緊急逮捕）

3　関係通説
　　逮捕・勾留は、人を単位にして行われるのか、事件を単位にして行われるのかについては、「人単位説」と「事件単位説」がある。「事件単位説」が通説である。
　　○　人単位説
　　　逮捕・勾留が人に対する強制処分であることから、逮捕・勾留が人単位で行われるとするものである。
　　○　事件単位説（通説）
　　　逮捕・勾留は、人単位で行われるものではなく、事件単位、すなわち犯罪事実ごとに逮捕・勾留されるとするものである。

4　事例検討
　　○　「事件単位説」によると、逮捕・勾留の効力は、他の犯罪事実には及ばないとされ、この原則から「一罪一逮捕・一罪一勾留の原則」が導かれる。
　　○　この原則からすると、事例の場合、緊急逮捕をすることができる犯罪事実についてだけを対象として緊急逮捕しなければならず、同時に二つの犯罪を行ったという理由により、軽犯罪法違反を傷害罪と一緒にして緊急逮捕することはできない。
　　○　なお、軽犯罪法違反の罪については、被疑者甲を傷害罪で送致するときに、余罪として一括送致すればよい。

傷害で緊逮後、殺人未遂罪と判明した場合の罪種

管内において刃物を使用してAに重傷を負わせるという事件が発生した。直ちに緊急配備を実施し、管内の警察官が検索を実施したところ、手配人着と酷似した甲を発見し、職務質問した。甲は犯行を認め、凶器のナイフも持っていたことから、甲を傷害罪で緊急逮捕した。本署連行後、甲から弁解録取書を聴取した際、甲が「前からAを殺してやろうと思っていた。今日、たまたま道で会ったことから、いつも携帯していたナイフで刺したが、かわされて殺しきれなかった」と供述した。この場合、甲は殺人未遂罪の被疑者となるが、緊急逮捕状の請求は、傷害罪で行うべきか、殺人未遂罪で行うべきか。

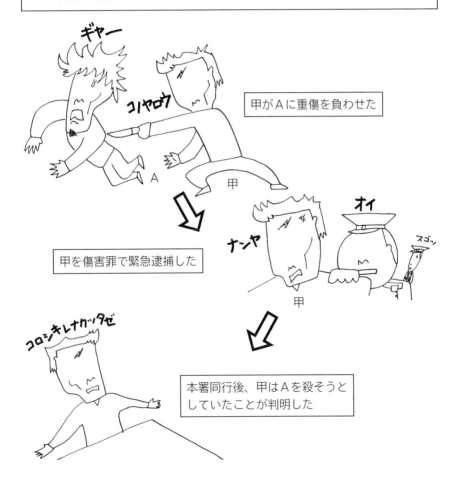

甲がAに重傷を負わせた

甲を傷害罪で緊急逮捕した

本署同行後、甲はAを殺そうとしていたことが判明した

1　結　論
　傷害罪で緊急逮捕状の請求をする。

2　関係法令
　刑訴法第210条（緊急逮捕）

3　関係通説
　緊急逮捕状は、逮捕状発付後の身柄拘束を根拠づける令状としての性格も有しているが、さきに令状なしに行われた逮捕行為に対する追認的な令状としての性格の方が強い。したがって、逮捕状請求書に記載する被疑事実は、逮捕時の罪名を記載すべきである。

4　事例検討
　○　緊急逮捕は、逮捕状の発付の時期が逮捕の後であっても、全体を見れば逮捕状による逮捕であると解されている。そして、逮捕後直ちに裁判官に対し逮捕状の請求を行い、逮捕手続について審査を受け、逮捕状の発付を得るという手続が厳格に行われることを条件として初めて許されるのである。
　○　したがって、上記通説のとおり、緊急逮捕した被疑者について逮捕状の請求をするのは、逮捕行為に対して裁判官の追認を求める行為であるから、その追認する逮捕事実は、逮捕のときに存在した資料によって、逮捕の適法性について裁判官の審査を受けるのである。
　○　以上のことから、逮捕後に被疑事実の変更があった場合でも、逮捕時に認定した被疑事実によって逮捕状を請求し、裁判官の審査を受けなければならないことから、事例の場合、殺人未遂罪ではなく、傷害罪で逮捕状を請求することとなる。

送致前釈放した場合の逮捕状請求の要否

　管内においてバットで殴打してAに軽傷を負わせるという事件が発生した。直ちに緊急配備を実施し、管内の警察官が検索を実施したところ、手配人着と酷似した甲を発見し、職務質問した。警察官が追及すると、甲が犯行を認めたことから、甲を傷害罪で緊急逮捕し、その場で携帯していたバットを差し押さえた。逮捕後、甲は、17歳の高校生であり、野球部の主将として活躍し、当日も練習に行く途中、不良Aに絡まれたためとっさに手に持っていたバットで殴打したものであり、犯行も偶発的でAの負傷も軽微であることがわかった。また、甲の両親が謝罪等を約束し、後日の呼び出しにも甲と出頭することを確約し、逃走のおそれもないことから、送致前に釈放し、任意捜査に切り替えた。この場合、甲の傷害罪の緊急逮捕状を請求する必要があるか。

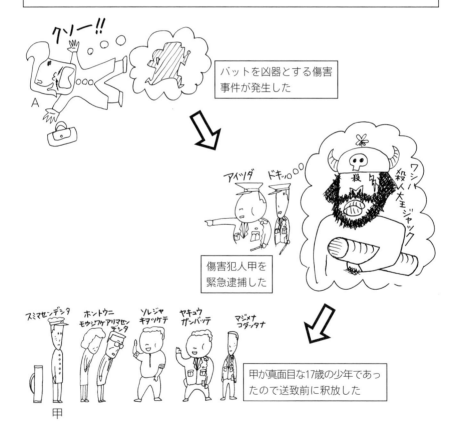

バットを凶器とする傷害事件が発生した

傷害犯人甲を緊急逮捕した

甲が真面目な17歳の少年であったので送致前に釈放した

1　結　論
　緊急逮捕状の請求手続をとらなければならない。

2　関係法令
　○　刑訴法第210条（緊急逮捕）
　○　刑訴法第220条（令状によらない差押え・捜索・検証）

3　事例検討
　○　緊急逮捕した場合、逮捕行為の適法性について、裁判官の審査を受けなければならない。
　○　また、仮に、当該逮捕が違法と認定され、逮捕状が発付されない場合において、刑訴法第220条の規定により逮捕の現場において証拠物を押収しているときは、同法第220条第2項の規定により差押物を直ちに還付しなければならない。
　○　事例の場合、令状請求前に甲を釈放しており、既に身柄の拘束は行われていないが、逮捕の適法性の審査を受け、証拠物件の留置を継続するために、逮捕状の請求を「直ちに」行わなければならない。

本署連行中に逃走され１時間後に同罪で緊逮した場合、２通の逮捕状が必要か

　管内において刃物を使用してＡに重傷を負わせるという事件が発生した。直ちに緊急配備を実施し、管内の警察官が検索を実施したところ、手配人着と酷似した甲を発見し、職務質問した。警察官が追及した結果、甲が犯行を認め、凶器のナイフも持っていたことから、甲を傷害罪で緊急逮捕した。ところが、警察官が甲に両手錠をかけ、本署に連行途中、パトカーの窓から逃走した。警察官が直ちに追跡したが、見失った。緊急配備がかかってから１時間後、公園内に隠れていた甲を警察官が発見したことから、警察官が甲を再び傷害罪で緊急逮捕した。この場合、前段の逮捕と後段の逮捕に関し、２通の逮捕状を請求しなければならないか。

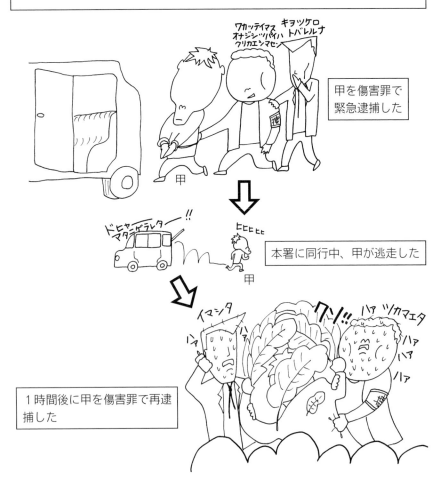

ワカッテイマス　オナジシッパイハ　クリカエシマセン　キヲツケロ　トベルルナ

甲を傷害罪で緊急逮捕した

本署に同行中、甲が逃走した

１時間後に甲を傷害罪で再逮捕した

1　結　論
　　2通の逮捕状（乙）を請求しなければならない。

2　関係法令
　　刑訴法第210条（緊急逮捕）

3　事例検討
　○　緊急逮捕した後に、被疑者の釈放や逃走などにより、被疑者が警察の支配から脱したときは、逮捕行為は完了しているのであるから、逮捕行為の当否について裁判官の審査を経なければならない。

　○　この場合、発付された緊急逮捕状は、既に行われた逮捕行為の正当性を認めたものであり、新たな逮捕行為を許容するものではない。

　○　したがって、完全に実力支配を脱した被疑者を再逮捕するためには、改めて逮捕状の発付を得て通常逮捕するか、緊急逮捕してもう一度、逮捕状の発付を請求するかのどちらかでなければならない。

　○　事例の場合、被疑者甲は両手錠をかけられるなどして完全に拘束され、ナイフを押収し、逮捕行為が完了した後に逃走しているのであるから、逮捕及び押収について裁判官の審査を受け、逮捕状の発付を得ることによりナイフの押収を継続することになる。

　○　また、後段の逮捕行為については、別個に逮捕状の請求を行い、被疑者甲に対する2回目の緊急逮捕について逮捕状の発付を得て、逮捕行為の適法性について審査を受けることになる。

発生署の隣接署で隣接署員が緊逮した場合、逮捕状の請求はどの署が行うか

A警察署管内で傷害事件が発生し、広域緊急配備が発令された。発生から30分後、同じ県内の隣接署のB警察署の管内において、路上を歩いていた被疑者甲をB警察署の警察官が発見し、職務質問した結果、本件犯行を自供したことから、甲を緊急逮捕した。この場合、身柄については発生署であるA警察署に引き渡すことになるが、緊急逮捕状の請求については、A警察署とB警察署のどちらで行うべきか。

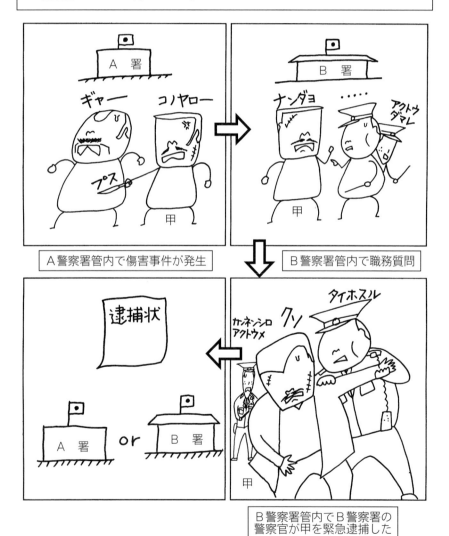

A警察署管内で傷害事件が発生

B警察署管内で職務質問

B警察署管内でB警察署の警察官が甲を緊急逮捕した

1　結　論
　発生署であるA警察署において逮捕状の請求をするべきである。

2　関係法令
　刑訴法第210条（緊急逮捕）

3　事例検討
　○　警察法第64条によると、都道府県の警察官は、原則として当該都道府県の管轄であれば、他の警察署の管轄区域で発生した事件でも、捜査権を行使することができるとされている。
　○　事例の場合、A警察署とB警察署は同一の県内にあることから、B警察署の警察官が逮捕までに認識した事実をもってB警察署で逮捕状を請求することもできる。
　○　しかし、緊急逮捕状の請求は、逮捕の時点までに把握されている資料によって請求するのであるから、一般的には、事件が発生したA警察署に関連資料があり、しかも発生署において被疑者甲の身柄送致を行うことになることから、A警察署において緊急逮捕状の請求を行うことが妥当である。
　○　なお、実務上、身柄を引き継ぐ警察署が遠隔地になり、身柄を引き継ぐまでに相当の時間がかかる場合には、直ちに逮捕状の請求を行わなければならないことから、逮捕署において請求し、逮捕状の発付を得た後に身柄の引渡しを行うことになる。

他県で緊逮した場合の措置

　A県のB警察署管内で傷害事件が発生したことから、B警察署の警察官が
C県D警察署の管内において内偵捜査中、路上を歩いていた被疑者甲を発見
し、その場で緊急逮捕した。この場合、身柄はどうするか。また、緊急逮捕
状の請求については、A県とC県のどちらの裁判所に請求するべきか。

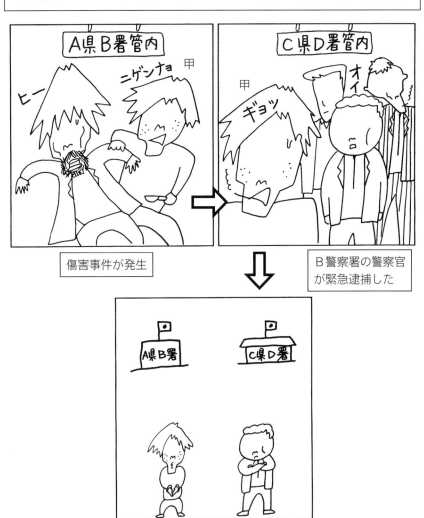

傷害事件が発生

B警察署の警察官
が緊急逮捕した

1　結　論

　　身柄は、B警察署に引致する。また、逮捕状の請求は、C県D警察署の最寄りの下級裁判所（原則は、簡易裁判所又は地方裁判所）に請求する。

2　関係法令

　　刑訴法第210条（緊急逮捕）

3　事例検討

○　もし、仮に、甲をC県D警察署に引致した場合、逮捕地在住の弁護士を選任する可能性があり、その後、遠隔地であるB警察署に護送した場合、甲の弁護権を著しく阻害する可能性がある。

○　よって、事例の場合、事件の発生署がB警察署であり、当該事件を捜査中であることから、今後、甲の身柄を移送する可能性がないB警察署に引致をし、そこで弁護人選任権の告知等の逮捕後の手続を行うことが妥当である。

○　緊急逮捕状の請求については、刑訴法第210条にあるとおり、「直ちに」裁判官に対して逮捕状を請求しなければならない。

○　事例の場合、引致するB警察署までは時間がかかり、引致を待っていたのでは「直ちに」裁判官の令状を請求する手続をとることができないことから、逮捕地を管轄する最寄りの下級裁判所（簡易裁判所又は地方裁判所）の裁判官に対し、緊急逮捕状の請求を行わなければならない。

○　この場合、実務上、逮捕状請求書（乙）の「引致の年月日及び場所」欄は空欄とし、「引致すべき官公署又はその他の場所」欄には、B警察署を記載し、緊急逮捕手続書、被害届（FAXでも可）などの必要最小限度の疎明資料を添付し、請求手続をとることになる。

現行犯逮捕

現行犯逮捕

1　現行犯人の意義

○　現に罪を行い、又は現に罪を行い終わった者を現行犯人という（刑訴212条1項）。

　　この現行犯人とは、犯人の身分の一種ではなく、一定の時間的発展段階における犯人をいうのである。したがって、全ての犯人は、犯行後の極めて限られた時間的範囲内では、必ず現行犯人である。しかし、その時間的段階を経過してしまえば、もはや現行犯人ではなくなる。

○　現行犯人は、何人でもこれを逮捕状なくして逮捕することができる（刑訴213条）。

　　現行犯逮捕は、令状主義の原則の例外（憲法33条）であり、しかも、私人にも逮捕権が認められている。このような例外が認められているのは、「現に罪を行い、又は現に罪を行い終わった」という状況に照らし、被疑者が真犯人であることについて罪証が十分にあるため、無実の者を誤って逮捕するおそれがないからである。

 注目!!

ただし、現行犯人には、次の二つの要件が充足されていなければならない。
①　その者をおいて他に犯人はなく、その者こそまさしく特定の犯罪の実行行為者であるということを、逮捕者が明白に認識できること（犯罪と犯人の明白性）。
②　その者が現に特定の犯罪を実行しつつあること、又は特定の犯罪を実行し終わった直後の段階にあることを、逮捕者が明白に認識できること（犯罪の現行性・時間的接着性の明白性）。
この①と②の要件のうち、いずれか一方でも欠けていれば、たとえ犯罪の被疑者であると認めても、現行犯人として逮捕することはできない。

2　犯罪と犯人の明白性の判断

　　犯罪と犯人の明白性が問題となるのは、犯行を直接現認していない警察官が、

被害者等の申告に基づいて現行犯逮捕する場合である。

　この問題については、「被疑者が現に罪を行い、又は現に罪を行い終わった者であることが被害者の供述以外に認識できる客観的な状況がない場合については、現行犯逮捕はできない」という前提に立ち、警察官の逮捕が「違法な現行犯逮捕である」と認定された次の事例がある。

　○　警察官が現場に赴いた際には既に犯人が逃走しており、犯行から数分後に犯行現場から約10メートル離れた場所において被害者の指示に基づいて「犯人として追呼されている準現行犯人」として現行犯逮捕した事案（釧路地決昭42.9.8）

　○　恐喝未遂の犯人逃走後に現場に臨場した警察官が犯行の約20分後、現場から約20メートル離れた地点で手配人着と酷似する被疑者を発見したが、犯行を否認したことから被疑者を被害者に面通しさせた上で現行犯逮捕した事案（京都地決昭44.11.5）

　その一方、次の事例の場合は、適法な現行犯逮捕として認められている。

　○　タクシーに乗り込んだ被疑者が、運転者である被害者の顔面を理不尽にも殴打したため、被害者が約1分後に犯行現場から約200メートル離れた派出所に乗り付け、暴行を受けた旨を警察官に申告をなした事案につき、被害者の顔面に殴打の痕跡があること及び警察官の質問に対して被疑者が犯行を自認したことに基づき現行犯逮捕した事案（釧路地決昭48.3.22）

　○　恐喝の被害申告を受けていた警察官が、あらかじめ指定された金員交付場所において張り込み中、金員交付を要求した被疑者を現行犯逮捕した事案（東京地決昭48.3.9）

　○　住居侵入を現認した私人が現行犯逮捕に着手したものの、振り切られたことから、むしろその逮捕を警察官に任せた方がよいと考えて電話で警察にその旨を通報した結果、現場から約200メートル離れた場所で手配人着に合致する被疑者を発見した警察官が犯行現場まで任意同行して、逮捕に着手した私人に犯人との同一性を確認したうえで、通報から約6分後に現行犯逮捕した事案（東京高判昭53.6.29）

　以上の判例のうち、違法とされた事例の中には、必ずしも現行犯逮捕の要件を全く欠いているとはいえないものがあり、逆に、適法と認められたものの中には、緊急逮捕を行った方が妥当ではなかったかと認められるものがある。

　一般的には、犯人の逮捕が中断したため、犯人と被逮捕者の同一性の認定に

ついて疑義が生ずる場合や、被害者等の申告を唯一の判断資料として現行犯逮捕した場合には、違法と判断される傾向にある。

 注目!!

なお、隠密裏に行われる犯罪については、捜査官が内偵・張り込みによって事前に収集した客観的資料や特殊な知識、経験等を前提として犯罪の明白性を認定することができる。

たとえば、ノミ行為や覚醒剤取引などの場合、外形的に行為を見ただけでは犯罪行為が行われているとは認められない。しかし、事前の捜査により、その行為が明白な犯罪行為として捜査官の目に映るのであれば、現行犯逮捕を行うことが許されるのである。

他方、いわゆる「たぐり現行犯人」は、警察官において当初から「犯罪と犯人の明白性」を認識していたとはいえないので、現行犯人・準現行犯人として逮捕することはできない。この場合は、緊急逮捕の要件が具備される場合であれば、緊急逮捕手続によるべきである（詳しくはP371参照）。

3 犯罪の現行犯性又は時間的接着性の判断

現行犯人は、「現に罪を行い、又は現に罪を行い終わった者」であるから、犯行終了時から時間が経過すればするほど、また、犯行現場から犯人が遠ざかれば遠ざかるほど、現行犯性は希薄になる。したがって、「現に罪を行い終わった現行犯人」とは、特定の犯罪の実行行為が終了した直後又は犯行に極めて接着した時間的段階にある者を指す。

ところが、その時間の具体的な幅については何ら定めがないことから、どの程度の時間的範囲内が「現に罪を行い終わった」に当たるのかが問題となる。

結論は、一律に何分間あるいは何時間というように数字的に限定できるものではないが、判例を集積すると、実行行為時からおおむね「30分〜40分」程度の時間内にある者が「現に罪を行い終わった」現行犯人に当たるとされている（最決昭31.10.25）。しかし、実務においては、最高裁が示した当該数字はあくまでも最大限のものであると解すべきである。したがって、「30分〜40分」程度の時間内にあれば常に「現に罪を行い終わった」現行犯人に当たると解することはできない。

4　現に罪を行っている者

　「現に罪を行っている」現行犯人とは、特定の犯罪の実行行為を行いつつある犯人をいう。ところで、現に罪を行っている現行犯人として被疑者を逮捕する事例は、実際上、住居侵入罪、公務執行妨害罪（警察官に対する）、暴行罪、傷害罪、窃盗罪、銃砲刀剣類・覚醒剤・麻薬等の禁制品の不法所持罪など多くみられる。

　これらの事犯にあっては、行為の構成要件該当性が行為自体の外形から容易に逮捕者に覚知されるからである。

　これに対し、犯罪の中には、その行為自体の外形からだけでは、当事者以外の者には行為の構成要件該当性が分からないものもある。例えば、公務員と非公務員の間で賄賂の趣旨で金品の授受が行われている場合、違法性だけをみると明らかに賄賂罪の実行行為の継続中である。しかし、客観的にみると当事者以外の者の目には日常の社交的儀礼として金品の授受を行っているとしか映らない。しかし、先にも述べたとおり、このような犯罪であっても、逮捕者が事前に収集していた客観的資料、逮捕者の特殊な知識、あるいは、経験などから判断し、被疑者を現行犯人と認定できる場合もある。

 注目!!

　例えば、盗まれた預金通帳を使って銀行で預金の払戻しを受けようとする者を、被害者の被害届と銀行からの通報により詐欺未遂の現行犯人として逮捕する場合などである。

5　現に罪を行い終わった者

(1)　時間的限界

　「現に罪を行い終わった」現行犯人とは、特定の犯罪の実行行為を終了した直後の犯人をいう。すなわち、法が「現に罪を行い終わった者」を「現に罪を行っている者」と全く同視していること、時間的に「罪を行い終わってから間がない者」を別個に準現行犯人としていることからみて、犯罪の実行行為を終了した直後とは、犯罪を行い終わった瞬間に極めて接着した時間内にある者をいうのである。

　具体的には、実行行為の終了後から30分から40分程度の時間内にある者ま

でが、「現に罪を行い終わった」現行犯人に当たる（最決昭31.10.25）。この時間的限度（30分～40分）を超えた後の犯人は、もはや現行犯人とはいえない。したがって、準現行犯逮捕の要件が認められるならばともかく、その要件が認められない場合には、上記の時間的段階を過ぎた犯人を逮捕するためには緊急逮捕又は通常逮捕によらなければならない。

(2) **場所的限界**

　現行犯人の概念は、一定の時間的段階で捉えられる犯人の概念であるが、犯行終了後から時間が経過すればするほど、犯人は犯行現場から遠くへ去るのが普通であるから、特定の被疑者を現行犯人と認定する上では、犯行地点と現在地点との場所的関係を無視することはできない。

　つまり、犯人が犯行場所から遠く離れれば離れるほど、それだけ犯人の現行犯性が薄れるわけである。ただし、犯行地周辺の環境や犯人の逃走手段などによって各事案の条件が異なるので、場所的関係とのうえで現行犯性の限界を示すことは、極めて困難である。あえて一応の目安を示すとすれば、犯行場所から「200メートルから300メートル」程度の場所的範囲内に現在する者については、現行犯人であると認めてよい。

(3) **現行犯性の認定**

　被疑者の犯行を現認していない警察官が、被害者・目撃者等の通報等により現場に駆けつけ、被疑者を逮捕する場合、相手を現行犯人として逮捕することができるかどうかについて疑問を生じる。

　この場合には、被害者・目撃者の供述、被疑者の挙動などの現場の状況が、現行犯人性の有無を認定する上で重要な意味をもつ。そして、次のような状況があり、しかもそれが犯行直後の生々しさを明白に示しているのであれば、たとえ警察官が直接犯行を目撃していなくとも、被疑者を現行犯人と認めることができる。

　① 現場の状況

　　○ 器物損壊・暴行事犯につき、飲食店のガラス戸の破損状況

　　○ 器物損壊事犯につき、喫茶店の内部は額縁が壊れるなどの乱雑な状況

　　○ 暴行事犯につき、多数の者が集まり大騒ぎしている状況

　② 被害者の挙動等

　　○ 暴行被害者の苦痛の訴え

　　　○　受傷部位の発赤・流血、衣服の乱れ、泣訴等の衝動的言動
　③　逮捕時における犯人の挙動等
　　　○　器物損壊・暴行犯人が手を負傷し大声で叫びながらパンツ１枚を着
　　　　けただけの姿で足を洗っている状態
　　　○　器物損壊犯人の「この家の親父は人をだましたので徹底的にやって
　　　　やる」との言動
　　　○　暴行犯人が自宅からはだしでふらっと出てきた挙動
　　　○　凶器の所持、衣服の乱れ、身体・被服に顕著な証跡があるなどの犯
　　　　人の挙動
　④　被害者・目撃者と犯人の接触状況
　　　○　被害者・目撃者が犯人を継続的に追尾して逮捕する場合は特に問題
　　　　がない。
　　　○　追尾が中断した場合には、ほかの状況も考慮しなければならない。

 注目!!

　　なお、被害者・目撃者の供述（通報を含む）は、犯罪と犯人の明白性の有無を
　認定するうえで極めて重要な資料となる。
　　しかし、その供述だけを認定資料とし、かつ、その供述をうのみにして被疑者
　を現行犯人であると即断することは危険である。なぜなら、被疑者を現行犯人で
　あると認定した第三者の判断が果たして客観的に正しいのかどうか、当の本人自
　身の供述だけでは、逮捕しようとする警察官には分からないからである。これは
　犯人の供述についても同様である。

6　「逮捕の必要性」の必要性

　　刑訴規則第143条の３により、通常逮捕・緊急逮捕は「逮捕の必要性」を要
件とする。
　　しかし、現行犯逮捕の場合には、法文上そのような規定はない。
　　現行犯逮捕における逮捕の必要性については説が分かれており、「逮捕の必
要性は現行犯逮捕の要件ではない」とする判例もある（東京高判昭41.1.27）。
　　しかし、明らかに逮捕の必要性がない場合には現行犯逮捕は許されないと解
するのが、任意捜査を原則とする刑事手続の趣旨に沿うとした見解も有力であ
り、現在は、現行犯逮捕も必要性がある場合に行うのが当然であるというのが

通説である。

　実務上は、現行犯逮捕の場合、罪証隠滅や逃走のおそれがあることが多いため、現行犯逮捕の際に個々に必要性を検討することは必要ではないと解されている。

　しかし、被疑者の身元が判明していて、罪証隠滅や逃走のおそれがないことが明らかである場合には、できるだけ任意捜査によるべきである。

　なお、軽微な犯罪等においては現行犯逮捕が制限されており（刑訴217条）、また、交通法令違反事件については、逃走その他の特別の事情がある場合のほかは逮捕を行わないとしている（犯捜規219条）。

 注目!!

　大阪高判（昭60.12.18）においても、「現行犯逮捕も人の身体の自由を拘束する強制処分であるから、その要件はできる限り厳格に解すべきであって、通常逮捕の場合と同様、逮捕の必要性をその要件と解するのが相当である」と判示し、運転手から免許証の提示を拒否されただけで、直ちに道路交通法違反（踏切侵入違反）で現行犯逮捕したのは、逮捕の必要性の要件を欠くとしている。

現行犯逮捕の手続

1　軽微事件と現行犯逮捕

刑訴法第217条は、

30万円（刑法、暴力行為等処罰に関する法律及び経済関係罰則の整備に関する法律の罪以外の罪については、当分の間、2万円）以下の罰金、拘留又は科料に当たる罪の現行犯については、

　　○　犯人の住居若しくは氏名が明らかでない場合

　　○　犯人が逃走するおそれがある場合

のうち、いずれか一つに該当する場合に限り、同法第213条から第216条までの規定を適用する。

と規定している。

⑴　「犯人の住居若しくは氏名が明らかでない場合」とは

犯人の「住居」若しくは「氏名」のいずれか一方が明らかでない場合をいう。したがって、住居も氏名も明らかであれば（逃走のおそれが認められる場合は別として）、被疑者を逮捕することは許されない。

「住居と氏名が明らかである」といえるためには、被疑者の供述だけでは足りず、客観的な資料によって捜査官に明らかでなければならない。

住居若しくは氏名が明らかでない場合には、次のような場合がある。

　　○　本人が特定の住居と氏名を名乗っているが、その住居・氏名が当人のものに間違いないことを証明するのに役立つような所持品や第三者の証言がない場合

　　○　本人が住居又は氏名を黙秘している上、所持品等からも住居・氏名を明らかにするものが発見されない場合

　　○　一応本人のものと推定される身分証明書その他の所持品があり、その所持品に特定人の住居と氏名が記載されていても、本人が黙秘していて何ら釈明を行わず、所持品の記載人物と本人とが同一人物であることを確認できない場合

なお、被疑者の住居・氏名が明らかであるかどうかを認定する場合には、本人の雇用主等に電話を掛けてみるなどして裏付捜査を行わなければならない。

被疑者の供述や所持品から住居と氏名を知ることができても、ただそれだけで被疑者の住居及び氏名が明らかになったと解すべきではない。

⑵　**「犯人が逃亡するおそれがある場合」とは**

勾留の要件としての「逃亡すると疑うに足りる相当の理由があるとき」（刑訴60条1項3号）よりは緩やかと解されており、それだけ逮捕する者の認定の幅が広くなっている。

実務上、逃亡のおそれの有無を認定するに当たっては、犯罪の軽重、犯行の手段・方法、犯人の住居、犯罪経歴、犯人の言動・年齢・職業、家族の有無等を考慮し、総合的に判断することが必要となる。

⑶　**現行犯逮捕した後、⑴・⑵が解消した場合**

逮捕後であっても、⑴・⑵両方の事由が解消すれば、刑訴法第216条（現行犯逮捕と準用規定）が適用されなくなるから、同条によって準用されている同法第202条から第209条の規定（逮捕状で逮捕した場合に関する規定）も準用されない。したがって、⑴・⑵両方の事由がなくなった場合には、留置を継続することができないため、釈放しなければならない。

2　私人による現行犯逮捕

現行犯人の逮捕は、何人にも認められているのである（刑訴213条）。私人の逮捕は義務付けられたものではなく、逮捕するしないは自由である。しかし、現行犯逮捕の際に行使できる私人の権限は警察官よりも制限され、私人が現行犯人を逮捕したときは、直ちに検察官又は司法警察職員に犯人を引き渡すことを義務付けられ（刑訴214条）、逮捕後犯人を取り調べることができず、令状によらない差押え・捜索・検証（刑訴220条）もできない。

逮捕時の実力行使については、社会通念に照らして相当と認められる程度の実力行使が許され（最判昭50.4.3）、また、危険防止のため、犯人が所持している凶器を一時的に取り上げるなど、必要最小限度の実力行使は許される。

 注目*!!*

私人による逮捕行為は、公務員の職務の執行として行われるものではないから、犯人がこれに対し暴行又は脅迫を加えても、公務執行妨害罪は成立しない（もっとも、暴行・脅迫の各罪が成立する。）。

注目!!

　刑訴法第217条の軽微事件に関する規定は、私人による逮捕にも適用される規定である。したがって、刑訴法第217条の制限を知らないで逮捕した場合には、不法逮捕の責任を免れない（→333頁「⑶　私人から軽微事件の現行犯人の引渡しを受けた場合の措置」参照）。

　しかし、一般的に、例えば、軽犯罪法第1条第3号（侵入具携帯）違反の罪の犯人が突然逃げ出したような場合、逮捕者である私人が刑訴法第217条の制限の規定を知らなかったとしても、普通犯人の住居・氏名を知らないであろうし、犯人が逃走したのであれば刑訴法第217条の要件を自然と充足することになるから、軽微事件であっても現行犯逮捕ができることになる。

3　警察官による管轄外の現行犯逮捕

 注目!!

警察法第65条
　いかなる地域においても、刑事訴訟法第212条に規定する現行犯人の逮捕に関しては、警察官としての職権を行うことができる。

　刑訴法第213条は、「現行犯人は、何人でも、逮捕状なくしてこれを逮捕することができる」旨を規定している。この「何人でも」とは、捜査機関に限らず、私人でも逮捕できることを意味する。捜査機関であっても、その権限外の犯罪（例えば、特別司法警察職員に与えられている犯罪捜査権の及ばない犯罪）については一般私人として逮捕することになる。

　また、税関職員・税務署職員・国税査察官・入国警備官・公正取引委員会職員などは、それぞれ特定の法令違反の事実について独自の調査権をもっているが、捜査機関ではないから現行犯逮捕は私人の立場で行うことになる。

　これに対し、警察法第65条のとおり、警察官が管轄区域外で現行犯逮捕する場合、その逮捕は、捜査機関（一般司法警察職員）としての公務執行となる。したがって、被疑者が管轄区域外で現行犯逮捕しようとする警察官に暴行・脅迫を加えたときは、公務執行妨害罪が成立するし、この警察官は刑訴法第220条に基づき、逮捕の現場で「令状によらない差押え・捜索・検証」を行うことができる。

注目!!

　警察官が、自分が所属する管轄区域内の犯罪を捜査するため管轄区域外において現行犯逮捕を行った場合には、原則としてその被逮捕者を自分の所属都道府県警察に引致することができる。問題は、例えば、郷里に帰省中の警察官がたまたま現行犯人を発見して逮捕したような場合、被逮捕者を自己の所属都道府県警察に引致することができるかという点である。

　この点については、刑訴法第202条・第203条の要件を満たすことができれば、たまたま他の管轄区域内で現行犯人を逮捕した場合であっても、自己の所属警察へ引致することができると解すべきである。しかし一般的には、裁判所の管轄権等を勘案し、原則として逮捕地を管轄する地元警察に身柄を引き渡すのが妥当であろう。

4　逮捕時の手続

(1)　逮捕行為

ア　現行犯逮捕とみられる場合

　現行犯逮捕は、逮捕者が現行犯人の身体を拘束し、実力支配下に置けば足りる。必ずしも手錠を使用するなどによる拘束は必要でない。また、現行犯人として逮捕する旨を被逮捕者に告知することも法律上要求されていない（福井地判昭49.9.30）。そこで、どのような状況であれば逮捕が開始されたと判断されるのかという点について、次の判例が参考となる。

　公職選挙法（戸別訪問）違反の罪の被疑者を現行犯人と認め、被疑者が住居・氏名を明らかにしないため、警察署に同行する旨を告げて、パトカーで本署に同行した事案について、以下のとおり判示している。

　　「逮捕にあたる身体の拘束が開始されたか否かは、手錠を施すなどの身体に対する直接の拘束が開始されたか否かによって決すべきものではなく、被疑者がその意思で逮捕警察官からの拘束を離れ自由に振舞うことができない状況に置かれたか否かによって決すべきものである」。本件の場合、強制捜査によるしか方法がない犯罪の捜査に当たり、当該被疑者宅を訪れ、自宅前道路上から両警察官が警察署に連行し始めた場合、当該被疑者が警察官の拘束を離れて自由な行動に出ることは不可能になったと認めるべきであり、その時点で現行犯逮捕が開始されたと解するの

が相当である（東京高判昭57.4.15）。

　上記判例からすると、現行犯人の要件がある者を、警察官が犯行現場から腕をとってパトカーで本署等へ連行すれば、たとえ警察官が無言のままであっても、それは現行犯逮捕とみられることになる。

イ　現行犯鎮圧の法理

　現行犯逮捕ではなく、任意同行となる場合は、どのような場合か。

　逮捕は人身の自由に対する重大な侵害であるから、現行犯人の要件を満たしている場合であっても必要がないときは逮捕することなく、その行為を制止することができる。

　仮に、その犯罪が、住居侵入や業務妨害などのように、警察官職務執行法第5条後段の要件（もしその行為により人の生命若しくは身体に危険が及び、又は財産に重大な損害を受けるおそれがあって急を要する場合）が満たされていない犯罪であっても、現に犯罪が行われている場合、又は引き続き行われようとしている場合においては、警察官がこれを制止するのは当然の責務であることから、制止に必要と認められる限度で強制力を行使できる。

　この考え方を「現行犯鎮圧の法理」という。

ウ　逮捕と制止の違い

　たとえば、けんかの現場において現行犯逮捕する場合と、同程度の実力行使をして制止する場合については外見上違いはない。

　しかし、両者の区別は、司法警察員に対する「引致」が直ちに行われたかどうかによって区別される。

　刑訴法上、司法巡査が被疑者を逮捕（通常逮捕・緊急逮捕・現行犯逮捕）した場合、直ちに司法警察員に引致しなければならないと規定されている（刑訴202条・211条・216条）。引致を受けた司法警察員の措置については、333頁参照。

 注目!!

　けんかの現場から当事者を本署に同行した場合、現行犯逮捕か任意同行かはっきりしない状態で本署に到着し、引致の手続をとらないまま数時間が経過し、それから現場で現行犯逮捕を行ったとして弁解録取書を録取した場合、逮捕時間と引致時間（弁解録取時間）との間に長時間の隔りが生じる。

　この場合、逮捕後の引致が「直ちに」行われなかったのではないかという疑問がもたれ、いわゆる「さかのぼり逮捕」として違法との認定を受ける可能性もある。

　したがって、警察官は、現行犯逮捕の法理をよく理解し、制止行為なのか逮捕行為なのかを適切に判断するとともに、捜査幹部は、被疑者が同行されてきた場合、同行時における実力行使の程度等を勘案し、現行犯逮捕として処理すべきかどうかを即座に判断し、事後の手続を速やかに履行しなければならない。

⑵　実力行使の程度

　逮捕は身体の自由の拘束であるから、強制力を用いることは当然である。その程度は、被疑者の抵抗の程度によって左右される。

　犯捜規範第126条第1項が「逮捕を行うに当つては、感情にとらわれることなく、沈着冷静を保持するとともに、必要な限度をこえて実力を行使することがないように注意しなければならない。」と規定しているとおり、被疑者が罵詈雑言を吐いたからといって抵抗していない被疑者に対し実力行使をすることは許されない。

⑶　告訴意思が不明な場合の現行犯逮捕

　告訴とは、捜査機関に対して一定の犯罪事実を申告し、犯人の処罰を求める意思表示であり、捜査の端緒となるものである。

　告訴は、親告罪については訴訟条件とされ、すなわち告訴権者の適法な告訴がなければ検察官は公訴を提起できない。

　しかし、捜査着手の条件ではないから、告訴がないからといって捜査をすることができないというわけではない。告訴があるまで捜査を行わないと証拠が散逸し、捜査上困難を来すおそれが多い。したがって、任意捜査はもとより強制捜査を行っても違法ではなく、犯捜規範第70条にも「警察官は、親告罪に係る犯罪があることを知つた場合において、直ちにその捜査を行わなければ証拠の収集その他事後における捜査が著しく困難となるおそれがあると認めるときは、未だ告訴がない場合においても、捜査しなければならない。」と規定している。

　したがって、現行犯人が犯した犯罪が親告罪であっても、逃走のおそれがあるなど、その場で逮捕しなければ事後に被疑者を確保できないような状況があれば、告訴の意思が不明確であっても現行犯逮捕すべきである。

5　逮捕後の手続

⑴　現行犯人の引致を受けた司法警察員の措置

司法警察員は、

- ○　自分が被疑者を現行犯逮捕したとき
- ○　逮捕された被疑者を司法巡査（他の司法警察員・私人であっても同じ。）から受け取ったとき

については、直ちに、

- ○　被疑事実の要旨の告知
- ○　弁護人を選任することができる旨の告知
- ○　弁解の機会の付与
- ○　留置要否の判断

を行わなくてはならない（刑訴203条）。この場合、留置の必要がないと思料するときは、直ちにこれを釈放しなければならない。

注目!!

逮捕後の引致は、緊急逮捕における逮捕後の「直ちに」逮捕状を請求する場合のように、疎明資料の作成等の問題がない。したがって、逮捕後の引致における「直ちに」とは、身柄を連行するために必要となる最短の時間（「即刻」に近い意味）と解される。

⑵　現行犯の要件を欠く被疑者の引致を受けた場合の措置

司法巡査が被疑者を現行犯逮捕した後、司法警察員に引致したが、その後の取調べにより、現行犯（準現行犯）の要件を欠いていることが明らかになった場合には、その逮捕は違法であるから、直ちに釈放する手続をとらなければならない。

この場合、釈放した後、緊急逮捕することもできるし、あるいは通常逮捕することもできる。なお、この場合、現行犯人逮捕手続書には、釈放の手続をとったことを明記しておかなければならない。

⑶　私人から軽微事件の現行犯人の引渡しを受けた場合の措置

私人が被疑者を逮捕する時点で、犯人の住居も氏名も明らかで、かつ、逃亡のおそれもないのに逮捕した場合は、軽微犯罪の現行犯人の逮捕要件を欠く違法な逮捕であるから、それが判明した時点で直ちに被疑者を釈放しなけ

ればならない。

　次に、私人に逮捕される時点では黙秘していた被疑者が、司法巡査に引き渡されたあと住居・氏名を明らかにした場合、仮にその被疑者が逃亡のおそれがなくても、司法巡査が自己の判断で被疑者を釈放することなく、原則どおり司法警察員に引致すべきである。

　その理由は、引致義務（刑訴215条）が司法巡査に課せられているのは、専門的な知識を有する司法警察員に身柄措置の判断をさせるためである。したがって、司法巡査が被疑者を司法警察員に引致しないまま被疑者を釈放することができるのは、誤認逮捕など、逮捕行為自体が明らかに違法と認められる場合等、特殊な場合に限られるべきである。

 注目.!!

　なお、私人による誤認逮捕であることから、司法警察員に引致することなく交番で釈放する場合であっても、電話等により司法警察員の具体的な指揮を受けて行うことが妥当である。

現行犯人を一般人が見張り中、通報により臨場した警察官が現逮することの可否

> 甲が酒を飲んで車を運転中睡魔に襲われ、道路外の電柱に衝突して停止した。甲が運転していた車は中破したが、甲にけがはなく、そのまま運転席で眠り込んでしまった。そこをたまたま通りかかったAとBが驚いて中をのぞき込んでみると、甲が赤い顔をして眠っており、強い酒臭がしたことから、AとBは酒酔い運転だと直感し、BがAに対し「ここで見ててくれ。俺が警察官を呼んでくる」と言って約200メートル離れた近くの交番に行き、交通事故が発生してから約10分後に警察官が到着した。到着した警察官が現場の状況を見ると、エンジンがまだかかっており、蒸気がボンネットの隙間から吹き出すなど、車は破損したばかりであることは明らかであり、運転席には甲が酒臭をぷんぷんさせて眠っていた。この場合、現行犯逮捕の逮捕者はAかBか、それとも警察官が逮捕するのか。

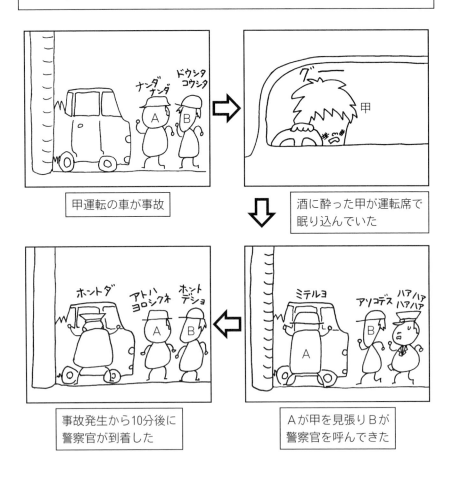

甲運転の車が事故

酒に酔った甲が運転席で眠り込んでいた

事故発生から10分後に警察官が到着した

Aが甲を見張りBが警察官を呼んできた

1　結　論
　　逮捕者は、警察官である。

2　関係法令
　○　刑訴法第212条（現行犯人）第1項
　○　刑訴法第213条（現行犯逮捕）

3　現行犯逮捕の要件
　①　犯罪と犯人の明白性
　　　その者をおいて他に犯人はなく、その者こそ正しく特定の犯罪の実行
　　行為者であるということを逮捕者が明白に認識できること。
　②　犯罪の現行性・時間的接着性の明白性
　　　その者が現に特定の犯罪を実行しつつあること、又は特定の犯罪を実
　　行し終わった直後の段階にあることを逮捕者が明白に認識できること。
　　①②のうちどちらかが欠ければ、現行犯人とはならない。

4　関係判例
　　犯行後30～40分経過した被疑者は、刑訴法第212条第1項後段の「現に
　罪を行い終つた」に当たる（最決昭31.10.25）。

5　事例検討
　○　AとBは、甲の酒酔い運転を現認し、警察官に通報したが、甲の身体
　　を拘束したわけではない。よって、逮捕をしていない。
　○　警察官が目撃者Bの申告を受けて現場に到着したとき、甲は運転席に
　　座った状態で眠っており、しかも酒臭があったことから、現行犯逮捕の
　　要件の①である、犯罪と犯人の明白性はある。
　○　②の要件については、甲の酒酔い運転が発覚してから約10分後に警察
　　官が到着したのであるから、上記判例の範囲内にあり、目撃者の供述、
　　事故の状況等からして、甲が酒酔い運転を行い終わってから約10分後で
　　あることを警察官が認識できることから、犯罪の現行性・時間的接着性
　　の明白性についてもある。
　○　よって、被疑者甲は現行犯人（刑訴212条1項後段）であり、被疑者
　　甲を警察官が現行犯逮捕することができる。

所有者等に告訴の意思を確認せずに現逮することの可否

　管内で駐車場の車が器物損壊される事件が連続して発生した。このため、警察官が重点警戒を実施していたところ、「男が駐車場で車をバットでたたいている」という110番通報が入った。警察官が３分以内で現場に急行すると、バットを持った男（器物損壊被疑者甲）が立っており、付近に駐車してあった数台の車のフロントガラスが割れたり、ボディが凹損していた。警察官が直ちに、甲に対し職務質問をしたところ、甲は「むしゃくしゃしたから車を壊した」と本件犯行を認めたことから、甲を器物損壊罪の現行犯人と認め逮捕した。この場合、器物損壊罪は親告罪であるところ、警察官は、車の所有者等に告訴の意思を確認することなく逮捕した。この逮捕行為は、適法か。

「男がバットで車をたたいている」という110番通報が入った

警察官が３分以内で臨場した

車が壊されている

甲が犯行を自供した

1　結　論
　　適法である。

2　関係法令
　○　刑訴法第212条（現行犯人）第1項
　○　刑訴法第189条（一般司法警察職員と捜査）第2項
　○　犯罪捜査規範第70条（親告罪の要急捜査）

3　関係判例
　　国税犯則事件の捜査目的を達成するために必要があれば、その限度において、告発前においても犯則行為を逮捕・勾留し、取り調べることができる（最決昭35.12.23）。

4　事例検討
　○　刑訴法上、親告罪は、告訴が訴訟条件となっている。このため、告訴権者の有効な告訴がなければ、検察官は有効な公訴を提起することができず、また、仮に検察官が公訴を提起しても、判決で公訴が棄却される（刑訴338条4号）。
　○　ただし、親告罪の告訴は「訴訟条件」であり、捜査開始の要件ではない。警察官は、犯罪があると思料するときは、直ちに、犯人を捜査し、証拠を収集しなければならない（刑訴189条2項）。
　○　また、告訴がない場合であっても、捜査を開始しなければならず（犯捜規70条）、この捜査には強制捜査も含まれることから、告訴の意思を確認するために犯人を取り逃がすことがあってはならず、必要があれば親告罪の被疑者を告訴がされる前に逮捕することもできる。
　○　事例の場合、被疑者甲が逃走するおそれがあり、車の所有者に連絡し、被害状況を確認させ、告訴の意思を確認していたのでは被疑者を取り逃がすことになることから、現行犯逮捕する必要性がある。よって、警察官の逮捕行為は、適法である。

犯行後10分後に臨場し、被疑者の自供等に基づき現逮することの可否

スナックで飲酒中だったＡがトイレに行き、財布を洗面台に置いたまま外に出たところ、財布を忘れていることに気付き、すぐに取りに戻った。Ａがトイレに入ったとき、後から男（甲）が入ってきて、並んで小用を足し、Ａが先に出てきた状況であった。そのとき、他には誰もいなかった。Ａは「財布を盗んだのは甲だ」と直感し、スナックのママに依頼し、警察官が到着するまで帰らないように呼び掛けたところ、甲が急に席を立って外に出ようとしたため、Ａが「待ってください」と言うと、甲は「たばこを買いに行くだけだ。すぐ戻ってくる」と言い、Ａと甲が押し問答をしている間に警察官が到着した。財布がなくなってから約10分後に到着した警察官が、Ａから状況を聞いた後甲を追及したところ、甲は「すみません。トイレに置いてあったのでつい盗んでしまいました」と自供し、ポケットからＡの財布を差し出したので、警察官が甲を現行犯逮捕した。この行為は、適法か。

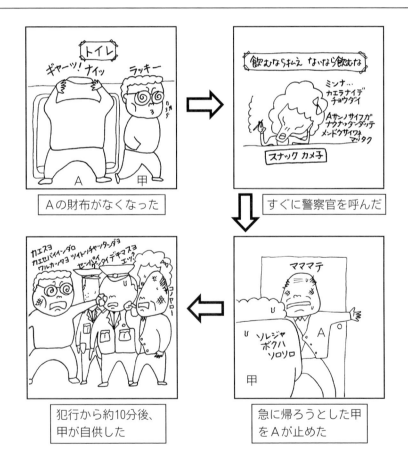

Ａの財布がなくなった

すぐに警察官を呼んだ

犯行から約10分後、甲が自供した

急に帰ろうとした甲をＡが止めた

1　結　論
適法である。

2　関係法令
刑訴法第212条（現行犯人）第1項

3　現行犯逮捕の要件
① 　犯罪と犯人の明白性
　　その者をおいて他に犯人はなく、その者こそ正しく特定の犯罪の実行行為者であるということを逮捕者が明白に認識できること。
② 　犯罪の現行性・時間的接着性の明白性
　　その者が現に特定の犯罪を実行しつつあること、又は特定の犯罪を実行し終わった直後の段階にあることを逮捕者が明白に認識できること。
①②のうちどちらかが欠ければ、現行犯人とはならない。

4　関係判例
　バス停に並んでいた被害者が、バスに乗車する前に後ろポケットを触られたような感じがしたのでポケットを確認すると入れていた財布が無くなっていた。被害者はたった今盗まれたと直感し、後方を振り返って見回すと、左斜め後方に立っていた被告人が、被害者と視線が合うと後ずさりをして眼をそらしたことから、被告人が犯人であると直感し、バス停で待っていた約30人の客に警察が来るまでバスに乗車して待つように依頼したところ、被告人だけがバスに乗らず逃走したため、被害者が被告人が犯人であると確信し、現行犯逮捕した場合、被害者が犯行を直接目撃していない場合であっても、逮捕者が直接覚知した諸般の状況から合理的に判断して、特定の犯罪を行い終わった瞬間の、あるいは極めて接着した時間的段階にある犯人であることが明らかな場合についても、現行犯人としての明白性を十分に満たしていると解される（大阪高判昭45.3.19）。

5　事例検討
○ 　事例の場合、Aが財布を盗まれたとき、当該トイレには甲しかいなかったため、Aは、甲が犯人であると直感したものであり、警察官が到着するまでスナックから出ないよう依頼したところ、甲だけが立ち去ろうとした。そして、その直後に到着した警察官の追及により甲が本件犯行を自供し、盗んだ財布を差し出した。甲が本件犯行を行ってから自供するまでの時間は、15分であった。
○ 　現行犯逮捕する場合、逮捕者が単に被害者の指示や被疑者の自供等の供述だけによって犯罪と犯人の明白性を認め、現行犯逮捕することは許されない。しかし、事例の場合、逮捕者である警察官は、単にAの供述だけによって甲の犯行を認定したのではなく、甲の自供、被害品の押収等、客観的な状況及び資料等から甲を窃盗罪の現行犯人として認定したのであるから、上記判例からして、警察官が現行犯逮捕したことは、適法である。

身代わり出頭した者を犯人隠避罪の教唆犯として現逮することの可否

甲が駐車違反をしてＡ警察署の交通課に出頭する際、甲は違反歴があったことから反則切符を切られると免停になると思い、知人乙に身代わりを依頼し、一緒に交通課に出頭した。乙は、かねてからの打合せどおり、「わたしが車を停めました」と警察官に申し立て、甲は、警察署の待合室で待っていた。ところが、乙は、警察官の取調べの途中で追及され、隠しきれずに「実は駐車違反をしたのは甲です。わたしは身代わりで出頭しました」と自供した。甲の駐車違反が午後１時頃で、警察署に出頭して本件犯行が発覚したのが午後１時20分頃である場合、警察官は甲を犯人隠避罪の教唆犯として現行犯逮捕することができるか。

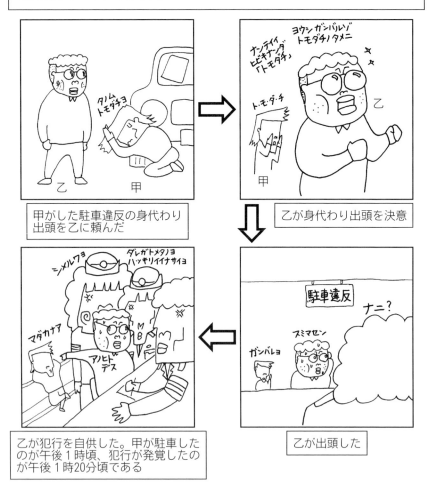

甲がした駐車違反の身代わり出頭を乙に頼んだ

乙が身代わり出頭を決意

乙が出頭した

乙が犯行を自供した。甲が駐車したのが午後１時頃、犯行が発覚したのが午後１時20分頃である

1　結　論
　　できない。

2　関係法令
　　刑訴法第212条（現行犯人）第1項

3　現行犯逮捕の要件
　① 犯罪と犯人の明白性
　　　その者をおいて他に犯人はなく、その者こそ正しく特定の犯罪の実行
　　行為者であるということを逮捕者が明白に認識できること。
　② 犯罪の現行性・時間的接着性の明白性
　　　その者が現に特定の犯罪を実行しつつあること、又は特定の犯罪を実
　　行し終わった直後の段階にあることを逮捕者が明白に認識できること。
　①②のうちどちらかが欠ければ、現行犯人とはならない。

4　事例検討
　○ 現行犯逮捕は、
　　　・ 犯人が特定の犯罪を行っていること（固有の現行犯）
　　　・ あるいは行い終わったこと（固有の現行犯）
　　　・ または行い終わって間がないことが客観的に明らかであること
　　　　（準現行犯）
　　の明白性（①犯罪と犯人の明白性。②犯罪の現行性の明白性。③時間的
　　接着性の明白性）が必要となる。
　○ 事例の場合、甲が乙に犯人隠避を教唆したときから約20分以内に被疑
　　事実が発覚したのであるから、時間的範囲だけをみれば、甲は、犯人隠
　　避罪の教唆犯の現行犯人である。
　○ 甲が、犯人隠避罪の教唆犯であることを警察官は認識しておらず、乙
　　の自供によって初めて認知したのである。このように外部的明白性がな
　　い被疑者を捜査する過程において、犯行が明らかになることを「たぐり
　　捜査」という。たぐり捜査の場合、いかに時間的に接着しても、明白性
　　がないために現行犯逮捕することはできない。
　○ よって、甲を現行犯逮捕することはできない。

覚醒剤を捨てて逃走した者を、予試験を実施して30分後に現逮することの可否

　警察官が甲に職務質問したところ、甲がポケットからパケを投げ捨てて逃走した。警察官が甲の捨てたパケを拾って追跡し、停止させて職務質問すると、甲は真っ青な顔をしてわけの分からない言動を繰り返した。このため、警察官は、甲が捨てた紙包みを覚醒剤だと直感し、甲を交番に任意同行して予試験を実施した結果、甲が捨てた紙包みの中にある粉末が陽性反応を示し、覚醒剤であることが判明したことから、警察官が覚醒剤の所持罪で甲を現行犯逮捕した。なお、甲が紙包みを捨ててから約30分が経過していた。警察官の行為は、適法か。

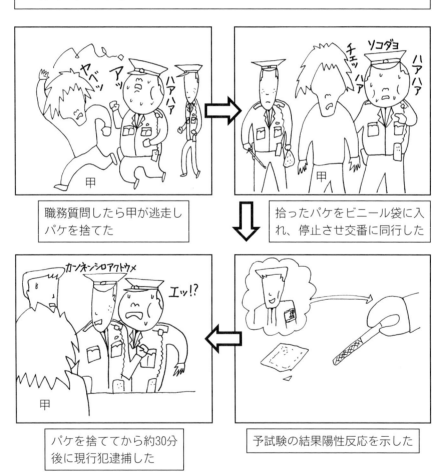

職務質問したら甲が逃走しパケを捨てた

拾ったパケをビニール袋に入れ、停止させ交番に同行した

パケを捨ててから約30分後に現行犯逮捕した

予試験の結果陽性反応を示した

1　結　論
　　適法である。

2　関係法令
　　刑訴法第212条（現行犯人）第1項

3　現行犯逮捕の要件
　　① 犯罪と犯人の明白性
　　　その者をおいて他に犯人はなく、その者こそ正しく特定の犯罪の実行
　　行為者であるということを逮捕者が明白に認識できること。
　　② 犯罪の現行性・時間的接着性の明白性
　　　その者が現に特定の犯罪を実行しつつあること、又は特定の犯罪を実
　　行し終わった直後の段階にあることを逮捕者が明白に認識できること。
　　①②のうちどちらかが欠ければ、現行犯人とはならない。

4　関係判例
　　○ 所持とは、事実上、自己の実力支配内に置く行為をいう（最大判昭30.
　　　12.21）。
　　○ 覚醒剤を自ら直接に把持せず、他人に預けていても、その者を通じて
　　　覚醒剤を間接的に支配している状況があれば、覚醒剤を所持（間接所持）
　　　していることになる（名古屋高判昭32.3.23）。
　　○ 覚醒剤を荷造りして、荷送人、荷受人とも自己名義にして運送人に配
　　　達方を依頼した場合、運送人によって運送されている途中においても、
　　　当該覚醒剤に対する所持が委託者に認められる（福岡高判昭30.12.17）。

5　事例検討
　　○ いわゆる「たぐり捜査」とは、警察官が被疑者の犯罪を明確には認識
　　　しておらず、捜査の過程で犯罪の全容が明らかになる場合をいう。した
　　　がって、事例のように、覚醒剤らしきものを所持していたことを現認し
　　　ていることから、犯罪と犯人の結び付きが明らかである。
　　○ また、犯人が現行犯人と認定することができる客観的な状況があり、
　　　その者が特定の犯罪を行ったことを明確にするために確認的な職務質問
　　　を実施し、その結果、被疑者の自供を得るなどによって確証を得る行為
　　　は、いわゆる「たぐり捜査」には当たらないとされている。
　　○ 以上のことから、覚醒剤の予試験を行う行為は、現行犯人である被疑
　　　者の犯罪行為を明確にするための確認行為であると解されることから、
　　　事例の場合、たぐり捜査には当たらず、現行犯逮捕の要件である明白性
　　　があるといえる。
　　○ また、甲が警察官の目の前で覚醒剤を投げ捨て、逮捕時に所持してい
　　　なかったとしても、甲が行った覚醒剤の投棄は、覚醒剤の所持罪の発覚
　　　を防ぐために行ったものであり、直ちに警察官が拾い上げて追跡したの
　　　であるから、当該覚醒剤は被疑者甲の事実上の実力支配下にあり、予試
　　　験の段階において、甲は当該覚醒剤を所持していることになる。
　　○ よって、警察官が、甲が投げ捨てた覚醒剤らしきものを拾い上げ、そ
　　　のまま追跡し、任意同行して予試験を実施し、陽性反応が出たことから
　　　覚醒剤の所持罪で現行犯逮捕した行為は、適法である。

質入れ物件から覚醒剤を発見した場合、覚醒剤所持罪の現行犯人として逮捕することの可否

警察官が覚醒剤常習者の甲を職務質問し、所持品検査を実施したところ、所持品の中から質札が出てきた。警察官が追及したところ、「近所の質屋にオーディオを質入れし、その機械の中に覚醒剤を隠している」と自供した。警察官は直ちに甲と一緒に質屋に行き、甲が質入れしたオーディオ機器を甲に開けさせたところ、中からビニール袋に入った白い粉末を発見した。直ちに予試験をした結果、陽性反応を示したことから甲をその場で現行犯逮捕した。この逮捕行為は、適法か。

覚醒剤常習者の甲を職務質問した

所持品から質札を発見した

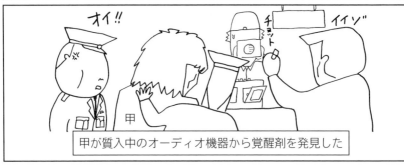

甲が質入中のオーディオ機器から覚醒剤を発見した

1　結　論
　適法である。

2　関係法令
　刑訴法第212条（現行犯人）第1項

3　現行犯逮捕の要件
　①　犯罪と犯人の明白性
　　その者をおいて他に犯人はなく、その者こそ正しく特定の犯罪の実行行為者であるということを逮捕者が明白に認識できること。
　②　犯罪の現行性・時間的接着性の明白性
　　その者が現に特定の犯罪を実行しつつあること、又は特定の犯罪を実行し終わった直後の段階にあることを逮捕者が明白に認識できること。
　①②のうちどちらかが欠ければ、現行犯人とはならない。

4　関係判例
　○　所持とは、事実上、自己の実力支配内に置く行為をいう（最大判昭30.12.21）。
　○　覚醒剤を自ら直接に把持せず、他人に預けていても、その者を通じて覚醒剤を間接的に支配している状況があれば、覚醒剤を所持（間接所持）していることになる（名古屋高判昭32.3.23）。
　○　覚醒剤を荷造りして、荷送人、荷受人とも自己名義にして運送人に配達方を依頼した場合、運送人によって運送されている途中においても、当該覚醒剤に対する所持が委託者に認められる（福岡高判昭30.12.17）。

5　事例検討
　○　事例の場合、甲はお金を返しさえすれば質入れした物品を再び手にいれ、隠匿していた覚醒剤を把持することになるのであるから、上記判例からして、甲は第三者に保管させることにより覚醒剤を所持していることになる。
　○　また、甲の自白、質札、質入れ品、隠匿されていた覚醒剤等、客観的状況及び証拠物により、犯罪と犯人の明白性があり、かつ、甲による覚醒剤の所持罪については、質屋において覚醒剤を発見した段階でいまだ甲が所持しているのであるから、「現に罪を行っている」現行犯人である。
　○　以上のことから、事例の警察官は、質入れ品から覚醒剤を発見し、予試験の結果、陽性反応を示した時点で、現に罪を行っている覚醒剤所持の被疑者を直接目撃していることになり、現行犯逮捕の要件である「犯罪と犯人の明白性」等の要件はいずれも充足することから、甲を現行犯逮捕した行為は、適法である。

建造物侵入の容疑者を、住人の指示によって現逮することの可否

A女が自宅（アパート）に帰宅したところ、甲がA女の部屋から出てきた。甲はA女が家主だとは気付かず、そのまますれ違ってアパートから出て行ったことから、泥棒だと直感し、後をつけた。追跡を開始して10分後、甲が近所のアパートの一室に鍵を開けて入ったことから、同室が甲の家だと確信し、その場から走って近くの交番に行き、警察官に訴えた。警察官は直ちにA女を同行し、甲の家に急行し、甲がA女の家から出てきてから約20分後、A女のアパートから約200メートル離れた甲の自宅に到着した。警察官が、甲宅の呼び鈴を押すと、甲がおどおどした態度で出てきた。A女に確認すると、A女宅から出てきた男と同一人であると申し述べたことから、警察官が追及すると、甲は「金が欲しくて入り、現金を盗もうとしたが、怖くなったので自宅に帰った」と供述した。この場合、警察官は、甲を建造物侵入罪で現行犯逮捕することができるか。

甲がA女宅から出てきた

A女が後をつけ、甲宅を突き止めた

A女が警察官を連れて甲宅に向かった

A女が甲を犯人だと指示し、甲も自供した

1　結　論
　　できる。

2　関係法令
　　刑訴法第212条（現行犯人）第1項

3　現行犯逮捕の要件
　①　犯罪と犯人の明白性
　　　その者をおいて他に犯人はなく、その者こそ正しく特定の犯罪の実行
　　行為者であるということを逮捕者が明白に認識できること。
　②　犯罪の現行性・時間的接着性の明白性
　　　その者が現に特定の犯罪を実行しつつあること、又は特定の犯罪を実
　　行し終わった直後の段階にあることを逮捕者が明白に認識できること。
　　①②のうちどちらかが欠ければ、現行犯人とはならない。

4　関係判例
　○　犯行後30～40分経過した被疑者は、刑訴法第212条第1項後段の「現
　　に罪を行い終わった」に当たる（最決昭31.10.25）。
　○　自転車を窃取して立ち去った状況を現認した女性被害者が、犯人を追っ
　　て同人の居宅入口まで後をつけ、犯人が当該自転車を居宅に持ち込んだ
　　のを見届けた後、直ちに警察官に届け出て、警察官が窃盗の現行犯人と
　　して逮捕した場合、同女は、自ら被告人を現行犯人として逮捕できると
　　ころをこれを避け、時を移さず警察に届け出て、警察官が即被告人を現
　　行犯逮捕したものであるから、適法な現行犯逮捕に当たる（仙台高秋田
　　支判昭25.3.29）。

5　事例検討
　○　警察官が、犯罪と犯人の明白性を直接覚知した被害者等の要求により、
　　本来、逮捕権を行使できる者に代わって犯人を現行犯逮捕することはで
　　きる。
　○　しかし、犯罪の客観性が担保されない単なる被害者の通報や被疑者の
　　自供のみによってしか犯罪の嫌疑が認められない場合には、犯罪と犯人
　　が明白とはいえないので、現行犯逮捕することはできない。
　○　事例の場合、甲の建造物侵入行為を目撃したA女が、同人の自宅を突
　　き止めたうえで、直ちに警察官に通報し、一緒に急行して甲宅に行った
　　こと、警察官の質問に対し、甲がおどおどした態度をとった後、本件犯
　　行を自供したこと、甲の自供内容がA女の訴えた内容と整合するなどか
　　ら、被疑者の供述以外に、甲が「現に罪を行い終わった」と明らかに認
　　められる状況が存在する。
　○　よって、甲を建造物侵入罪の現行犯人として逮捕することができる。

警察官が列車内で傷害罪を現認した場合、次の駅で10分後に現逮することの可否

　警察官が列車警乗中、Aが電車内で酒に酔った甲に因縁をつけられたうえ、顔面を段打されて負傷したのを現認した。警察官が、甲を傷害罪の現行犯人として逮捕しようとしたところ、次のB駅でドアが開いた瞬間に逃走されてしまった。そこで、警察官が携帯電話でB駅の駅員に連絡したところ、「最寄り人着の者が同方向の次の電車に乗車した」との情報が入った。警察官は、次のC駅が主要駅であるため、甲がC駅で降車するのではないかと予測し、C駅の改札で張り込みを実施した。すると、傷害事件が発生してから約10分後に甲が改札方向に向かって歩いてきた。直ちに警察官が甲を呼び止め、その場で現行犯逮捕した。この警察官の行為は、適法か。

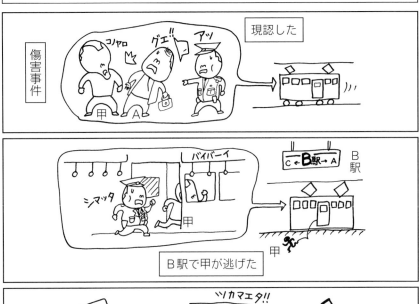

1　結　論
適法である。

2　関係法令
刑訴法第212条（現行犯人）第1項

3　現行犯逮捕の要件
①　犯罪と犯人の明白性

　その者をおいて他に犯人はなく、その者こそ正しく特定の犯罪の実行行為者であるということを逮捕者が明白に認識できること。

②　犯罪の現行性・時間的接着性の明白性

　その者が現に特定の犯罪を実行しつつあること、又は特定の犯罪を実行し終わった直後の段階にあることを逮捕者が明白に認識できること。

①②のうちどちらかが欠ければ、現行犯人とはならない。

4　関係判例
犯行後30〜40分経過した被疑者は、刑訴法第212条第1項後段の「現に罪を行い終わった」に当たる（最決昭31.10.25）。

5　事例検討
○　事例の場合、警察官が、甲の犯行を現認していることから、犯罪と犯人の明白性があることは明らかである。

○　また、犯行後約10分以内であること、甲が次の電車に乗車し、次の駅で降車したこと、警察官が一旦甲に逃げられたが、逮捕を断念することなく、次の駅の改札付近で張り込んでいるなどのことから、犯罪発生から逮捕に至るまでの現行性・時間的接着性があると認められる。

○　よって、甲は、現に罪を行い終わった犯人であるから、警察官は、C駅で甲を現行犯逮捕することができる。

自殺を図ろうとした者を、３時間に及ぶ説得後に現逮することの可否

管内のアパートで夫婦のゴタによる110番を入電したことから、警察官が臨場したところ、警察官の目の前で夫の甲が妻のＡをいきなり包丁で刺して傷害を負わせた。直ちに警察官が甲を傷害罪で現行犯逮捕しようとして甲の身体に手をかけたところ、甲が窓から体を乗り出し「家から出て行け。さもないと飛び降りるぞ」と自殺をしようとした。そのため、警察が説得に当たり、結局、傷害事件が発生してから約３時間後に甲を現行犯逮捕した。この警察官の行為は、適法か。

甲がＡを刺した

甲が自殺しようとしたため説得し、約３時間後に現行犯逮捕した

1　結　論
　適法である。

2　関係法令
　刑訴法第212条（現行犯人）第1項

3　現行犯逮捕の要件
　①　犯罪と犯人の明白性
　　　その者をおいて他に犯人はなく、その者こそ正しく特定の犯罪の実行
　行為者であるということを逮捕者が明白に認識できること。
　②　犯罪の現行性・時間的接着性の明白性
　　　その者が現に特定の犯罪を実行しつつあること、又は特定の犯罪を実
　行し終わった直後の段階にあることを逮捕者が明白に認識できること。
　①②のうちどちらかが欠ければ、現行犯人とはならない。

4　関係判例
　○　犯行後30～40分経過した被疑者は、刑訴法第212条第1項後段の「現
　に罪を行い終わった」に当たる（最決昭31.10.25）。
　○　映画館でわいせつ行為の被害を受けた被害者が警察官に通報し、約1
　時間5分後に犯人を逮捕した場合、「現に罪を行い終わった現行犯人」
　とは認められない（大阪高判昭40.11.8）。
　○　警察官が、当て逃げの被害者から犯人の車両番号等の届出を受け、約
　58分後に犯人を逮捕した場合、「現に罪を行い終わった現行犯人」とは
　認められない（仙台高判昭42.8.22）。
　○　あわびの密漁を現認した漁業監視船が密漁船を捕捉し、逮捕しようと
　したところ、密漁船が逃走したため、これに対する追跡を高速の他船に
　依頼し、依頼を受けた漁船が約3時間にわたって追跡したうえ、犯行後
　約4時間10分が経過した時点で逮捕した場合、当該逮捕は、適法な現行
　犯逮捕である（最判昭50.4.3）。

5　事例検討
　○　事例の場合、警察官は、傷害罪の現行犯人である甲の逮捕に着手した
　が、甲が自殺するおそれがあったことから、甲に対し、自殺をやめるよ
　う説得した。その間、警察官は、逮捕を断念することなく、甲が自殺を
　思いとどまった時点、あるいは自殺をさせることなく逮捕できる状況に
　なった時点で直ちに甲を逮捕するつもりでいたのであり、逮捕行為を断
　念していない。そして、甲に接近した状態で説得を続け、甲が自殺を思
　いとどまった時点で直ちに甲を逮捕したものであり、上記判例に照らし、
　事例の逮捕は、「あわびの密漁の判例」に類似する現行犯逮捕に当たる
　と解される。
　○　なお、逮捕行為の着手前に自殺を企図した現行犯人の説得を開始し、
　その後、長時間経過した後に逮捕する場合、時間の経過状況等を検討し、
　現行犯逮捕するか、緊急逮捕するべきかを判断する必要がある。

傷害事件を現逮後、暴力常習者であることが判明した場合の措置

　警察官が警ら中、傷害事件を現認し、現行犯逮捕した。その後、甲の総合照会を行ったところ、甲は暴力団員であり、暴行・傷害の前科が10犯あることが分かった。これにより、甲は、暴力行為等処罰に関する法律第1条の3にいう暴力常習者であり、同罪が成立することが判明した。このとき、甲の罪名を「暴力行為等処罰に関する法律第1条の3（常習傷害）違反の罪」の現行犯人として逮捕手続書を作成することはできるか。

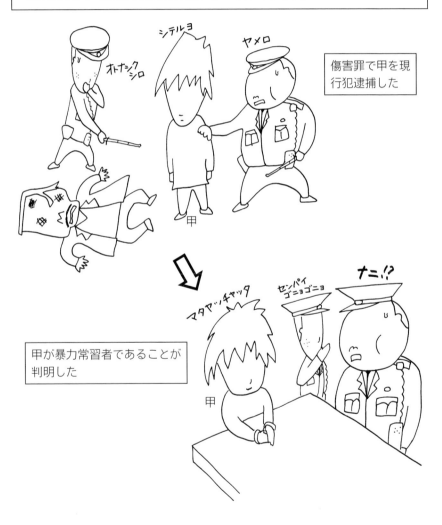

傷害罪で甲を現行犯逮捕した

甲が暴力常習者であることが判明した

1　結　論
　　できない。

2　関係法令
　　刑訴法第212条（現行犯人）第1項

3　現行犯逮捕の要件
　①　犯罪と犯人の明白性
　　　その者をおいて他に犯人はなく、その者こそ正しく特定の犯罪の実行
　　行為者であるということを逮捕者が明白に認識できること。
　②　犯罪の現行性・時間的接着性の明白性
　　　その者が現に特定の犯罪を実行しつつあること、又は特定の犯罪を実
　　行し終わった直後の段階にあることを逮捕者が明白に認識できること。
　　①②のうちどちらが欠ければ、現行犯人とはならない。

4　事例検討
　○　現行犯人逮捕手続書は、刑訴法第212条に規定されている現行犯人・
　　準現行犯人を逮捕したときに、
　　・　現行犯人と認めた理由
　　・　事実の要旨
　　を記載するものである。
　○　事例の場合、甲が暴力常習者であると分かったのは、逮捕した後の取
　　調べによるものであり、逮捕する時点では、傷害罪の被疑者であると認
　　定していた。したがって、逮捕手続書は、傷害罪の現行犯逮捕として作
　　成しなければならない。
　○　逮捕後の取調べによって、暴力行為等処罰に関する法律第1条の3に
　　いう暴力常習者による傷害罪に当たることが分かった場合には、罪名を
　　変更して送致することになる。
　○　実務上、暴力常習者であることを認定するためには、前科、犯歴、余
　　罪、当該犯罪行為の態様などから、傷害、暴行、脅迫、器物損壊の各罪
　　を反復して行っている者かどうかを検討し、罪名を特定しなければなら
　　ない。
　○　そのため、現場で傷害等の被疑者を暴力常習者と認定し、「暴力行為
　　等処罰に関する法律第1条の3（常習傷害）違反の罪」等の罪で現行犯
　　逮捕することは、極めて困難である。

万引きを現認したが監視を続け、店外に出たところで現逮することの可否

警察官は、万引きが多発しているスーパー店内を警ら中、挙動不審な甲（男）を発見したことから注視していると、棚から商品をポケットに入れてレジ方向に歩いていくのを現認した。警察官は、甲を窃盗の現行犯人と認めたが、まだレジでお金を支払う可能性があることから、そのまま監視を続け、甲が店外に出たところで声をかけた。すると、甲がいきなり逃走したためこれを追跡し、現行犯逮捕した。この逮捕行為は、適法か。

1　結　論
　　適法である。

2　関係法
　　刑訴法第212条（現行犯人）第1項

3　現行犯逮捕の要件
　①　犯罪と犯人の明白性
　　　その者をおいて他に犯人はなく、その者こそ正しく特定の犯罪の実行
　　行為者であるということを逮捕者が明白に認識できること。
　②　犯罪の現行性・時間的接着性の明白性
　　　その者が現に特定の犯罪を実行しつつあること、又は特定の犯罪を実
　　行し終わった直後の段階にあることを逮捕者が明白に認識できること。
　　①②のうちどちらかが欠ければ、現行犯人とはならない。

4　関係判例
　　スリの現行犯人と認めるべき怪しい挙動があったが、警察官は確実な証
　拠を得るために一時的に見逃し、既遂に達した段階で逮捕した行為は適法
　である（東京高判昭28. 4. 6）。

5　事例検討
　○　警察官は、犯罪の予防と鎮圧を責務としていることから、犯罪が惹起
　　されるおそれがあればこれを制止し、一旦犯罪が発生した場合には、看
　　過することなく直ちに検挙しなければならない。
　○　しかし、犯罪捜査の過程で、未遂段階にある現行犯人の挙動を監視し、
　　既遂に達した段階で現行犯逮捕する行為は、犯行の立証、証拠収集等の
　　見地から是認されるべきものである。
　○　事例の場合、窃盗罪は既遂に達したが、不法に商品を自己の占有下に
　　置いたことを立証するために、しばらく被疑者を監視し、店外に出たと
　　きに声をかけて逃走した甲を窃盗罪で現行犯逮捕したものであり、警察
　　官の行為は捜査手法上必要な行為であり、また、上記判例からしても適
　　法である。
　○　なお、被疑者の行為が財産犯などではなく、傷害罪や殺人罪などの身
　　体犯が行われようとしているのにこれを看過し、既遂に達するのを待っ
　　て逮捕するなどの行為が法的にも、社会通念上においても許されないこ
　　とは当然である。

防犯カメラで窃盗犯人を特定し、犯行から20分後に現逮することはできるか

営業中のＡ大型電器店の倉庫内で商品が盗まれたことから110番通報し、警察官が臨場した。警察官が倉庫内に設置してある防犯カメラの録画を再生したところ、年齢20歳くらい、黒縁のめがね、短髪、Ａ店の店員の服を着た男（甲）が商品を盗んでいる状況が録画されていた。同店の店長が「この男は、１週間前に雇った甲です」と申し述べたため、警察官が直ちに店内で勤務していた甲のところに行って職務質問をした。甲はしどろもどろになって落ち着きのない態度をとり、「すみません。実は商品を倉庫から盗んで個人ロッカーに入れました」と犯行を自供した。警察官は、直ちに甲の個人ロッカーを確認すると、盗まれた商品がロッカー内に隠してあった。このとき、甲が商品を盗んでから20分が経過していた。この場合、警察官は、甲を窃盗の現行犯人として逮捕することができるか。

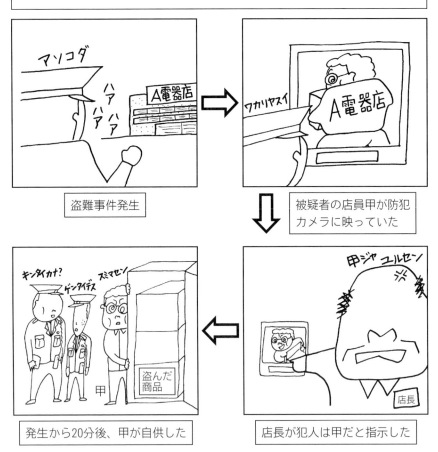

盗難事件発生

被疑者の店員甲が防犯カメラに映っていた

発生から20分後、甲が自供した

店長が犯人は甲だと指示した

1　結　論
できる。

2　関係法令
刑訴法第212条（現行犯人）第1項

3　現行犯逮捕の要件
① 犯罪と犯人の明白性

その者をおいて他に犯人はなくその者こそ正しく特定の犯罪の実行行為者であるということを逮捕者が明白に認識できること。

② 犯罪の現行性・時間的接着性の明白性

その者が現に特定の犯罪を実行しつつあること、又は特定の犯罪を実行し終わった直後の段階にあることを逮捕者が明白に認識できること。

①②のうちどちらかが欠ければ、現行犯人とはならない。

4　関係判例
○ 犯行後30〜40分経過した被疑者は、刑訴法第212条第1項後段の「現に罪を行い終わった」に当たる（最決昭31.10.25）。

○ 映画館でわいせつ行為の被害を受けた被害者が警察官に通報し、約1時間5分後に犯人を逮捕した場合、「現に罪を行い終わった現行犯人」とは認められない（大阪高判昭40.11.8）。

○ 警察官が、当て逃げの被害者から犯人の車両番号等の届出を受け、約58分後に犯人を逮捕した場合、「現に罪を行い終わった現行犯人」とは認められない（仙台高判昭42.8.22）。

○ 「犯罪と犯人の明白性」が外部的に明白である場合はもちろん、逮捕者が事前に収集した客観的資料や特殊な知識・経験によって特定の犯罪が行われていることが認められる場合にも、現行犯逮捕することができる（東京高判昭41.6.28）。

5　事例検討
○ 事例の場合、警察官は、店員から事情聴取した後、防犯カメラの録画を直接見て、犯人の人着等を確認し、その者が同店に勤務している甲であることを聞き、その後、同店内で勤務していた甲に職務質問を実施したのである。

○ その結果、甲は極度に動揺したうえ犯行を自供し、甲の自供どおり、商品も甲の個人ロッカーから発見した。そして、その間にかかった時間は20分であり、これは現行犯人となる時間的範囲内にある。

○ 事例の場合、警察官は甲の犯行を直接見たわけではないが、以上の状況から、警察官が甲の犯行を現認したことと同視できるだけの外部的明白性が認められる。

○ よって、警察官は、甲を現行犯逮捕することができる。

強盗未遂の被疑者を、発生から10分後、２キロ地点で現逮することの可否

コンビニで強盗事件が発生したが、店員が騒いだため、未遂のまま車で逃走した。同店の店員Ａが、車のナンバー、車種、犯人の人着等を通報し、直ちに緊急配備が発令された。発生から約10分後、発生現場から約２キロ離れた地点において、警察官が検問中、手配された車が進行してきたため、警察官が停止させ、運転していた手配人着に酷似した甲に職務質問したところ、甲は、「わたしがコンビニで強盗をしました」と犯行を自供した。この場合、甲を現行犯逮捕することができるか。

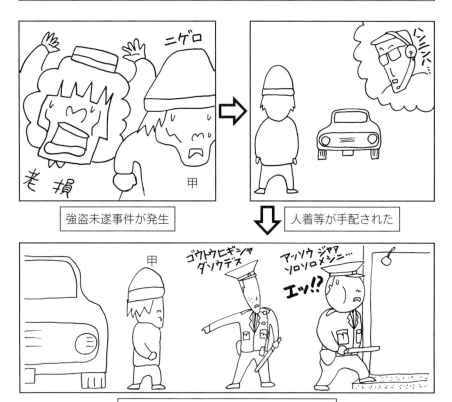

強盗未遂事件が発生

人着等が手配された

発生から約10分後、約２キロの地点で甲を職務質問したところ、甲が自供した

1　結　論
　できない。緊急逮捕しなければならない。

2　関係法令
　刑訴法第212条（現行犯人）

3　現行犯逮捕の要件
　① 犯罪と犯人の明白性
　　その者をおいて他に犯人はなく、その者こそ正しく特定の犯罪の実行行為者であるということを逮捕者が明白に認識できること。
　② 犯罪の現行性・時間的接着性の明白性
　　その者が現に特定の犯罪を実行しつつあること、又は特定の犯罪を実行し終わった直後の段階にあることを、あるいは、罪を行い終わってから間がないと逮捕者が明白に認識できること。
　①②のうちどちらかが欠ければ、現行犯人・準現行犯人とはならない。

4　事例検討
　○ 事例の場合、警察官は、犯行現場において犯罪の実行行為を現認していないから、刑訴法第212条第1項前段の「現に罪を行っている現行犯人」には当たらない。
　○ また、同条項後段にいう「現に罪を行い終わった現行犯人」とは、犯罪の実行行為を終了した直後のものをいい、実行行為が終了した直後ないし極めて近接した時間内にある者をいう。
　○ 「現に罪を行い終わった現行犯人」の時間的限界は、30〜40分（最決昭31.10.25）、場所的限界は、200〜300メートル（京都地判昭30.4.7）とされている。
　○ したがって、事例の場合、警察官が車で走行してきた甲を停止させた場所は、犯行場所から約2キロの地点であるから、場所的限界を超えているため「現に罪を行い終わった現行犯人」には当たらない。
　○ 犯行終了後、約10分、距離2キロという時間的・距離的範囲は、準現行犯人の範囲内にあり、逃走ナンバー、人着、犯行状況等の事前の情報があり、甲も犯行を自供していることなどから、準現行犯人の第1の要件である「犯罪と犯人の明白性」があることから、甲は「罪を行い終わってから間がない」と明らかに認められる。
　○ しかし、甲は、強盗が未遂に終わっているため、刑訴法第212条第2項第2号の「ぞう物」を持っておらず、また、甲が乗っていた車は、第3号の「身体又は被服に犯罪の顕著な証跡がある」にも該当しない。さらに、甲は、警察官の停止に素直に応じているため、第4号の「誰何されて逃走しようとするとき」の要件も充足しない。
　○ よって、準現行犯人の各号の要件を充足しないため、準現行犯逮捕をすることができない。
　○ 以上のことから、事例の場合、甲を緊急逮捕するべきである。

職質により判明した自転車盗の被疑者を、被害確認を得てから現逮することの
可否

警察官が警ら中、無灯火の自転車に乗っていた甲を発見したので職務質問
したところ、「5分前に50メートル先の自転車置場から盗んできました」と
供述した。警察官が甲の犯行場所を特定するため甲を同道して自転車置場ま
で行ったところ、自転車の名義人（所有者）であるAが自転車を探していた。
警察官がAに声をかけたところ、「たった今、この自転車置場から自転車が
無くなりました。この自転車がわたしの自転車です」と甲の犯行を裏付けた。
以上の状況により、警察官は、甲が窃盗を行った事実を確認した。この場合、
警察官は、甲を現行犯逮捕することができるか。

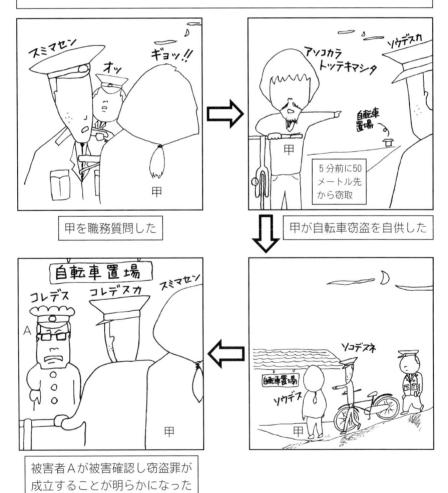

甲を職務質問した

甲が自転車窃盗を自供した

被害者Aが被害確認し窃盗罪が
成立することが明らかになった

1　結　論
　　できない。緊急逮捕か、通常逮捕しなければならない。

2　関係法令
　　刑訴法第212条（現行犯人）

3　現行犯逮捕の要件
　①　犯罪と犯人の明白性
　　　その者をおいて他に犯人はなく、その者こそ正しく特定の犯罪の実行
　　行為者であるということを逮捕者が明白に認識できること。
　②　犯罪の現行性・時間的接着性の明白性
　　　その者が現に特定の犯罪を実行しつつあること、又は特定の犯罪を実
　　行し終わった直後の段階にあることを、あるいは、罪を行い終わってか
　　ら間がないと逮捕者が明白に認識できること。
　①②のうちどちらかが欠ければ、現行犯人・準現行犯人とはならない。

4　関係判例
　　「犯罪と犯人の明白性」については、外部的に明白である場合はもちろ
　ん、逮捕者が事前に収集した客観的資料や特殊な知識・経験によって特定
　の犯罪が行われていることが認められる場合にも、現行犯逮捕することが
　できる（東京高判昭41.6.28）。

5　事例検討
　○　いわゆる「たぐり捜査」とは、警察官が、挙動不審な者を職務質問し、
　　質問を重ねていく過程で犯罪の嫌疑を深め、更に追及した結果、犯行を
　　自供し、犯罪が明らかになった場合をいう。
　○　この「たぐり捜査」の場合には、逮捕者において初めから犯罪と犯人
　　の明白性があったとはいえないことから、仮に犯罪を逮捕者が認識した
　　時点と犯行日時場所がどんなに近接していても、現行犯逮捕及び準現行
　　犯逮捕をすることはできず、通常逮捕ないし緊急逮捕することになる。
　○　事例の場合、警察官は、事前に「自転車を盗もうとしている男がいる」
　　などといった情報が入っていたわけではなく、単に無灯火の自転車を運
　　転している甲に対し、通常の職務質問を実施したにすぎず、その後、職
　　務質問をする過程において初めて窃盗犯人であることを認識したもので
　　ある。
　○　これはいわゆる「たぐり捜査」に当たり、現行犯逮捕・準現行犯逮捕
　　の第1の要件である「明白性」がないことから、甲を現行犯逮捕するこ
　　とはできない。
　○　以上のことから、甲を逮捕するのであれば、緊急逮捕か通常逮捕しな
　　ければならない。なお、仮に、甲の行為が窃盗ではなく、占有離脱物横
　　領に当たる場合、緊急逮捕することができないことから、窃盗罪と占有
　　離脱物横領罪のどちらが成立するかを十分に検討したうえで、緊急逮捕
　　の要否を判断しなければならない。

詐欺罪の被害者が入金した翌日に被疑者を現逮することの可否

有名私立中学校で合格発表があったとき、不合格だったＡ子の母親Ａに甲（詐欺の被疑者）が近づき、名前と住所を聞き出した後「今回Ａ子さん（小学６年生）は不合格でしたが補欠合格しています。つきましては、今日中に300万円をＢ銀行に振り込んでいただきますと、合格の手続をとらせていただきます」と甲がＡに言った。Ａ（母親）は甲の言葉を信じ、すぐに銀行に行き300万円を甲が指定した口座に振り込み、その後、詐欺にひっかかったことが判明した。Ａは直ちに警察に通報し、通報を受けた警察官が銀行のＡＴＭに張り込んでいたところ、Ａが銀行に現金を振り込んだ翌日、ＡＴＭコーナーに現れたＡから聴取した人着に酷似した男（甲）を発見したことから職務質問をした結果、甲は本件犯行を認めて自供した。この場合、甲を現行犯逮捕することができるか。

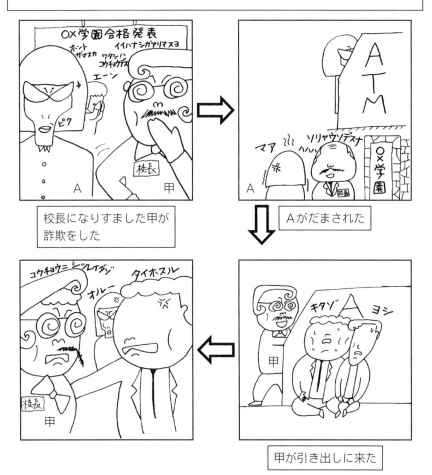

校長になりすました甲が詐欺をした

Ａがだまされた

甲が引き出しに来た

1　結　論
できない。通常逮捕か、緊急逮捕しなければならない。

2　関係法令
刑訴法第212条（現行犯人）

3　現行犯逮捕の要件
① 犯罪と犯人の明白性

その者をおいて他に犯人はなく、その者こそ正しく特定の犯罪の実行行為者であるということを逮捕者が明白に認識できること。

② 犯罪の現行性・時間的接着性の明白性

その者が現に特定の犯罪を実行しつつあること、又は特定の犯罪を実行し終わった直後の段階にあることを、あるいは、罪を行い終わってから間がないと逮捕者が明白に認識できること。

①②のうちどちらかが欠ければ、現行犯人・準現行犯人とはならない。

4　関係判例
他人を欺いて犯人名義の郵便振替口座に現金を振り込ませ、貯金局において犯人の口座に振込みが終わったときは、その金は、犯人が自由に処分することができる状態に置かれたと認められ、この時点において1項詐欺罪の既遂が成立する（大判昭2.3.15）。

5　事例検討
○ 事例の場合、上記判例のとおり、甲の詐欺行為によって、錯誤に陥ったＡが、現金300万円を預金口座に振り込んだ時点で、甲が行った詐欺罪は既遂に達している。

○ したがって、甲が銀行から現金を引き出そうとした時点では、犯罪が終了（既遂）してから1日がたっていることになり、現行犯人の要件である時間的範囲を超えていることになる。

○ また、銀行に振り込む手法の詐欺罪においては、いわゆる「出し子」と言われる者が引き出しに来るなどの場合が多く、銀行に現れた男が絶対に甲（詐欺罪の被疑者）であるともいえないことから、犯罪と犯人の明白性も欠けることになる。

○ 以上のことから、本事例については、甲を現行犯逮捕することはできないため、通常逮捕ないし緊急逮捕するべきである。

恐喝の現金の受渡し場所に張り込み、現れた被疑者を現逮することの可否

A女が昔付き合っていた甲から「10日後に100万円を用意して、N喫茶店に持ってこい。持ってこなかったらおまえの実家に火をつける」と恐喝された。A女は悩んだ末、最寄りの警察署に訴え出たため、警察官がA女から甲の写真を借り受け、当日、N喫茶店に張り込んでいたところ、甲が現れてA女の前の席に座り、「金は持ってきたか」と恐喝した。この場合、甲を現行犯逮捕することができるか。

1　結　論
　　できる。

2　関係法令
　　刑訴法第212条（現行犯人）

3　現行犯逮捕の要件
　①　犯罪と犯人の明白性
　　　その者をおいて他に犯人はなく、その者こそ正しく特定の犯罪の実行
　　行為者であるということを逮捕者が明白に認識できること。
　②　犯罪の現行性・時間的接着性の明白性
　　　その者が現に特定の犯罪を実行しつつあること、又は特定の犯罪を実
　　行し終わった直後の段階にあることを、あるいは、罪を行い終わってか
　　ら間がないと逮捕者が明白に認識できること。
　①②のうちどちらかが欠ければ、現行犯人・準現行犯人とはならない。

4　関係判例
　○　犯人を恐喝未遂の現行犯人として逮捕する場合、被害者の申告以外に
　　外見上犯罪があったことを直接覚知し得る状況が存しない場合は現行犯
　　逮捕できない（大阪高昭33.2.28）。
　○　事前に脅迫行為を行った後、金員の受領場所に現れた犯人を恐喝未遂
　　の現行犯人と認めるためには、被害者の供述のみならず犯人の言動から
　　恐喝という実行行為の一部が具体的に外部に現れている場合でなければ
　　ならず、このような状況が認められる場合に限って、現行犯逮捕するこ
　　とが可能である（東京地決昭48.3.9）。

5　事例検討
　○　恐喝罪が成立するためには、
　　　脅迫→畏怖→交付（財産的処分行為）→財産又は財産上の利益の取得
　　という一連の構成要件を充足しなければならない。
　○　そして、恐喝罪の犯人を現行犯逮捕するためには、犯人が一連の構成
　　要件を充足していることが外部的に明白でなければならない。
　○　事例の場合、N喫茶店に張り込み中の警察官は、A女からの事前の情
　　報により甲の犯行の概要を知っていること、A女から借りた写真と同一
　　人物の甲が現れたこと、甲が警察官の目前で恐喝行為を行ったことから、
　　外見上、甲の恐喝行為を直接覚知できる状況があったと認められる。
　○　よって、①の要件である「犯罪と犯人の明白性」があり、②の要件で
　　ある「犯罪の現行性」もあることから、甲を恐喝の現行犯人として逮捕
　　することができる。

準現行犯逮捕

準現行犯逮捕

1 準現行犯の意義

刑訴法第212条第2項は、

① 犯人として追呼されているとき（1号）。

② ぞう物又は明らかに犯罪の用に供したと思われる兇器その他の物を所持しているとき（2号）。

③ 身体又は被服に犯罪の顕著な証跡があるとき（3号）。

④ 誰何（すいか）されて逃走しようとするとき（4号）。

のうち、いずれか一つの場合に該当する者が、罪を行い終わって間がないと明らかに認められるときは、これを現行犯人とみなすと規定している。これを準現行犯という。

この①～④の要件は、その被疑者が間違いなく犯人であることを保証する意味の重要な要素である。しかも、これらの要件は、いわゆる限定的列挙であって、例示的列挙ではないから、これらの要件に合致しない被疑者を準現行犯人として逮捕することは、たとえその者が罪を行い終わって間がない時間的段階にある者であっても許されない。

「準現行犯」についても「現行犯」（固有の現行犯）と同様に令状主義の例外が認められた理由は、緊急に逮捕する必要があること及び誤認逮捕による人権侵害のおそれがないからである。

 注目!!

明白性の程度

　刑訴法第212条第2項各号の事実は、犯行後間がない場合で外部的明白性を推知せしめる事項を類型化したものであるが、その明白性の程度については、各号間でかなりの格差がある。各号のいずれか一つに該当することが必要であるが、複数に該当すれば、より明白性が強くなる。

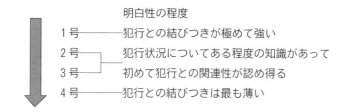

「誰何されて逃走しようとする」ことだけでは明白性があるとはいえず、犯人に関する情報、犯行との時間的場所的関係、犯人の挙動、携帯品等を総合的に判断しなければならない（福岡高判昭29.5.29）。

2　準現行犯の一般的要件

準現行犯の一般的要件は、次のとおりである。

① 　犯人が特定の犯罪を行ったことが逮捕者に明らかであること（犯罪と犯人の明白性）。

② 　その犯罪を行い終わってから客観的に間がないこと（時間的接着性）。

③ 　犯罪を行い終わってから間がないことが逮捕者に明らかであること（時間的接着性の明白性）。

④ 　逮捕者が刑訴法第212条第2項各号の要件のいずれかをその外観から認識できること。

(1)　時間的接着性

固有の現行犯が「現に罪を行い、又は現に罪を行い終った」という犯行に極めて接着した時間的段階を捉えている。

これに対し、準現行犯は「罪を行い終って間がない」として、犯行時と逮捕時との間に時間的接着性が要求される。この場合の時間的接着性については「罪を行い終って間がない」とあるとおり、固有の現行犯よりもある程度広い時間的な幅が予定されている。

準現行犯の時間的接着性につき、通説は「最大限数時間」としている（一般的には、1時間を超えることはあまりない）。この点に関し、判例は、

○ 　犯行後2時間10分後に、ぞう品である荷車を所持している被疑者を窃盗犯人と認めて逮捕した事例（広島高松江支判昭27.6.30）

○ 　犯行から約2時間を経たころ、犯行現場付近で交番への同行を求めら

れて逃走しようとした被疑者を窃盗犯人と認めて逮捕した事例（東京地判昭42.7.14）

○　犯行時刻から約１時間半を経過した頃、犯行現場から約百数十メートルほど離れている地点で、誰何されて逃走しようとした被疑者を窃盗未遂犯人として逮捕した事例（福岡高判昭29.5.29）

○　内ゲバ事件の発生の情報を受けて、警察官が逃走犯人を警戒、検索中に、事件発生から１時間40分後に、現場から約４キロメートル離れた場所で、逃走犯人と思われる者を発見し、声をかけたところ逃走したので追い付いて逮捕した事例（最決平8.1.29）

を適法と判示している。

(2)　犯罪と犯人の明白性、時間的接着性の明白性

準現行犯逮捕するためには、

○　被疑者が特定の犯罪を行い終わってから間がない者

○　「被疑者が特定の犯罪を行い終わってから間がない者」であることが、逮捕に着手する直前の時点で、逮捕者に明らかでなければならない。

という要件が必要となる。これが「犯罪と犯人の明白性、時間的接着性の明白性」である。

この「犯罪と犯人の明白性、時間的接着性の明白性」については、

○　犯罪発生直後における被害者の急報

○　その他手配がなされた場合（緊急配備など）

等の情報によって明白性が認定されれば足りるとされている。

たとえば、警察官が挙動不審者を職務質問した結果、その自供により、質問の相手が窃盗の罪を行い終わって間がない被疑者であることを初めて知ったような場合、準現行犯逮捕することができるかどうかが実務上の問題点となる。

 注目‼

この点について判例は、準現行犯逮捕が許されるためには、原則として、被疑者の挙動、証跡、その他の客観的状況（被害者等の事前の通報等を含む。）により、誰の目にも罪を行い終わってから間もないことが明らかであることを要するものと解すべきである。したがって、職務質問（一種の任意の取調べと解される。）によって初めて犯罪が明らかになった場合には、緊急逮捕を行い、犯罪の嫌疑の

有無等について裁判所の審査を受けさせることが相当である。ただし、客観的状況からみて、罪を行い終わってから間がない疑いが極めて高い場合、簡単な、いわば確認的な職務質問を行い、その結果罪を行い終わってから間がないことが明らかと認められるに至ったときは、準現行犯逮捕が許されると解される余地がないでもない」旨判示している（東京地決昭42.11.9）。

　　この裁判例からも明らかなように、警察官が単なる挙動不審者を発見して、あれこれと職務質問をしているうちに犯罪の嫌疑を深め、追及した結果、罪を行い終わってから間がない犯人であることがようやく明らかになったような場合は、いわゆる「たぐり捜査」に当たり、罪を行い終わってから間がない犯人であることが職務質問を開始した段階から明らかであったとはいえないことから、準現行犯逮捕は許されない。

3　準現行犯の個別的要件

　　犯行から2時間から3時間経った後に、犯行現場から遠く離れた場所でその被疑者を発見するという場合には、その状況だけで犯罪の明白性を認めることは困難であるため、それに加え、被害者等の通報などの資料がないと犯罪の明白性が認められない。

　　刑訴法第212条第2項各号に定める準現行犯の個別的要件は、準現行犯の明白性の要件を条文に明文化したものである。したがって、各号の要件は、あくまでも限定的列挙であり、各号の解釈は厳格に解さなければならない。判例及び学説も、刑訴法第212条第2項の要件を厳格に解することによって、初めて準現行犯逮捕の合憲性が認められると解している。

⑴　犯人として追呼されているとき（1号）

　　「犯人として追呼されているとき」とは、その者が犯人であることを明確に認識している者により逮捕を前提とする追跡ないし呼号を受けている場合を意味する。追呼している者は、被害者である必要がない。目撃者のような第三者でもよい。人数も一人でも複数の人数でもよく、またリレー式（交代）で追呼しても差し支えない。

　　追呼の方法は、必ずしも声を出す必要はなく、身振り・手振りで追い掛けている場合でもよい。また、追跡せずに、大声で「誰か、あの男を捕まえてくれ」などと周囲に呼び叫んでいる場合でも追呼に当たる。

本号は、現に犯人として追呼されていなければならないが、犯行終了後から連続して追呼されていることは必要とされていないため、追呼の途中で一時的に犯人を見失った場合でも「追呼」といえる。

しかし、追呼の途中で犯人を完全に見失い、追呼を断念して引き返した後、たまたま被害現場の付近で犯人を発見した場合については、「犯人と犯行現場との連続性」が途切れているため、無実の者を誤って逮捕するおそれがないとはいえない。したがって、この場合には、そこで再び犯人として追呼を開始したとしても「犯人として追呼されているとき」には当たらない。同様に、被害者の記憶に基づくいわゆる面通しを含む供述に頼っていた（警察官が連れてきた被疑者を、被害者が犯人と認めただけで、追跡していない）事例について、「犯行を現認したのと同一視できるような明白性は存在しなかった」とされた（東京高判昭60.4.30）。

 注目!!

なお、次のような場合には、本号に当たるものと解される。

○　犯人であることを明確に認識している者（被害者等）が、逮捕を前提として追跡・呼号しているとき。

○　特定の犯罪の犯人として追跡・呼号されているということを、直接知ることができるとき。

○　第三者には外見上明白ではないが、被害者が犯人を継続追跡し、途中で出会った警察官（逮捕者）に被害状況を申告し、警察官（逮捕者）が犯人を職務質問したところ、その犯人の言語・態度からろうばい、あるいは謝罪する等の状況が認められるとき。

○　追呼の途中で一時的に見失っても、その意思を断念することなく、再び犯人を発見して追呼を開始したとき。

○　被害者が犯行現場で相手を指差し、警察官に対し「あの男が犯人です。」と言って申告しているとき。

○　犯人が、犯行現場において被害者に事実を追及され、それを自認しているとき。

⑵　**ぞう物又は明らかに犯罪の用に供したと思われる兇器その他の物を所持している**
　ているとき（2号）
　ア　**「ぞう物」とは**
　　　財産罪たる犯罪行為により不法に領得された財物で、被害者が法律上回
　　復追求権を有するものをいう。
　イ　**「兇器」とは**
　　　性質上（本来）の凶器だけにに限らず、用法上の凶器（人を殺傷できる
　　特性を有するもので社会通念に照らし危険を感じさせるもの。）も含まれ
　　る。「明らかに犯罪の用に供したと思われるその他の物」とは、例えば、
　　　　○　賭博罪に使用した花札のような賭具
　　　　○　住居侵入に使用したドライバー類
　　　　○　ひき逃げ事件における衝突痕のある車両
　　などをいう。
　　　これらの物は、被疑者がこれを使用して犯罪を行ったことが、その物自
　　体から客観的に認識できる物でなければならない。
　ウ　**「所持」とは**
　　　自動車に積んで実際に運転しているなど、現実に身に着けたり携帯して
　　いること、あるいはこれに準ずる形で事実上の支配下にある場合をいう。
　　自宅に保管した状態で外を歩いているなど、単に支配力が及ぶ状態にある
　　場合は、ここでいう「所持」には含まない。
　　　本号の「所持」は、必ずしも逮捕の瞬間まで継続している必要はなく、
　　逮捕者が、兇器その他の物を所持している者を犯人であると認めた時点に
　　おいて所持していればよい（最判昭30.12.16）。
　　　したがって、例えば、逮捕される直前に犯人がぞう物等を川などに投げ
　　捨てたため、逮捕の時点では犯人が当該物件を所持していなかったとして
　　も問題はない。
　　　しかし、警察官（逮捕者）が「犯行に関する事前の知識」を全くもたな
　　いまま職務質問を開始し、その後、被疑者の自供によって初めて犯罪の発
　　生を知り、その者の所持品が「ぞう物」であることが明らかになった場合
　　には、たとえその犯行が5分前に行われたものであっても、準現行犯とは
　　ならない（P372「たぐり捜査」参照）。

注目!!

ぞう物所持の準現行犯となる場合

○ 被害者の急訴等により、事前にぞう物等に関する知識があって、それを犯人が所持しているのを確認したとき。

○ 被害者からの事前通報等によって現場に赴き、人相・着衣等から犯人である疑いの濃い者に対して、簡単な、いわば確認的な職務質問を行い、その結果、犯人の供述（自供）と相まって被害品の特徴などから、それがぞう物であることが認定できるとき。

⑶ **身体又は被服に犯罪の顕著な証跡があるとき（３号）**

　本号は、身体又は被服に、その犯罪を行ったことが外部的・客観的に明らかな痕跡が認められることをいう。

　具体的には、

○ 身体の一部を負傷し、又は着衣に生々しい血痕が付着していて、いわゆる殺傷罪を犯してきた犯人だと認められるとき

○ 身体の一部や着衣に石油等が付着していて、放火罪を犯してきた犯人だと認められるとき

○ 暴行・傷害事件で、被害者が犯人に対して反撃していることが判明している際に、顔や手などを負傷していたり、あるいはその着衣が破れていて、その暴行・傷害事件を犯してきた犯人だと認められるとき

などをいう。

　本号の問題点は、

○ 身体の本来的特徴であるアザ・ホクロ等

○ 着衣の特徴である色・柄（破損状況ではなく、単なるデザインの場合）

○ 車のナンバー等

などによって犯人と他の者とを十分に区別することができる場合、本号に当たるかどうかである。

　この点については、

○ 本号の規定は例示的なものではないこと

○ 現行犯が令状主義の例外とされていることから、準現行犯の規定は厳格に解釈しなければならないこと

○ 犯人の身体・被服の特徴を準現行犯の要件と認めれば、具体的にどの

程度符合する場合に同一人物となるかが不明確になること

などから、犯罪行為と直接関係のない身体の本来的特徴（アザ・ホクロ等）や被服の特徴（色・柄・型等）は、本号の要件には当たらないと解される。

 注目 !!

結局、身体又は被服に犯罪の顕著な証跡があるときとは、あくまでも犯罪行為によって身体や被服に外見上明白な証拠が残り、しかもその証拠が、被害者等の言動・現場の状況などから警察官（逮捕者）がはっきりと認識できなければ、準現行犯と認めることはできないのである。

なお、犯罪の顕著な証跡であるか否かの判断に際し、手配等によって得た情報を利用することは、当然に許される。

⑷　誰何されて逃走しようとするとき（4号）

「誰何」とは、本来「とがめて姓名を問いただす」ことを意味するが、必ずしも氏名を問う必要はない。一般的には、警察官が警察官職務執行法第2条に基づく職務質問として行うことが多いが、主体については制限がないから、私人による誰何であってもよい。

判例で本号に当たるとされた事例としては、次のようなものがある。

「本件のように、警察官が犯人と思われる者達を懐中電灯で照らし、同人らに向つて警笛を鳴らしたのに対し、相手方がこれによつて警察官と知つて逃走しようとしたときは、口頭で『たれか』と問わないでも、同条項4号にいう『誰何されて逃走しようとするとき』にあたる」（最決昭42.9.13）

犯行後1時間半運転手と歩き回ったタクシーの無賃乗車犯人を、現逮することの可否

甲は、代金を支払う意思もないのにタクシーに乗車し、甲が申告する「自宅」の近くまで来たところで「家に行って代金を取って来るからここで待っててくれ」と言ったが、タクシー運転手のAが不審に思い、タクシーを駐車して甲についていったところ、甲はAを連れてあちこち歩き、1時間半ほど周囲をぐるぐる回ったあげく、「すみません。実は現在無職で一銭もお金を持っていません。このまま代金を支払わずに逃げようと思っていました」と1項詐欺（無賃乗車）の犯行を自供した。この直後、Aは甲を近くの交番に連れて行き、事情を警察官に説明し、甲も犯行を自供した。この場合、警察官は、甲を準現行犯逮捕することができるか。

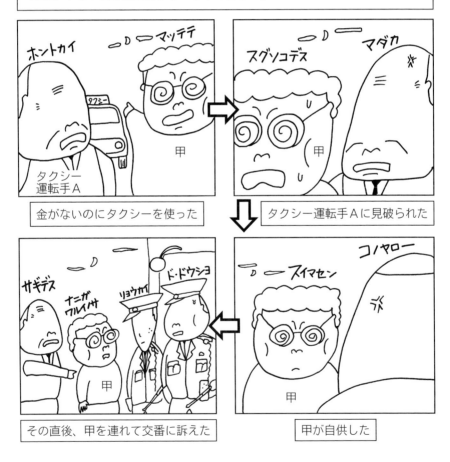

金がないのにタクシーを使った

タクシー運転手Aに見破られた

甲が自供した

その直後、甲を連れて交番に訴えた

1　結　論
　　できる。

2　関係法令
　　刑訴法第212条（現行犯人）

3　準現行犯逮捕の要件
　①　犯罪と犯人の明白性
　　　その者をおいて他に犯人はなく、その者こそ正しく特定の犯罪の実行
　　行為者であるということを逮捕者が明白に認識できること。
　②　時間的接着性
　　　その犯罪を行い終わってから客観的に間がないこと。
　③　時間的接着性の明白性
　　　犯罪を行い終わってから間がないことが逮捕者に明らかであること。
　④　刑訴法第212条第2項各号所定の事由のどれかに該当すること。

4　関係判例
　○　犯罪行為終了後、3〜4時間が準現行犯逮捕の時間的限界である（最
　　判昭30.12.16）。
　○　犯行終了から約1時間40分後、犯行現場から約4キロ離れた場所につ
　　いても時間的・場所的接着性が認められる（最決平8.1.29）。
　○　窃盗犯人が、約1時間後、ぞう物（盗品等）売却のために訪れた古物
　　商の店先で、被害者に発見され、同人からぞう物を目前にして盗難事実
　　を詰問され、犯人もその窃盗事実を自認しているような場合は、「犯人
　　として追呼されているとき」に該当する（福岡高宮崎支判昭32.9.10）。

5　事例検討
　○　事例の場合、犯人が被害者に疑われながらつけられているような場合、
　　上記判例からして、刑訴法第212条第2項第1号の「犯人として追呼さ
　　れているとき」に該当する。
　○　また、詐欺罪の被害者であるAが被疑者である甲を同道したうえで警
　　察官に直接被疑事実を申告し、甲も自供したのであるから、犯罪と犯人
　　の明白性もある。
　○　さらに、犯行後、約1時間半後に警察官のもとに二人が出頭したので
　　あるから、時間的接着性も問題がない。
　○　よって、甲を準現行犯逮捕することができる。

屋外で張り込み、犯行2時間後に出てきた被疑者を現逮することの可否

ラブホテルAで休憩した甲と乙女が、部屋のテレビ等の電気製品を盗み、そのままチェックアウトする事件が発生した。その数日後、再び甲と乙女が同ホテルを訪れたことから、直ちに管轄の警察署に連絡した。Aホテルに到着した警察官が、甲と乙女が休憩している隣の部屋に張り込み、聴診器で中の様子を探ると、固定されているテレビ等を外しているような工作音が聞こえた。そして、2時間後、チェックアウトする旨の電話が受付にあったことから、警察官が受付で待機する一方、他の警察官が甲と乙女が退室した後にAホテルの支配人と一緒に電気製品が盗難にあっていることを確認したため、受付にいる警察官に無線で速報した。その直後、受付に現れた甲と乙女に警察官が職務質問したところ、驚愕した表情を浮かべた後、「すみません。2時間ほど前に部屋から電気製品を盗み、今部屋を出てきました」と犯行を自供し、盗んだテレビ等を差し出した。この場合、警察官は、甲と乙女を準現行犯逮捕することができるか。

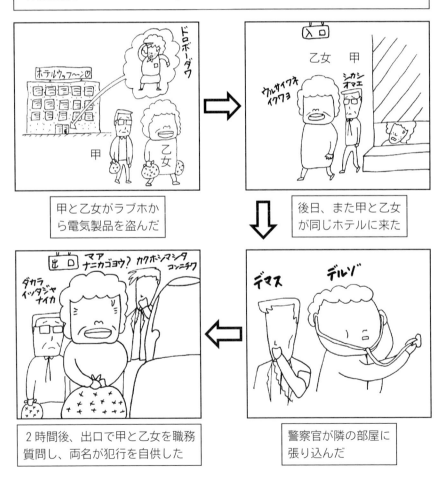

甲と乙女がラブホから電気製品を盗んだ

後日、また甲と乙女が同じホテルに来た

2時間後、出口で甲と乙女を職務質問し、両名が犯行を自供した

警察官が隣の部屋に張り込んだ

1　結　論
　　できる。

2　関係法令
　　刑訴法第212条（現行犯人）

3　準現行犯逮捕の要件
　①　犯罪と犯人の明白性
　　　その者をおいて他に犯人はなく、その者こそ正しく特定の犯罪の実行
　　行為者であるということを逮捕者が明白に認識できること。
　②　時間的接着性
　　　その犯罪を行い終わってから客観的に間がないこと。
　③　時間的接着性の明白性
　　　犯罪を行い終わってから間がないことが逮捕者に明らかであること。
　④　刑訴法第212条第2項各号所定の事由のどれかに該当すること。

4　関係判例
　○　犯罪行為終了後、3〜4時間が準現行犯逮捕の時間的限界である（最
　　判昭30.12.16）。
　○　犯行終了から約1時間40分後、犯行現場から約4キロ離れた場所につ
　　いても時間的・場所的接着性が認められる（最決平8.1.29）。

5　事例検討
　○　事例の場合、犯罪と犯人の明白性はあるが、犯罪行為が終了した後、
　　2時間以上の時間が経過しているため、「犯罪を行い終わった」（おおむ
　　ね30〜40分程度）現行犯人（固有の現行犯人）には当たらない。
　○　事例の場合、事前の情報に基づき張り込みをしていたこと、犯行後、
　　客室から出てきた犯人を同ホテル内で確保していること、甲と乙女の自
　　供があること、盗難品を提出したことなどから、甲と乙女を、ぞう物を
　　所持する窃盗の準現行犯人（刑訴212条2項2号）で逮捕することがで
　　きる。

犯行後、一旦自宅に戻った被疑者を、約1時間後、約3キロ離れた場所で現逮することの可否

> 甲は、A大型電器店の倉庫から大量の電気製品を盗むことを計画し、深夜、トラックを倉庫に横付けし、バールでシャッターをこじ開け、中から多数の電気製品を運び出し、トラックに積み込んで逃走した。このとき、巡回中の警備員が甲の犯行を現認したため、直ちに110番通報した。甲は、A店から逃走後、一旦自宅に帰り、ほとぼりがさめたころを見計らって再びトラックに乗り、県外の古物商に盗品を持ち込もうと出発した。その後、発生から約1時間後、犯行現場から約3キロほど離れた場所で当該事件の緊急配備で検問中の警察官に発見された。警察官から追及された結果、甲は本件犯行を自供し、盗品を警察官に提示した。この場合、警察官は、甲を準現行犯逮捕することができるか。

1　結　論
　　できる。

2　関係法令
　　刑訴法第212条（現行犯人）

3　準現行犯逮捕の要件
　①　犯罪と犯人の明白性
　　　その者をおいて他に犯人はなく、その者こそ正しく特定の犯罪の実行行為者であるということを逮捕者が明白に認識できること。
　②　時間的接着性
　　　その犯罪を行い終わってから客観的に間がないこと。
　③　時間的接着性の明白性
　　　犯罪を行い終わってから間がないことが逮捕者に明らかであること。
　④　刑訴法第212条第2項各号所定の事由のどれかに該当すること。

4　関係判例
　○　犯罪行為終了後、3～4時間が準現行犯逮捕の時間的限界である（最判昭30.12.16）。
　○　犯行終了から約1時間40分後、犯行現場から約4キロ離れた場所についても時間的・場所的接着性が認められる（最決平8.1.29）。

5　事例検討
　○　準現行犯逮捕の適否を判断する場合、犯行後、犯人が自宅に戻ったとか、どこか他の場所に立ち寄った、あるいは盗品を処分したなどといった犯人側の事情は、準現行犯人であると認定するうえでの支障とはならず、具体的事情から準現行犯人の各要件を充足しているのであれば、その犯人を準現行犯逮捕することができる。
　○　事例の場合、警察官が甲を発見したのが、犯行から約1時間後、約3キロの地点であるから、時間的・場所的接着性が認められる。
　○　また、緊急配備により事前の情報があり、手配車両、人着等に関する情報もあることから、甲が、本件犯行を行い終わって間がないことは、明らかである。
　○　さらに、甲は、盗品である電気製品を持っていることから、刑訴法第212条第2項第2号の「ぞう物を所持している」に該当する。
　○　以上のことから、甲は、準現行犯人であるので、警察官は、甲を準現行犯逮捕することができる。

約700メートル離れた交番で約40分後に現逮することの可否

　管内で自転車利用のひったくり事件が発生した。直ちに緊急配備を実施し、警察官が検索を行ったところ、事件発生から約30分後、発生場所から約500メートル離れた地点で、手配の人着に酷似した自転車に乗った甲を発見したことから職務質問をした。甲を停止させたところ自転車の前かごに手配中のハンドバッグが入っていたことから、警察官はひったくりの犯人であるとの確信を深め、これを追及した。甲は、「近くで拾ったので交番に届けようとした」と犯行を否認したが、言動に落ち着きがなく、しどろもどろであったことから、約200メートル離れた交番に同行し、追及したところ、犯行から約40分後、甲が本件犯行を自供した。この場合、警察官は、甲を準現行犯逮捕することができるか。

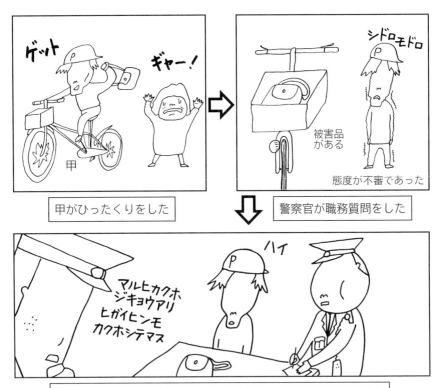

甲がひったくりをした

警察官が職務質問をした

犯行から約40分後、約700メートルの地点で甲が犯行を自供した

1　結　論
　　できる。

2　関係法令
　　刑訴法第212条（現行犯人）

3　準現行犯逮捕の要件
　①　犯罪と犯人の明白性
　　　その者をおいて他に犯人はなく、その者こそ正しく特定の犯罪の実行
　　行為者であるということを逮捕者が明白に認識できること。
　②　時間的接着性
　　　その犯罪を行い終わってから客観的に間がないこと。
　③　時間的接着性の明白性
　　　犯罪を行い終わってから間がないことが逮捕者に明らかであること。
　④　刑訴法第212条第2項各号所定の事由のどれかに該当すること。

4　関係判例
　○　犯罪行為終了後、3～4時間が準現行犯逮捕の時間的限界である（最
　　判昭30.12.16）。
　○　犯行終了から約1時間40分後、犯行現場から約4キロ離れた場所につ
　　いても時間的・場所的接着性が認められる（最決平8.1.29）。
　○　ある者が特定の犯罪を行い終わって間がないかどうかの判断について
　　は、何の情報も与えられていない私人の立場に立ってこれを判断すべき
　　ものではなく、現に発生した犯罪行為の概要や犯人像について一定の情
　　報を与えられて警戒に当たっている警察官の認識や判断力を基準として
　　これを判断すれば足りる（東京高判平5.4.28）。

5　事例検討
　○　被害者等からの通報等に基づいて緊急配備に従事している警察官が、
　　手配の人相・着衣に酷似した者を職務質問したような場合には、その手
　　配内容や職務質問における言動等を資料として判断することにより、そ
　　の者が特定の犯罪を行い終わって間がないことを客観的に認めることが
　　でき、そのとき、上記①～④の個別的要件のどれかが直接現認できれば、
　　準現行犯逮捕することができる。
　○　事例の場合、警察官は、手配内容及び職務質問における甲の言動、人
　　着、被害品であるハンドバッグを所持していることなどの客観的状況か
　　ら甲をひったくりの現行犯人と認め、そのうえで近くの交番に同行し、
　　更に確証を得るために追及し、事件発生から約40分後、犯行現場から約
　　700メートルの交番で甲の自供を得たのであるから、警察官は、甲を準
　　現行犯逮捕することができる。

約１時間後、約２キロの地点で、ひき逃げ犯人を現逮することの可否

　管内で自動車による重傷ひき逃げ事件（車両同士）が発生した。逃走車両は一旦停止し、運転手が道路上に降りた後、車両を移動するふりをしていきなり逃走したものである。逃走車両は前部が破損し、オイルを垂らしながら逃走した。目撃者が多数おり、人着並びに逃走車両のナンバー等が一斉指令された。直ちに緊急配備を実施し、警察官がパトカーでオイルの跡をたどったところ、発生から約１時間後、現場から約２キロ離れた公園駐車場で逃走車両を発見し、手配人着の甲が運転席に乗っているところを発見し、確保した。当該車両は、前部が凹損し、オイル漏れをしている状況であり、甲は、警察官の質問にしどろもどろの状況であった。警察官はひき逃げの犯人であると確信し、追及した結果、甲が本件犯行を自供した。この場合、警察官は、甲を準現行犯逮捕することができるか。

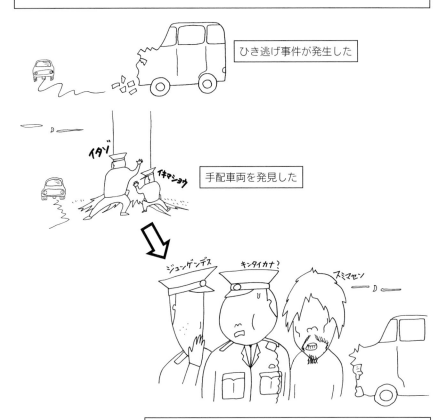

ひき逃げ事件が発生した

手配車両を発見した

約１時間後、約２キロの地点で甲を確保し、犯人が自供した

1　結　論
　　できる。

2　関係法令
　　刑訴法第212条（現行犯人）

3　準現行犯逮捕の要件
　①　犯罪と犯人の明白性
　　　その者をおいて他に犯人はなく、その者こそ正しく特定の犯罪の実行
　　行為者であるということを逮捕者が明白に認識できること。
　②　時間的接着性
　　　その犯罪を行い終わってから客観的に間がないこと。
　③　時間的接着性の明白性
　　　犯罪を行い終わってから間がないことが逮捕者に明らかであること。
　④　刑訴法第212条第2項各号所定の事由のどれかに該当すること。

4　関係判例
　○　犯罪行為終了後、3～4時間が準現行犯逮捕の時間的限界である（最
　　判昭30.12.16）。
　○　犯行終了から約1時間40分後、犯行現場から約4キロ離れた場所につ
　　いても時間的・場所的接着性が認められる（最決平8.1.29）。
　○　ある者が特定の犯罪を行い終わって間がないかどうかの判断について
　　は、何の情報も与えられていない私人の立場に立ってこれを判断すべき
　　ものではなく、現に発生した犯罪行為の概要や犯人像について一定の情
　　報を与えられて警戒に当たっている警察官の認識や判断力を基準として
　　これを判断すれば足りる（東京高判平5.4.28）。

5　事例検討
　○　事例の場合、事故発生後1時間を経過しており、犯行現場から約2キ
　　ロ離れていることから、罪を行い終わった現行犯人として逮捕すること
　　はできない。
　○　しかし、事例の時間的・場所的範囲は、上記判例のとおり、準現行犯
　　人の範囲内であり、かつ、犯罪と犯人の明白性もある。
　○　逃走車両の破損やオイル漏れは、刑訴法第212条第2項第2号にいう
　　「犯罪の用に供したと思われる兇器その他の物を所持しているとき」に
　　該当する。
　○　よって、警察官は、甲を準現行犯逮捕することができる。

約2時間後、約200メートルの地点で、入れ墨を証跡として現逮することの可否

管内で傷害事件が発生した。被害者Aから、人着、逃走方向、逃走手段のほかに「右腕に入れ墨がある」という通報があった。直ちに緊急配備を実施し、警察官が検索を行ったところ、事件発生から約2時間後、発生場所から約200メートル離れた地点で、手配の人着に酷似した甲を発見したことから職務質問をした。警察官が甲に職務質問をすると、手配のとおり、右腕に入れ墨があり、言動もしどろもどろであったことから、その数分後、被害者Aに面通しをさせたところ「犯人に間違いない」旨を申告したため、警察官が甲を追及した結果、甲も犯行を自供した。この場合、警察官は、甲を準現行犯逮捕することができるか。

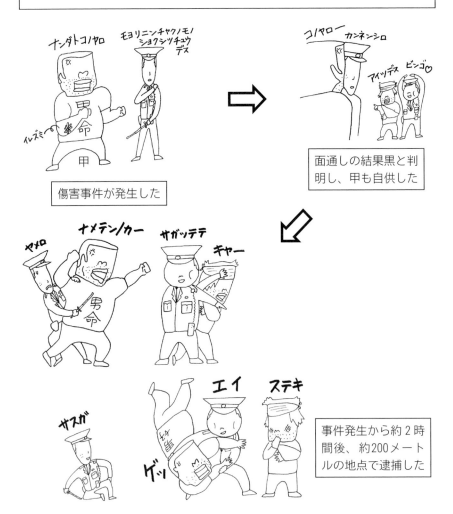

傷害事件が発生した

面通しの結果黒と判明し、甲も自供した

事件発生から約2時間後、約200メートルの地点で逮捕した

1　結　論
　　できない。

2　関係法令
　　刑訴法第212条（現行犯人）

3　準現行犯逮捕の要件
　①　犯罪と犯人の明白性
　　　その者をおいて他に犯人はなく、その者こそ正しく特定の犯罪の実行行為者であるということを逮捕者が明白に認識できること。
　②　時間的接着性
　　　その犯罪を行い終わってから客観的に間がないこと。
　③　時間的接着性の明白性
　　　犯罪を行い終わってから間がないことが逮捕者に明らかであること。
　④　刑訴法第212条第2項各号所定の事由のどれかに該当すること。

4　関係判例
　○　犯罪行為終了後、3～4時間が準現行犯逮捕の時間的限界である（最判昭30.12.16）。
　○　犯行終了から約1時間40分後、犯行現場から約4キロ離れた場所についても時間的・場所的接着性が認められる（最決平8.1.29）。
　○　ある者が特定の犯罪を行い終わって間がないかどうかの判断については、何の情報も与えられていない私人の立場に立ってこれを判断すべきものではなく、現に発生した犯罪行為の概要や犯人像について一定の情報を与えられて警戒に当たっている警察官の認識や判断力を基準としてこれを判断すれば足りる（東京高判平5.4.28）。

5　事例検討
　○　事例の場合、発生から約2時間、犯行場所から約200メートル離れた場所で、手配人着に酷似し、腕に入れ墨のある甲を発見したのであり、甲の言動等からして本件の被疑者であると認められたことから、①犯罪と犯人の明白性、②時間的接着性、③時間的接着性の明白性の準現行犯人の要件はいずれも充足する。
　○　しかし、犯人がたまたま入れ墨をしているなどの身体の特徴は、刑訴法第212条第2項第3号の「身体又は被服に犯罪の顕著な証跡があるとき」には当たらないことから、同法第212条第2項各号の要件を充足しない。
　○　よって、警察官は、甲を準現行犯逮捕することができない。この場合、もし仮に、警察官が甲を職務質問した時点で犯行から30～40分以内であれば「罪を行い終わった現行犯人」（固有の現行犯人）として現行犯逮捕することも可能である。
　○　なお、甲を逮捕する場合には、要件充足を検討したうえ、緊急逮捕するか、あるいは通常逮捕することになる。

約２時間後、約200メートルの地点で、衣服等を証跡として現逮することの可否

管内で傷害事件が発生した。被害者Ａから、人着、逃走方向、逃走手段のほかに「靴を片方脱いで逃げた」という通報があった。直ちに緊急配備を実施し、警察官が検索を行ったところ、事件発生から約２時間後、発生場所から約200メートル離れた地点で、手配の人着に酷似した甲を発見したことから職務質問をした。警察官が甲に職務質問をすると、手配のとおり、片方の靴を履いておらず、はだしであり、服装が乱れているうえに言動もしどろもどろであった。その数分後、被害者Ａに面通しをさせたところ「犯人に間違いない」旨を申告したため、警察官が甲を追及した結果、甲も犯行を自供した。この場合、警察官は、甲を準現行犯逮捕することができるか。

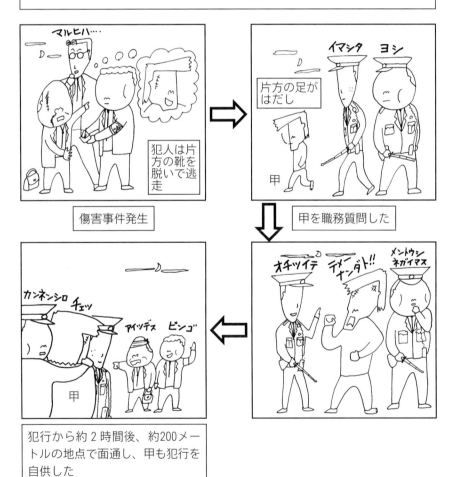

傷害事件発生

甲を職務質問した

犯行から約２時間後、約200メートルの地点で面通しし、甲も犯行を自供した

1　結　論
　できる。

2　関係法令
　刑訴法第212条（現行犯人）

3　準現行犯逮捕の要件
　①　犯罪と犯人の明白性
　　その者をおいて他に犯人はなく、その者こそ正しく特定の犯罪の実行行為者であるということを逮捕者が明白に認識できること。
　②　時間的接着性
　　その犯罪を行い終わってから客観的に間がないこと。
　③　時間的接着性の明白性
　　犯罪を行い終わってから間がないことが逮捕者に明らかであること。
　④　刑訴法第212条第2項各号所定の事由のどれかに該当すること。

4　関係判例
　○　犯罪行為終了後、3～4時間が準現行犯逮捕の時間的限界である（最判昭30.12.16）。
　○　犯行終了から約1時間40分後、犯行現場から約4キロ離れた場所についても時間的・場所的接着性が認められる（最決平8.1.29）。
　○　ある者が特定の犯罪を行い終わって間がないかどうかの判断については、何の情報も与えられていない私人の立場に立ってこれを判断すべきものではなく、現に発生した犯罪行為の概要や犯人像について一定の情報を与えられて警戒に当たっている警察官の認識や判断力を基準としてこれを判断すれば足りる（東京高判平5.4.28）。

5　事例検討
　○　事例の場合、発生から約2時間、犯行場所から約200メートル離れた場所で、手配人着に酷似し、片方の靴を履いていない甲を発見したのであり、甲の言動等からして本件の被疑者であると認められたことから、①犯罪と犯人の明白性、②時間的接着性、③時間的接着性の明白性の準現行犯人の要件はいずれも充足する。
　○　刑訴法第212条第2項第3号の「身体又は被服に犯罪の顕著な証跡があるとき」には、衣服だけではなく、帽子、靴なども含まれる。
　○　したがって、服が乱れ、靴を片方履いていないという犯人の状況は、刑訴法第212条第2項第3号の「身体又は被服に犯罪の顕著な証跡があるとき」に当たることから、同法第212条第2項各号の要件を充足する。
　○　よって、警察官は、甲を準現行犯逮捕することができる。

約60分後、約１キロの地点で、抵抗時の傷を証跡として現逮することの可否

　管内で傷害事件が発生した。被害者Aから、人着、逃走方向、逃走手段のほかに「犯人は二人で背の高い方の男の左のほっぺにわたしが抵抗したときに引っかき傷がついた」という通報があった。直ちに緊急配備を実施し、警察官が検索を行ったところ、事件発生から約60分後、発生場所から約１キロ離れた地点で、手配の人着に酷似した甲と乙を発見したことから職務質問をした。警察官が甲と乙に職務質問をすると、手配のとおり、背の高い方の甲の左のほっぺに引っかき傷がついており、二人の服装が乱れているうえに言動もしどろもどろであった。その数分後、被害者Aに面通しをさせたところ「犯人に間違いない」旨を申告したため、警察官が甲と乙を追及した結果、甲乙とも犯行を自供した。この場合、警察官は、甲を準現行犯逮捕したが、刑訴法第212条第２項各号の要件がない乙も準現行犯逮捕することができるか。

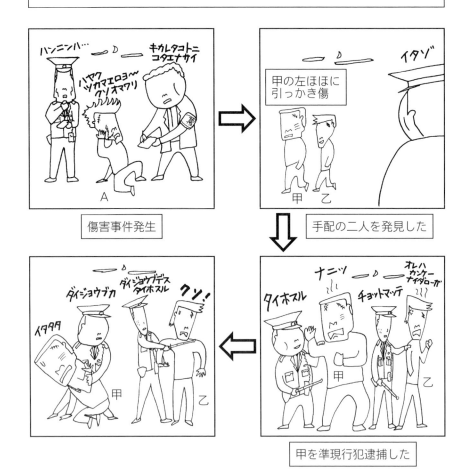

1　結　論
　　できる。

2　関係法令
　　刑訴法第212条（現行犯人）

3　準現行犯逮捕の要件
　①　犯罪と犯人の明白性
　　　その者をおいて他に犯人はなく、その者こそ正しく特定の犯罪の実行
　　行為者であるということを逮捕者が明白に認識できること。
　②　時間的接着性
　　　その犯罪を行い終わってから客観的に間がないこと。
　③　時間的接着性の明白性
　　　犯罪を行い終わってから間がないことが逮捕者に明らかであること。
　④　刑訴法第212条第2項各号所定の事由のどれかに該当すること。

4　関係判例
　○　犯罪行為終了後、3～4時間が準現行犯逮捕の時間的限界である（最
　　判昭30.12.16）。
　○　犯行終了から約1時間40分後、犯行現場から約4キロ離れた場所につ
　　いても時間的・場所的接着性が認められる（最決平8.1.29）。
　○　被告人Aのワイシャツに付いていた血痕は、乱闘により付着したもの
　　であるから、刑訴法第212条第2項第3号の要件を具備している。また、
　　それ以外の被告人については、被服に証跡等があったわけではないが、
　　犯行が複数によるものであり、同一の車両に乗って行動していたことな
　　どから、Aのワイシャツに血痕が付着していたことは、同乗者である他
　　の者についても「被服に犯罪の顕著な証跡があるとき」に当たると解さ
　　れる（東京高判昭62.4.16）。

5　事例検討
　○　事例の場合、発生から約60分、犯行場所から約1キロ離れた場所で、
　　手配人着に酷似し、左ほほに引っかき傷のある甲を発見したのであり、
　　甲の言動等からして本件の被疑者であると認められたことから、①犯罪
　　と犯人の明白性、②時間的接着性、③時間的接着性の明白性の準現行犯
　　人の要件はいずれも充足する。
　○　甲の顔についた引っかき傷は、刑訴法第212条第2項第3号の「身体
　　又は被服に犯罪の顕著な証跡があるとき」に当たることから、同法第212
　　条第2項各号の要件を充足する。
　○　よって、甲を、準現行犯逮捕することができる。乙についても、上記
　　判例のとおり、準現行犯逮捕することができる。

約60分後、約１キロの地点で、呼気検査等の結果を証跡として現逮することの可否

甲が酒酔い運転をして交通事故を起こした後、車を乗り捨てて自宅に逃げ帰った。このとき、目撃者の通報により、人着、服装等が手配され、駆けつけた警察官が、車両ナンバーから自宅住所を割り出し、甲宅に赴いた。警察官が、甲宅の玄関の呼び鈴を鳴らしたところ、赤い顔をして酒臭を漂わせた甲が出てきた。甲の人着、服装は手配と同じであった。警察官は、甲が酒酔い運転の被疑者であると確信し、家族から、たった今、甲が徒歩で帰宅したこと、帰宅したときには酒気を帯びていたこと、帰宅した後に酒を飲んでいないことなどを確認し、甲の呼気検査をし、歩行テスト等を行った結果、呼気１リットルにつき0.4ミリグラムのアルコールを検知し、鑑識カードを作成した結果、正常に歩行できないほど酒に酔っていることが分かった。よって、警察官は、甲を酒酔い運転の準現行犯人と認め、発生から約60分後、犯行場所から約１キロ先にある甲宅において、甲を準現行犯逮捕した。警察官の逮捕は、適法か。

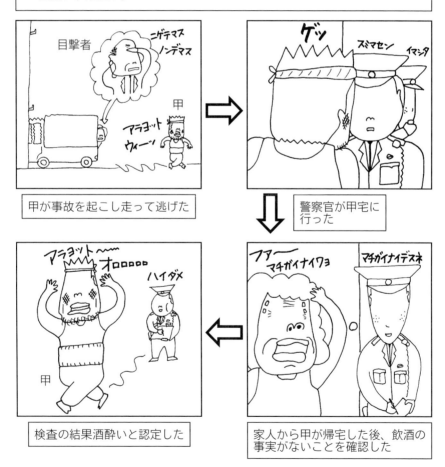

甲が事故を起こし走って逃げた

警察官が甲宅に行った

家人から甲が帰宅した後、飲酒の事実がないことを確認した

検査の結果酒酔いと認定した

1　結　論
　適法である。

2　関係法令
　刑訴法第212条（現行犯人）

3　準現行犯逮捕の要件
　① 犯罪と犯人の明白性
　　その者をおいて他に犯人はなく、その者こそ正しく特定の犯罪の実行
　　行為者であるということを逮捕者が明白に認識できること。
　② 時間的接着性
　　その犯罪を行い終わってから客観的に間がないこと。
　③ 時間的接着性の明白性
　　犯罪を行い終わってから間がないことが逮捕者に明らかであること。
　④ 刑訴法第212条第2項各号所定の事由のどれかに該当すること。

4　関係判例
　○ 犯罪行為終了後、3〜4時間が準現行犯逮捕の時間的限界である（最
　　判昭30.12.16）。
　○ 犯行終了から約1時間40分後、犯行現場から約4キロ離れた場所につ
　　いても時間的・場所的接着性が認められる（最決平8.1.29）。
　○ 無免許で酒気帯び運転をして交通事故を起こし、自分も負傷して病院
　　に搬送されていたところ、指令により病院に駆けつけた警察官において、
　　被告人から酒のにおいを感じたため、被告人の呼気検査をし、呼気1リッ
　　トルにつき0.35ミリグラムのアルコール保有を確かめるなどした後、こ
　　の交通事故から約52分を経過した時点で、被告人を酒気帯び運転の準現
　　行犯人として逮捕した場合、被告人が刑訴法第212条第2項第3号にい
　　う「身体又は被服に犯罪の顕著な証跡があるとき」の準現行犯に該当す
　　る（名古屋高判平元.1.18）。

5　事例検討
　○ 事例の場合、発生から約60分後に犯行場所から約1キロ離れた場所で、
　　甲の言動、酒臭、人着等から本件の被疑者であると認めたのであるから、
　　①犯罪と犯人の明白性、②時間的接着性、③時間的接着性の明白性の準
　　現行犯人の要件はいずれも充足する。
　○ また、警察官が行った呼気検査や鑑識カードの作成は、刑訴法第212
　　条第2項第3号の「身体又は被服に犯罪の顕著な証跡があるとき」に当
　　たることから、同法第212条第2項各号の要件を充足する。
　○ よって、甲を、準現行犯逮捕することができる。

約60分後、約１キロの地点で職質した際、逃走した被疑者を追跡し現逮することの可否

> 管内で傷害事件が発生した直後、被害者Ａが、人着、逃走方向、逃走手段を通報した。直ちに緊急配備を実施し、警察官が検索を行ったところ、事件発生から約60分後、発生場所から約１キロ離れた地点で、手配の人着に酷似した甲を発見した。警察官は、甲を本件傷害事件の被疑者であると確信し、「ちょっとすみません」と職務質問をしたところ、甲が突然逃走を開始した。警察官は直ちにこれを追跡し、準現行犯逮捕した。警察官の逮捕行為は、適法か。

傷害事件が発生し、手配人着に酷似した甲を職務質問した

いきなり逃走したので追跡した

犯行から約60分後、約１キロの地点で甲を準現行犯逮捕した

1　結　論
　適法である。

2　関係法令
　刑訴法第212条（現行犯人）

3　準現行犯逮捕の要件
　① 犯罪と犯人の明白性
　　　その者をおいて他に犯人はなく、その者こそ正しく特定の犯罪の実行
　　行為者であるということを逮捕者が明白に認識できること。
　② 時間的接着性
　　　その犯罪を行い終わってから客観的に間がないこと。
　③ 時間的接着性の明白性
　　　犯罪を行い終わってから間がないことが逮捕者に明らかであること。
　④ 刑訴法第212条第2項各号所定の事由のどれかに該当すること。

4　関係判例
　○ 犯罪行為終了後、3～4時間が準現行犯逮捕の時間的限界である（最
　　判昭30.12.16）。
　○ 犯行終了から約1時間40分後、犯行現場から約4キロ離れた場所につ
　　いても時間的・場所的接着性が認められる（最決平8.1.29）。
　○ 警察官に呼び止められ、これを振り切って小走りに先に進もうとした
　　場合は、再度停止を求められて立ち止まったとしても、刑訴法第212条
　　第2項第4号「誰何されて逃走しようとするとき」に該当する（横浜地
　　判昭54.7.10）。

5　事例検討
　○ 事例の場合、発生から約60分、犯行場所から約1キロ離れた場所で、
　　手配の人着に酷似した甲を発見したのであり、甲の言動等からして本件
　　の被疑者であると認められたことから、①犯罪と犯人の明白性、②時間
　　的接着性、③時間的接着性の明白性の準現行犯人の要件はいずれも充足
　　する。
　○ 甲を傷害の被疑者だと確信して職務質問をした際、甲が逃走する行為
　　は、刑訴法第212条第2項第4号の「誰何されて逃走しようとするとき」
　　に該当することから、同法第212条第2項各号の要件を充足する。よっ
　　て、甲を、準現行犯逮捕することができる。

約15分後、約150メートルの地点で、犯行が明確な被疑者を逮捕する場合の逮捕の種別

> 管内で甲がナイフでAを刺すという傷害事件が発生した。被害者Aが、人着、逃走方向、逃走手段のほかに「被疑者は返り血を浴びて白いシャツの腹部が真っ赤になっている」と通報した。直ちに緊急配備を実施し、警察官が検索を行ったところ、事件発生から約15分後、発生場所から約150メートル離れた地点で、手配の人着に酷似した甲を発見した。甲が着ている白いシャツの腹部が返り血で真っ赤になっていることを確認したことから、本件傷害事件の被疑者であると確信し、職務質問をした。その結果、甲が、本件犯行を自供した。この場合、甲は、「現に罪を行い終わった」固有の現行犯人か、それとも、「身体又は被服に犯罪の顕著な証跡がある」準現行犯人か。

甲がAを刺した

手配人着に酷似した甲を発見し職務質問した

犯行から約15分後、約150メートルの地点で甲を逮捕した

1　結　論
　　固有の現行犯人である。

2　関係法令
　　刑訴法第212条（現行犯人）

3　準現行犯逮捕の要件
　①　犯罪と犯人の明白性
　　　その者をおいて他に犯人はなく、その者こそ正しく特定の犯罪の実行
　　行為者であるということを逮捕者が明白に認識できること。
　②　時間的接着性
　　　その犯罪を行い終わってから客観的に間がないこと。
　③　時間的接着性の明白性
　　　犯罪を行い終わってから間がないことが逮捕者に明らかであること。
　④　刑訴法第212条第2項各号所定の事由のどれかに該当すること。

4　関係判例
　○　犯罪行為終了後、3〜4時間が準現行犯逮捕の時間的限界である（最
　　判昭30.12.16）。
　○　犯行終了から約1時間40分後、犯行現場から約4キロ離れた場所につ
　　いても時間的・場所的接着性が認められる（最決平8.1.29）。

5　事例検討
　○　準現行犯逮捕の規定は、固有の現行犯人に当たらない犯人を現行犯人
　　として逮捕する場合に適用されるべきものである。したがって、固有の
　　現行犯人に当たるかどうかをまず検討し、当たらない場合に次に準現行
　　犯逮捕の可否について検討しなければならない。
　○　事例の場合、被害者の供述だけではなく、シャツに返り血を浴びてい
　　ることなどから、「犯罪と犯人の明白性」が逮捕者において明確に認識
　　することができ、しかも、時間的・場所的範囲が、30〜40分、200〜300
　　メートル以内という「現に罪を行い終わった」（固有の現行犯人）の範
　　囲内であることから、甲は、固有の現行犯人である。
　○　よって、警察官は、準現行犯人ではなく、現行犯人（固有の現行犯人）
　　として甲を逮捕するべきである。

関 係 法 令

1 刑事訴訟法〔抄〕 （昭和23年7月10日 法律第131号）

最近改正 令和5年12月13日法律第84号

第1編 総則
第8章 被告人の召喚、勾引及び勾留

〔勾引状・勾留状の方式〕

第64条 勾引状又は勾留状には、被告人の氏名及び住居、罪名、公訴事実の要旨、引致すべき場所又は勾留すべき刑事施設、有効期間及びその期間経過後は執行に着手することができず令状はこれを返還しなければならない旨並びに発付の年月日その他裁判所の規則で定める事項を記載し、裁判長又は受命裁判官が、これに記名押印しなければならない。

② 被告人の氏名が明らかでないときは、人相、体格その他被告人を特定するに足りる事項で被告人を指示することができる。

③ 被告人の住居が明らかでないときは、これを記載することを要しない。

〔勾引状・勾留状の執行手続〕

第73条 勾引状を執行するには、これを被告人に示した上、できる限り速やかに且つ直接、指定された裁判所その他の場所に引致しなければならない。第66条第4項の勾引状については、これを発した裁判官に引致しなければならない。

② 勾留状を執行するには、これを被告人に示した上、できる限り速やかに、かつ、直接、指定された刑事施設に引致しなければならない。

③ 勾引状又は勾留状を所持しないためこれを示すことができない場合において、急速を要するときは、前2項の規定にかかわらず、被告人に対し公訴事実の要旨及び令状が発せられている旨を告げて、その執行をすることができる。但し、令状は、できる限り速やかにこれを示さなければならない。

第9章 押収及び捜索

〔捜索〕

第102条 裁判所は、必要があるときは、被告人の身体、物又は住居その他の場所に就き、捜索をすることができる。

② 被告人以外の者の身体、物又は住居その他の場所については、押収すべき物の存在を認めるに足りる状況のある場合に限り、捜索をすることができる。

〔業務上秘密と押収〕

第105条 医師、歯科医師、助産師、看護師、弁護士（外国法事務弁護士を含む。）、弁理士、公証人、宗教の職に在る者又はこれらの職に在つた者は、業務上委託を受けたため、保管し、又は所持する物で他人の秘密に関するものについては、押収を拒むことができる。但し、本人が承諾した場合、押収の拒絶が被告人のためのみにする権利の濫用と認

められる場合（被告人が本人である場合を除く。）その他裁判所の規則で定める事由がある場合は、この限りでない。

〔執行の方式〕

第110条　差押状、記録命令付差押状又は捜索状は、処分を受ける者にこれを示さなければならない。

〔電磁的記録に係る記録媒体の差押えの執行方法〕

第110条の2　差し押さえるべき物が電磁的記録に係る記録媒体であるときは、差押状の執行をする者は、その差押えに代えて次に掲げる処分をすることができる。公判廷で差押えをする場合も、同様である。

一　差し押さえるべき記録媒体に記録された電磁的記録を他の記録媒体に複写し、印刷し、又は移転した上、当該他の記録媒体を差し押さえること。

二　差押えを受ける者に差し押さえるべき記録媒体に記録された電磁的記録を他の記録媒体に複写させ、印刷させ、又は移転させた上、当該他の記録媒体を差し押さえること。

〔押収・捜索と必要な処分〕

第111条　差押状、記録命令付差押状又は捜索状の執行については、錠をはずし、封を開き、その他必要な処分をすることができる。公判廷で差押え、記録命令付差押え又は捜索をする場合も、同様である。

②　前項の処分は、押収物についても、これをすることができる。

〔協力要請〕

第111条の2　差し押さえるべき物が電磁的記録に係る記録媒体であるときは、差押状又は捜索状の執行をする者は、処分を受ける者に対し、電子計算機の操作その他の必要な協力を求めることができる。公判廷で差押え又は捜索をする場合も、同様である。

〔執行中の出入禁止〕

第112条　差押状、記録命令付差押状又は捜索状の執行中は、何人に対しても、許可を得ないでその場所に出入りすることを禁止することができる。

②　前項の禁止に従わない者は、これを退去させ、又は執行が終わるまでこれに看守者を付することができる。

〔責任者の立会い〕

第114条　公務所内で差押状、記録命令付差押状又は捜索状の執行をするときは、その長又はこれに代わるべき者に通知してその処分に立ち会わせなければならない。

②　前項の規定による場合を除いて、人の住居又は人の看守する邸宅、建造物若しくは船舶内で差押状、記録命令付差押状又は捜索状の執行をするときは、住居主若しくは看守者又はこれらの者に代わるべき者をこれに立ち会わせなければならない。これらの者を立ち会わせることができないときは、隣人又は地方公共団体の職員を立ち会わせなければならない。

〔女子の身体の捜索と立会い〕

第115条　女子の身体について捜索状の執行をする場合には、成年の女子をこれに立ち会わせなければならない。但し、急速を要する場合は、この限りでない。

〔夜間の執行の制限〕

第116条　日出前、日没後には、令状に夜間でも執行することができる旨の記載がなければ、差押状、記録命令付差押状又は捜索状の執行のため、人の住居又は人の看守する邸宅、建造物若しくは船舶内に入ることはできない。

②　日没前に差押状、記録命令付差押状又は捜索状の執行に着手したときは、日没後でも、その処分を継続することができる。

〔夜間執行の制限の例外〕

第117条　次に掲げる場所で差押状、記録命令付差押状又は捜索状の執行をするについては、前条第1項に規定する制限によることを要しない。

一　賭博、富くじ又は風俗を害する行為に常用されるものと認められる場所

二　旅館、飲食店その他夜間でも公衆が出入りすることができる場所。ただし、公開した時間内に限る。

〔執行の中止と必要な処分〕

第118条　差押状、記録命令付差押状又は捜索状の執行を中止する場合において必要があるときは、執行が終わるまでその場所を閉鎖し、又は看守者を置くことができる。

第10章　検証

〔検証と必要な処分〕

第129条　検証については、身体の検査、死体の解剖、墳墓の発掘、物の破壊その他必要な処分をすることができる。

〔身体の検査に関する注意〕

第131条　身体の検査については、これを受ける者の性別、健康状態その他の事情を考慮した上、特にその方法に注意し、その者の名誉を害しないように注意しなければならない。

②　女子の身体を検査する場合には、医師又は成年の女子をこれに立ち会わせなければならない。

〔身体検査の直接強制〕

第139条　裁判所は、身体の検査を拒む者を過料に処し、又はこれに刑を科しても、その効果がないと認めるときは、そのまま、身体の検査を行うことができる。

第12章　鑑定

〔鑑定と必要な処分、許可状〕

第168条　鑑定人は、鑑定について必要がある場合には、裁判所の許可を受けて、人の住居若しくは人の看守する邸宅、建造物若しくは船舶内に入り、身体を検査し、死体を解剖し、墳墓を発掘し、又は物を破壊することができる。

②　裁判所は、前項の許可をするには、被告人の氏名、罪名及び立ち入るべき場所、検査すべき身体、解剖すべき死体、発掘すべき墳墓又は破壊すべき物並びに鑑定人の氏名その他裁判所の規則で定める事項を記載した許可状を発して、これをしなければならない。

③　裁判所は、身体の検査に関し、適当と認める条件を附することができる。

④　鑑定人は、第1項の処分を受ける者に許可状を示さなければならない。

⑤　前3項の規定は、鑑定人が公判廷でする第1項の処分については、これを適用しない。

⑥　第131条、第137条、第138条及び第140条の規定は、鑑定人の第1項の規定によってする身体の検査についてこれを準用する。

第2編　第一審

第1章　捜査

〔一般司法警察職員と捜査〕

第189条　警察官は、それぞれ、他の法律又は国家公安委員会若しくは都道府県公安委員会の定めるところにより、司法警察職員として職務を行う。

②　司法警察職員は、犯罪があると思料するときは、犯人及び証拠を捜査するものとする。

〔被疑者の出頭要求・取調べ〕

第198条　検察官、検察事務官又は司法警察職員は、犯罪の捜査をするについて必要があるときは、被疑者の出頭を求め、これを取り調べることができる。但し、被疑者は、逮捕又は勾留されている場合を除いては、出頭を拒み、又は出頭後、何時でも退去することができる。

②　前項の取調に際しては、被疑者に対し、あらかじめ、自己の意思に反して供述をする必要がない旨を告げなければならない。

③　被疑者の供述は、これを調書に録取することができる。

④　前項の調書は、これを被疑者に閲覧させ、又は読み聞かせて、誤がないかどうかを問い、被疑者が増減変更の申立をしたときは、その供述を調書に記載しなければならない。

⑤　被疑者が、調書に誤のないことを申し立てたときは、これに署名押印することを求めることができる。但し、これを拒絶した場合は、この限りでない。

〔逮捕状による逮捕要件〕

第199条　検察官、検察事務官又は司法警察職員は、被疑者が罪を犯したことを疑うに足りる相当な理由があるときは、裁判官のあらかじめ発する逮捕状により、これを逮捕することができる。ただし、30万円（刑法、暴力行為等処罰に関する法律及び経済関係罰則の整備に関する法律の罪以外の罪については、当分の間、2万円）以下の罰金、拘留又は科料に当たる罪については、被疑者が定まった住居を有しない場合又は正当な理由がなく前条の規定による出頭の求めに応じない場合に限る。

②　裁判官は、被疑者が罪を犯したことを疑うに足りる相当な理由があると認めるときは、検察官又は司法警察員（警察官たる司法警察員については、国家公安委員会又は都道府県公安委員会が指定する警部以上の者に限る。以下本条において同じ。）の請求により、

前項の逮捕状を発する。但し、明らかに逮捕の必要がないと認めるときは、この限りでない。

③　検察官又は司法警察員は、第1項の逮捕状を請求する場合において、同一の犯罪事実についてその被疑者に対し前に逮捕状の請求又はその発付があったときは、その旨を裁判所に通知しなければならない。

〔逮捕状の方式〕

第200条　逮捕状には、被疑者の氏名及び住居、罪名、被疑事実の要旨、引致すべき官公署その他の場所、有効期間及びその期間経過後は逮捕をすることができず令状はこれを返還しなければならない旨並びに発付の年月日その他裁判所の規則で定める事項を記載し、裁判官が、これに記名押印しなければならない。

②　第64条第2項及び第3項の規定は、逮捕状についてこれを準用する。

〔逮捕状による逮捕の手続〕

第201条　逮捕状により被疑者を逮捕するには、逮捕状を被疑者に示さなければならない。

②　第73条第3項の規定は、逮捕状により被疑者を逮捕する場合にこれを準用する。

〔検察官・司法警察員への引致〕

第202条　検察事務官又は司法巡査が逮捕状により被疑者を逮捕したときは、直ちに、検察事務官はこれを検察官に、司法巡査はこれを司法警察員に引致しなければならない。

〔緊急逮捕〕

第210条　検察官、検察事務官又は司法警察職員は、死刑又は無期若しくは長期3年以上の懲役若しくは禁錮にあたる罪を犯したことを疑うに足りる充分な理由がある場合で、急速を要し、裁判官の逮捕状を求めることができないときは、その理由を告げて被疑者を逮捕することができる。この場合には、直ちに裁判官の逮捕状を求める手続をしなければならない。逮捕状が発せられないときは、直ちに被疑者を釈放しなければならない。

②　第200条の規定は、前項の逮捕状についてこれを準用する。

〔緊急逮捕と準用規定〕

第211条　前条の規定により被疑者が逮捕された場合には、第199条の規定により被疑者が逮捕された場合に関する規定を準用する。

〔現行犯人〕

第212条　現に罪を行い、又は現に罪を行い終つた者を現行犯人とする。

②　左の各号の一にあたる者が、罪を行い終つてから間がないと明らかに認められるときは、これを現行犯人とみなす。

　一　犯人として追呼されているとき。

　二　贓物又は明らかに犯罪の用に供したと思われる兇器その他の物を所持しているとき。

　三　身体又は被服に犯罪の顕著な証跡があるとき。

　四　誰何されて逃走しようとするとき。

〔現行犯逮捕〕

第213条　現行犯人は、何人でも、逮捕状なくしてこれを逮捕することができる。

〔令状による差押え・記録命令付差押え・捜索・検証〕

第218条　検察官、検察事務官又は司法警察職員は、犯罪の捜査をするについて必要があるときは、裁判官の発する令状により、差押え、記録命令付差押え、捜索又は検証をすることができる。この場合において、身体の検査は、身体検査令状によらなければならない。

②　差し押さえるべき物が電子計算機であるときは、当該電子計算機に電気通信回線で接続している記録媒体であつて、当該電子計算機で作成若しくは変更をした電磁的記録又は当該電子計算機で変更若しくは消去をすることができることとされている電磁的記録を保管するために使用されていると認めるに足りる状況にあるものから、その電磁的記録を当該電子計算機又は他の記録媒体に複写した上、当該電子計算機又は当該他の記録媒体を差し押さえることができる。

③　身体の拘束を受けている被疑者の指紋若しくは足型を採取し、身長若しくは体重を測定し、又は写真を撮影するには、被疑者を裸にしない限り、第1項の令状によることを要しない。

④　第1項の令状は、検察官、検察事務官又は司法警察員の請求により、これを発する。

⑤　検察官、検察事務官又は司法警察員は、身体検査令状の請求をするには、身体の検査を必要とする理由及び身体の検査を受ける者の性別、健康状態その他裁判所の規則で定める事項を示さなければならない。

⑥　裁判官は、身体の検査に関し、適当と認める条件を附することができる。

〔差押え等の令状の方式〕

第219条　前条の令状には、被疑者若しくは被告人の氏名、罪名、差し押さえるべき物、記録させ若しくは印刷させるべき電磁的記録及びこれを記録させ若しくは印刷させるべき者、捜索すべき場所、身体若しくは物、検証すべき場所若しくは物又は検査すべき身体及び身体の検査に関する条件、有効期間及びその期間経過後は差押え、記録命令付差押え、捜索又は検証に着手することができず令状はこれを返還しなければならない旨並びに発付の年月日その他裁判所の規則で定める事項を記載し、裁判官が、これに記名押印しなければならない。

②　前条第2項の場合には、同条の令状に、前項に規定する事項のほか、差し押さえるべき電子計算機に電気通信回線で接続している記録媒体であつて、その電磁的記録を複写すべきものの範囲を記載しなければならない。

③　第64条第2項の規定は、前条の令状についてこれを準用する。

〔令状によらない差押え・捜索・検証〕

第220条　検察官、検察事務官又は司法警察職員は、第199条の規定により被疑者を逮捕する場合又は現行犯人を逮捕する場合において必要があるときは、左の処分をすることができる。第210条の規定により被疑者を逮捕する場合において必要があるときも、同様

である。

一　人の住居又は人の看守する邸宅、建造物若しくは船舶内に入り被疑者の捜索をすること。

二　逮捕の現場で差押、捜索又は検証をすること。

② 前項後段の場合において逮捕状が得られなかつたときは、差押物は、直ちにこれを還付しなければならない。第123条第3項の規定は、この場合についてこれを準用する。

③ 第1項の処分をするには、令状は、これを必要としない。

④ 第1項第2号及び前項の規定は、検察事務官又は司法警察職員が勾引状又は勾留状を執行する場合にこれを準用する。被疑者に対して発せられた勾引状又は勾留状を執行する場合には、第1項第1号の規定をも準用する。

〔領置〕

第221条　検察官、検察事務官又は司法警察職員は、被疑者その他の者が遺留した物又は所有者、所持者若しくは保管者が任意に提出した物は、これを領置することができる。

〔押収・捜索・検証に関する準用規定等〕

第222条　第99条第1項、第100条、第102条から第105条まで、第110条から第112条まで、第114条、第115条及び第118条から第124条までの規定は、検察官、検察事務官又は司法警察職員が第218条、第220条及び前条の規定によつてする押収又は捜索について、第110条、第111条の2、第112条、第114条、第118条、第129条、第131条及び第137条から第140条までの規定は、検察官、検察事務官又は司法警察職員が第218条又は第220条の規定によつてする検証についてこれを準用する。ただし、司法巡査は、第122条から第124条までに規定する処分をすることができない。

② 第220条の規定により被疑者を捜索する場合において急速を要するときは、第114条第2項の規定によることを要しない。

③ 第116条及び第117条の規定は、検察官、検察事務官又は司法警察職員が第218条の規定によつてする差押え、記録命令付差押え又は捜索について、これを準用する。

④ 日出前、日没後には、令状に夜間でも検証をすることができる旨の記載がなければ、検察官、検察事務官又は司法警察職員は、第218条の規定によつてする検証のため、人の住居又は人の看守する邸宅、建造物若しくは船舶内に入ることができない。但し、第117条に規定する場所については、この限りでない。

⑤ 日没前検証に着手したときは、日没後でもその処分を継続することができる。

⑥ 検察官、検察事務官又は司法警察職員は、第218条の規定により差押、捜索又は検証をするについて必要があるときは、被疑者をこれに立ち会わせることができる。

⑦ 第1項の規定により、身体の検査を拒んだ者を過料に処し、又はこれに賠償を命ずべきときは、裁判所にその処分を請求しなければならない。

2　刑事訴訟規則〔抄〕 （昭和23年12月1日 最高裁判所規則第32号）

最近改正　令和5年12月25日最高裁判所規則第10号

第2編　第一審
第1章　捜査
（逮捕状請求書の記載要件）

第142条　逮捕状の請求書には、次に掲げる事項その他逮捕状に記載することを要する事項及び逮捕状発付の要件たる事項を記載しなければならない。

　一　被疑者の氏名、年齢、職業及び住居

　二　罪名及び被疑事実の要旨

　三　被疑者の逮捕を必要とする事由

　四　請求者の官公職氏名

　五　請求者が警察官たる司法警察員であるときは、法第199条第2項の規定による指定を受けた者である旨

　六　7日を超える有効期間を必要とするときは、その旨及び事由

　七　逮捕状を数通必要とするときは、その旨及び事由

　八　同一の犯罪事実又は現に捜査中である他の犯罪事実についてその被疑者に対し前に逮捕状の請求又はその発付があつたときは、その旨及びその犯罪事実

2　被疑者の氏名が明らかでないときは、人相、体格その他被疑者を特定するに足りる事項でこれを指定しなければならない。

3　被疑者の年齢、職業又は住居が明らかでないときは、その旨を記載すれば足りる。

（数通の逮捕状）

第146条　逮捕状は、請求により、数通を発することができる。

（差押え等の令状請求書の記載要件・法第218条）

第155条　差押え、記録命令付差押え、捜索又は検証のための令状の請求書には、次に掲げる事項を記載しなければならない。

　一　差し押さえるべき物、記録させ若しくは印刷させるべき電磁的記録及びこれを記録させ若しくは印刷させるべき者又は捜索し若しくは検証すべき場所、身体若しくは物

　二　請求者の官公職氏名

　三　被疑者又は被告人の氏名（被疑者又は被告人が法人であるときは、その名称）

　四　罪名及び犯罪事実の要旨

　五　7日を超える有効期間を必要とするときは、その旨及び事由

　六　法第218条第2項の場合には、差し押さえるべき電子計算機に電気通信回線で接続している記録媒体であつて、その電磁的記録を複写すべきものの範囲

　七　日出前又は日没後に差押え、記録命令付差押え、捜索又は検証をする必要があるときは、その旨及び事由

2　身体検査令状の請求書には、前項に規定する事項のほか、法第218条第5項に規定する事項を記載しなければならない。

3　被疑者又は被告人の氏名又は名称が明らかでないときは、その旨を記載すれば足りる。

3 犯罪捜査規範〔抄〕 (昭和32年7月11日 国家公安委員会規則第2号)

最近改正　令和6年3月29日国家公安委員会規則第7号

第2章　捜査の端緒
第2節　告訴、告発および自首

（親告罪の要急捜査）

第70条　警察官は、親告罪に係る犯罪があることを知つた場合において、直ちにその捜査を行わなければ証拠の収集その他事後における捜査が著しく困難となるおそれがあると認めるときは、未だ告訴がない場合においても、捜査しなければならない。この場合においては、被害者またはその家族の名誉、信用等を傷つけることのないよう、特に注意しなければならない。

第6章　捜索・差押え等
第1節　通則

（実施上の一般的注意）

第140条　捜索、差押え、記録命令付差押え又は検証を行うに当たつては、必要以上に関係者の迷惑になることのないように特に注意しなければならない。

2　捜索、差押え、記録命令付差押え又は検証を行うに当たつては、やむを得ない理由がある場合を除くほか、建造物、器具等を損壊し、又は書類その他の物を乱すことがないように注意するとともに、これを終えたときは、できる限り原状に復しておくようにしなければならない。

（令状の提示）

第141条　令状により捜索、差押え、記録命令付差押え、検証又は身体検査を行うに当たつては、当該処分を受ける者に対して、令状を示さなければならない。

2　やむを得ない理由によつて、当該処分を受ける者に令状を示すことができないときは、立会人に対してこれを示すようにしなければならない。

第2節　捜索

（協力要請）

第147条の2　差し押さえるべき物が電磁的記録に係る記録媒体であつて、捜索を行うに当たつて必要があるときは、刑訴法第222条第1項において準用する同法第111条の2の規定に基づき、処分を受ける者に対し、電子計算機の操作その他の必要な協力を求めるものとする。

第3節　差押え及び記録命令付差押え

（差押え又は記録命令付差押えに緊急を要する場合）

第154条　犯罪に関係があると認められる物を発見した場合において、その物の所有者又は保管者から任意の提出を受ける見込みがないと認めたときは、直ちにその物に対する

差押許可状の発付を請求するとともに、その隠匿、散逸等を防止するため適切な処置を
とらなければならない。

2 犯罪に関係があると認められる電磁的記録を発見した場合において、その電磁的記録
に係る記録媒体の所有者若しくは保管者又はその電磁的記録を保管する者その他その電
磁的記録を利用する権限を有する者からその電磁的記録に係る記録媒体又はその電磁的
記録を記録若しくは印刷させた記録媒体について任意の提出を受ける見込みがないと認
めたときは、直ちにその電磁的記録に係る記録媒体に対する差押許可状又はその電磁的
記録に対する記録命令付差押許可状の発付を請求するとともに、その隠匿、散逸等を防
止するため適切な処置をとらなければならない。

（交付又は複写の許可）

第154条の2 差押物について、刑訴法第222条第1項において準用する同法第123条第3
項の規定による交付又は複写の許可をするときは、警察本部長又は警察署長の指揮を受
けて行わなければならない。

2 前項の交付又は複写の許可は、司法警察員たる警察官が行わなければならない。

3 第1項の交付又は複写の許可をするに当たつては、相手方から交付請書又は複写電磁
的記録請書を徴しておくものとする。

4 差押えを受けた者が第1項の交付又は複写の許可を受ける権利を放棄する旨の意思を
表示した場合は、電磁的記録に係る権利放棄書の提出を求めなければならない。

5・6 〔略〕

「ニューウェーブ昇任試験対策シリーズ」は、これまでの昇任試験対策の常識を破る、全く新しい手法で作成された教材です。
　本書の内容等について、ご意見・ご要望がございましたら、編集室までお寄せください。FAX・メールいずれでも受け付けております。
　〒112—0002　東京都文京区小石川５—17—3
TEL　03(5803)3304
FAX　03(5803)2560
e-mail　police-law@tokyo-horei.co.jp

ニューウェーブ昇任試験対策シリーズ

イラストでわかりやすい　擬律判断・刑事訴訟法〔第２版〕

平成23年６月20日　初　版　発　行
令和５年６月10日　第　2　版　発　行
令和６年９月１日　第２版２刷発行

著　　　者　　ニューウェーブ昇任試験対策委員会
イラスト　　村　上　太　郎
発　行　者　　星　沢　卓　也
発　行　所　　東京法令出版株式会社

112-0002	東京都文京区小石川５丁目17番３号	03(5803)3304
534-0024	大阪市都島区東野田町１丁目17番12号	06(6355)5226
062-0902	札幌市豊平区豊平２条５丁目１番27号	011(822)8811
980-0012	仙台市青葉区錦町１丁目１番10号	022(216)5871
460-0003	名古屋市中区錦１丁目６番34号	052(218)5552
730-0005	広島市中区西白島町11番９号	082(212)0888
810-0011	福岡市中央区高砂２丁目13番22号	092(533)1588
380-8688	長野市南千歳町1005番地	

〔営業〕TEL 026(224)5411　FAX 026(224)5419
〔編集〕TEL 026(224)5412　FAX 026(224)5439
https://www.tokyo-horei.co.jp/

ISBN978-4-8090-1461-1